AIがつなげる社会

AIネットワーク時代の法・政策

福田雅樹
Masaki Fukuda
林　秀弥
Shuya Hayashi
成原　慧・編著
Satoshi Narihara

弘文堂

序

第三次産業革命の所産として高度情報通信ネットワーク社会が形成されようとしている今日、人工知能（以下「ＡＩ」という）の研究開発がブームを迎えている。ＡＩの多くは、インターネット等と接続され、他のＡＩ、ロボット等と連携する「ＡＩネットワーク」として利活用されるものと展望されている。今後、人間の活動が広くＡＩネットワークにより補完され、または代替されうるようになり、もって第四次産業革命が実現することが期待されている。

他方、入力されるデータ等からの学習等により自らの出力やプログラムを将来にわたり変化させる機能を有するＡＩについては、その変化の結果として、その開発者でさえも予見し、または制御することが困難な事象が生ずるおそれがあることが指摘されている。このような機能を有するＡＩにより多様なＡＩネットワークが複雑に形成されると、利用者や第三者に不測の不利益がもたらされるリスクが懸念される。

社会において、ＡＩがインターネット等と接続され、ＡＩネットワークが形成され、ＡＩネットワークとして利活用されるようになる事象のことを「ＡＩネットワーク化」という。本書は、ＡＩネットワーク化をめぐる法的または政策的な問題を論ずるものである。

第Ⅰ部においては、本書全体の総論として、「ＡＩネットワーク化」に関し説明するとともに、そのガバナンスの必要性、方向性および課題を論ずることにより、ガバナンスおよび関連する法・政策のあり方に関する視座を提示するとともに、第II部以下において論じられる問題の所在を論じている。第II部においてはＡＩの研究開発のあり方をめぐる問題、第III部においてはＡＩネットワークによるデータ・情報・知識の流通および利活用自体に関する問題を論じている。第IV部から第VI部までにおいては、ＡＩネットワーク化が社会にもたらす影響に関し、プライバシーおよびセキュリティに関する問題、基本法制や統治システムに関する問題ならびに人間のあり方に関する問題を論じている。各論を論ずる第II部から第VI部までの各論文においては、その問題の所在の理解に資するよう、その主題に関連する現実または架空の場面の例をシナリオとして掲げている。これら論文のほか、第I部および第II部においては、法学その他関係諸学の有識者の参加を得た座談会の模様を紹介している。

ＡＩの研究開発およびＡＩネットワークの利活用が急速に進展しつつあることに鑑みると、ＡＩネットワーク化をめぐる法と政策については、技術の動向、ＡＩネットワークの形成および利活用の動向等をふまえつつ、漸進的な検討が着実に進められることが必要である。本書がその検討の一助となれば、望外の幸甚である。

本書の内容は、総務省情報通信政策研究所のＡＩネットワーク社会推進会議およびその前身たるＡＩネットワーク化検討会議の議論によるところが大きい。同推進会議の須藤修議長（東京大学大学院情報学環教授）、濱田純一顧問（前・東京大学総長）、長尾真顧問（元・京都大学総長）、西尾章治郎顧問（大阪大学総長）、安西祐一郎顧問（前・慶應義塾長）ほか両会議の構成員およびオブザーバ各位に対し厚く御礼申し上げる。ただし、本書の内容は、各執筆者（座談会においては、出席者）自身の見解に基づくものである。

最後に、厳しい出版事情にもかかわらず本書の刊行を企画し、本書の編集の過程全体を通じて献身的に御尽力くださった株式会社弘文堂の登健太郎氏に記して深謝の意を表したい。

２０１７年９月

編者を代表して

福田　雅樹

目　次

第Ⅰ部　総　論　1

第V部　AIネットワーク時代における社会の基本ルール　259

第VI部　AIネットワーク時代における人間　319

第Ⅰ部

総　論

第Ⅰ部では、本書における議論の前提となる基本概念と分析の枠組みを提示する。まず、本書のキーワードである「AI ネットワーク化」という概念について説明し、AI ネットワーク化に関する法的・政策的問題の所在を明らかにする（福田論文）。そして、続く座談会においては、AI ネットワーク化がもたらす影響およびリスクについて「シナリオ分析」と呼ばれるアプローチにより対処するための方法と課題をめぐって、法学のみならず情報通信政策、科学技術社会論、また技術者の立場などから学際的かつ多角的に議論する。

「AIネットワーク化」およびそのガバナンス――「智連社会」に向けた法・政策の視座

大阪大学大学院法学研究科教授
福田雅樹

本稿においては、本書全体の総論として、本書全体に関わる事象たる「ＡＩネットワーク化」に関し、その背景を紹介したうえで、その意義、進展に関する展望およびリスクに関し論ずるとともに、そのガバナンスの必要性、ガバナンスを通じて目指すべき社会像「智連社会」（Wisdom Network Society）およびその基本理念ならびにガバナンスにおける課題を示し、ＡＩネットワーク化のガバナンスに関連する法・政策のあり方に関する視座を提示する。

の評価を示したうえで、ＡＩについても入力と出力の関係から考えると理解しやすいと指摘している。[30]

以上を総合すれば、ＡＩの通有性としては、ひとまずのところ、入力されたデータ、情報または知識を体系的に操作することによって得られるデータ、情報または知識に基づく出力をする機能を有する機械を構成要素の一部または全部とするシステムであることが想定されているものと整理することができよう。[31]

3　ＡＩの研究開発および利活用の進展[32]

ＡＩの研究開発は、１９５６年から１９６０年代半ばまでの第一次ブームとその後の冬の時代、１９８０年代から１９９０年代半ばまでの第二次ブームとその後の冬の時代を経て、[33]現在は、２０１０年代から始まる第三次ブームの只中にある。

現在の第三次ブームは、コンピュータがその入力されたデータ等を統計的に処理し、そのパターンを分類すること等により、自ら知識を獲得することができる技術たる機械学習の性能が向上して実用化が進んだこと、そして、機械学習のなかでも、従来の機械学習とは異なり、人間がデータの特徴量[34]をあらかじめ設計せず、入力されたデータからコンピュータが当該データの特徴量を自動的に抽出することができる技術たるディープラーニングが台頭したことにより牽引されるブームであり、日米欧等の産学官においてこれらの技術を用いるＡＩの研究開発や社会実装に向けた取り組みが進んでいる。[35]

このブームの背景としては、ディープラーニング等機械学習を用いるAIの研究開発および利活用に必要となるデータの利活用が円滑にできる環境の実現、すなわち、インターネット等によるさまざまなデータの流通および膨大な蓄積、通信の高速化、計算能力の向上等が進んだことが挙げられている。[36] このような環境のなかで、ディープラーニング等機械学習の分野は急速な発展を続けており、[37] 特にディープラーニングの技術の発展は専門家の予測をも超える速さで進んでいる。[38]

「機械学習」は、ISO/IEC 2382 : 2015において「機能単位が新しい知識・技能を獲得すること、又は既存の知識・技能を再構成することによって、自身の性能を向上させる過程」と定義されており、[39] 具体的には「システムが、あるプログラムやデータから新しいデータやプログラムを自動的に作り出し、その結果を用いて、システムにおけるその後の出力がある程度の長期にわたり、ある目的に沿って不可逆的に変化しうるようにすること」である。[40] 人工知能学会によると、機械学習は、AIの他のほとんどの分野において利用されている。[41]

AIは、これら技術の発展に伴い、今後社会のさまざまな場面において利活用され、人間がその知能を用いておこなってきたさまざまな知的な活動を補完し、または代替できるようになるほか、AIがロボット等アクチュエータを有するシステムに実装されることにより、人間がその肉体を用いておこなってきたさまざまな物理的な活動をも補完し、または代替できるようになると[42]

期待されている。[43] さらに、少子高齢化の進展に伴う労働力不足への対応、自然災害に対する強靱な社会基盤の整備等社会的な課題を解決するための手段としても期待されている。[44]

Ⅱ　AIネットワーク化

1　AIネットワーク化の意義

ＡＩのなかには他のシステムと連携させずに単独で利活用しても便益をその利用者（ＡＩの機能を利活用する個人または団体をいう。[45] 以下本稿において同じ）にもたらしうるものもあるが、ＡＩは入力されたデータ等を操作して得られるデータ等に基づく出力をする機能を有するシステムであることをその通有性とするものであり、しかも、ＡＩのほとんどの分野で利用されているとされる機械学習は入力されるデータ等が増えるにつれてその性能が向上するものであることから、ＡＩの多くは、データ等の入力元または出力先を得るため、インターネット、ＩｏＴにかかるセンサネットワーク等情報通信ネットワークと接続され、他のシステムと連携させて利活用されることとなるものと見込まれる。

ＡＩを情報通信ネットワークと接続し、他のシステムと連携させて利活用する場合には、その連携の内容に応じて、当該他のシステムから出力されるデータ等を用いて当該ＡＩを利活用することや、当該ＡＩから出力されるデータ等を当該他のシステムの動作のために提供することのほか、当該ＡＩを介して当該他のシステムを操作すること、当該他のシステムからの操作を受けて当該ＡＩを利活用すること等により、当該連携がなければ得られない便益が、時には国境を越え、時には実空間とサイバー空間の境界を越え、即座にもたらされうる。[46] しかも、当該ＡＩが入力されるデータ等が増えるにつれて性能が向上するものであれば、連携の相手が増えるにつれて当該ＡＩの性能自体も向上しうる。[47]

また、インターネット等情報通信ネットワークの発展に伴い、ヒト相互間やヒトとモノとのあいだのつながりが拡大してきたが、ＩｏＴやビッグデータをめぐる潮流のもと、モノ相互間のつながりも急増するなど、社会のあらゆるところで情報通信ネットワークを介するつながりが拡大していこうとしているなかで、ＡＩだけがその例外となりうるものではなく、ＡＩについても他のシステムとのあいだに情報通信ネットワークを介するつながりが進んでいくものとみられている。[48]

これらのことから、ＡＩは、今後、社会のさまざまな場面で、インターネット等情報通信ネットワークと接続され、他のシステムと連携させて利活用されるものと見込まれる。このような利活用がなされる場合においては、当該ＡＩ、当該情報通信ネットワークおよび当該他のシステムからなるネットワークの形成が観念される。以下本書においては、このネットワークのこと、すなわち、ＡＩをインターネット等情報通信ネットワークを介して他のシステムと連携させて利活用するためのネットワークのことを「ＡＩネットワーク」という。[49]

　このように、今後、社会のさまざまな場面で、ＡＩがインターネット等情報通信ネットワークと接続され、ＡＩネットワークとして利活用され、先に述べたような多大なる便益およびこれに関連する多大なる影響が社会にもたらされうるものと見込まれる。このような便益および影響をもたらしうる社会の変化、すなわち、ＡＩがインターネット等情報通信ネットワークと接続され、ＡＩネットワークが形成されるようになるという事象のことを以下本書においては「ＡＩネットワーク化」という。[50]

　今後、ＡＩが利活用される際には、インターネット等情報通信ネットワークと接続され、ＡＩネットワークとして利活用されることが多くなり、しかも、個々のＡＩが単独で利活用される場合には得られない多大なる便益および関連する影響がもたらされうるものと見込まれることに鑑みると、ＡＩの研究開発および利活用の進展をめぐる問題については、これを単に個々のＡＩをめぐる問題として捉えるのではなく、広くＡＩネットワーク化の進展をめぐる問題として捉えることが適切であると考えられる。[51]

　なお、ＡＩネットワークを形成するＡＩは、その利用者が自ら設置するものとは限らない。個人または団体が自らまたは他の開発者（ＡＩの研究または開発をする個人または団体をいう。[52] 以下本稿において同じ）が開発したＡＩを設置して、自ら当該ＡＩの機能を利活用することが少ないというわけではないが、それ以上に、プロバイダ（ＡＩネットワークサービス（ＡＩの機能を情報通信ネットワークを介して他人の用に供する役務をいう。以下本稿において同じ）を他人に有料または無料で提供する個人または団体をいう。以下本稿において同じ）からAIネットワークサービスの提供を受けてAIの機能を利活用する個人または団体のほうが多くなると見込まれる。[53]すなわち、AIの機能を利活用する個人または団体をいう「利用者」には、自らが設置するAIの機能を利活用する個人または団体（最終利用者（利用者であって、AIネットワークサービスを他人に提供しない個人または団体をいう。以下本稿において同じ）のほか、プロバイダが含まれる）のほか、プロバイダからAIネットワークサービスの提供を受けてAIの機能を利活用する個人または団体（最終利用者のほか、当該AIネットワークサービスを他人に有料または無料で再販するプロバイダ[54]が含まれる）が含まれるのである。

2　AIネットワーク化の進展

AIネットワーク化の進展については、AIネットワークの形成（すなわち、AIと他のシステムとのあいだにおける情報通信ネットワークを介した連携の実現）および形成されたAIネットワークの高度化（すなわち、情報通信ネットワークを介したAIと他のシステムとのあいだの連携の高度化）からなるものと整理できよう。[55]「他のシステム」としては、AI以外のシステム（AI以外のモノからなるシステム（クラウドやエッジのシステム、IoTのデバイス、最終利用者が操作する端末機器等）のほか、ヒト、すなわち、人体の器官（手足、目、耳、脳等）が挙げられる）および他のAI（AIネットワークを含む）が挙げられる。

ＡＩネットワーク化は、ＡＩとＡＩ以外のモノのあいだにおいてはすでに急速に進展しているが、今後は複数のＡＩ相互間およびセンサやアクチュエータを実装するＡＩネットワークと人体の器官のあいだにおいても進展していくものと展望されている[56]。これらを通じてＡＩネットワークが社会全体に浸透することにより、人間とＡＩネットワークとが共生し、社会のあらゆる場面において、ＡＩ、モノおよびヒトのあいだにおけるさまざまな連携を通じて、ヒト相互間におけるＡＩネットワークを介した連携が実現するものと展望されている[57]。この展望の系として、ヒトの社会における活動、社会における出来事その他のコトとモノ、ヒトまたは他のコトとのあいだにおける連携の進展を観念することもできよう。

特に注目すべきは、複数のＡＩ相互間の連携、特に利用者を異とする複数のＡＩ相互間の連携である。多種多様なＡＩが相互に連携することにより、個々のＡＩの機能のみに基づく便益に加えて、当該連携がなければ得られない便益として、複数のＡＩが共通の問題に取り組めるようになること[58]、個々のＡＩをモジュールとして組み合わせることにより高度な機能を実現しうるようになること[59]、連携にかかるＡＩを利活用する業務全体を状況に応じて動的に調整しうるようになること[60]、連携にかかるＡＩを利活用する業務が属する領域を横断する新たなサービスが提供されるようになること[61]、当該領域自体の融合が進むこと等の便益がもたらされうるものと展望されている。

3　AIネットワーク化のリスク

人工知能学会によるとAIのほとんどの分野において利用されているとされる機械学習を用いるAIのように、入力されるデータ等からの学習等により自らの出力やプログラムを将来にわたり変化させる機能を有するAIについては、その学習等を通じた変化の結果として、その開発者でさえも予見し、または制御することが困難な事象が生ずるおそれがあることから、従来の情報通信技術とは異なる特別の留意が求められることが指摘されている。[63]

また、AIネットワーク化が広く進展していけば、用途、機能、性能、新旧、教師データ等さまざまな面を異にするさまざまなAIがインターネットを介して直接または間接につながる情報通信ネットワーク上に混在し、[64]社会のさまざまな領域に属するさまざまな属性の個人または団体がさまざまなAIを情報通信ネットワークと接続して他のAI等さまざまなシステムと連携させるAIネットワークを形成し、さまざまな場面で、さまざまな意図に基づき、さまざまなデータ等を入出力させて利活用するようになるという、きわめて複雑な状況となるものと考えられる。

そのうえ、AIネットワーク化が進展していくなかで、AIと他のAIその他のシステムとの連携の組み合わせを問題に応じて変更することが自動的に実現されるようになる可能性も指摘されている。[65]組み合わせの変更が自動的に実現されるようになると、AIが従来の機械にはない自律的な成長を遂げる可能性もあるという指摘もあり、[66]AIネットワークをめぐる状況は複雑さが高まるものと考えられる。

このような複雑な状況のもとにおいては、適切な手立てを講じておくことができなければ、AIネットワークの構成要素たるAIの学習等を通じた出力やプログラムの変化（特にブラックボックス化）のほか、たとえば、AIネットワーク相互間の目的の競合もしくは対立または連鎖反応、AIネットワークの構成要素の故障等不具合、AIネットワーク上を流通するデータ等の誤り、利用者（AIネットワークまたはAIネットワークサービスを利活用する者に限る。以下本稿において同じ）によるAIネットワークの操作やデータ等の取扱いにおける過誤、何人《なんぴと》かによる他人への害意に基づく行為等に伴い、またはこれらの要因が複雑に絡み合うことにより、利用者または第三者に不測の不利益がもたらされるおそれがあると考えられる。[67]

このことは、AIネットワーク化が社会にもたらしうるリスクとして観念される。[68] このリスクも、AIネットワーク化がもたらす便益と同様に、時には国境を越え、時には実空間とサイバー空間の境界を越え、即座に波及しうるものと考えられる。

AIおよびAIネットワーク化に関するこれらの事情を背景として、AIネットワーク化検討会議は、AIネットワーク化の進展が社会にもたらしうるリスクについて、これをAIネットワークの機能に関するリスク（AIネットワークの機能上の理由によって利用者が意図しない事象が生ずるリスク）および法制度・権利利益に関するリスク（AIネットワークの利活用の仕方に伴い利用者もしくは第三者の権利もしくは利益または社会の法的な仕組みが害されるリスク）とに大別し、それぞれの例を挙げている。[69]

前者の例としては、不透明化のリスク（AIネットワークが複雑に形成されていくなかで、AIの入出力を理解し、検証し、または説明することが困難となるリスク等[70]）のほか、セキュリティに関するリスク（AIネットワークがハッキングやサイバー攻撃を受けて不正に操作されるリスク等）、情報通信ネットワークに関するリスク（多種多様なAIの混在や情報通信ネットワークの不具合等に伴い利用者が意図しない事象が生ずるリスク等）および制御喪失のリスク（ファームウェアの乗っ取り、機能不全時に介入すべき利用者の技能の低下、AIの暴走等[71]によりAIネットワークの動作を制御することが困難となるリスク）が挙げられている。

後者の例としては、事故のリスク（AIの自律的な判断に伴う事故のリスク等）、犯罪のリスク（AIを悪用したマルウェアによる犯罪のリスク等）、消費者等の権利利益に関するリスク（アップデートの懈怠に伴う不具合によるリスク等）、プライバシー・個人情報に関するリスク（個人情報の収集や利活用が不透明化し、個人情報のコントロールが困難となるリスク等）、人間の尊厳と個人の自律に関するリスク（AIネットワークから得られる情報等が操作され、人間の意思決定が見えない形で操作されるリスク等）および民主主義と統治機構に関するリスク（AIネットワークが投票等を左右するリスク、AIネットワークを統治に利活用する場合に意思決定過程が不透明化するリスク等）が挙げられている。

リスクに対処するための一般的な枠組みとしては、「リスク評価」（リスクの所在を把握し、被害の発生時期、生起確率、規模等を評価するプロセス）、「リスク管理」（リスク評価の結果をふまえ、リスクへの対処を決定・実施するプロセス）および「リスク・コミュニケーション」（リスク評価およびリスク管理において関係するステークホルダと情報・意見を交換するプロセス）からなる「リスク分析」が知られている。[72]

ＡＩネットワーク化のリスク評価については、新たなリスクに関する経験の蓄積が追いつかないことから、被害の生起確率や規模等の予測が不能ないし困難なリスク（不確実なリスク）の顕在化に対処できるよう、リスク認知のバイアス[73]に留意しつつ、複数のシナリオを想定して準備を進めるべきことが指摘されている。[74]

ＡＩネットワークのリスク管理については、不確実なリスクの管理については「予防原則」[75]が環境分野等において国際的な支持を集めている[76]ことをふまえ、予防原則にはリスク・トレードオフ[77]に伴う限界があること、不確実なリスクの顕在化を予見することが困難であること等にも留意しつつ、規制的手法のほか、経済的手法、情報的手法、自主規制等多様なソフトな手法をも組み合わせた対処のあり方を検討すべきことが指摘されている。[78]

ＡＩネットワーク化のリスク・コミュニケーションについては、そのための場を作り、関係する多様なステークホルダ相互間でリスク・コミュニケーションをおこなうことにより、ＡＩネットワーク化のリスクに対する懸念を緩和するとともに、リスクの適切な対処のあり方について検討を進めていくべきことが指摘されている。[79]

これらのことをふまえ、ＡＩネットワーク化検討会議およびこれを発展的に改組したＡＩネットワーク社会推進会議においては、AIネットワークの具体的な利活用の場面を想定して、その便益等インパクトおよびリスクに関するシナリオを作成して分析することにより、便益等インパクトの展望を得るとともに、リスクを評価し、リスクへの対処のあり方の検討を進めており、これらの取り組みを今後も継続し、その成果を国際的に共有するとともに、不断に見直しながら、リスクへの対処を進めていくことの必要性を指摘している。[80]

III　AIネットワーク化のガバナンス

1　AIネットワーク化のガバナンスの必要性

IおよびIIで述べたように、AIネットワーク化が社会全体で進展していくなかで、AIは、AIネットワークとして利活用されることにより、人間がおこなってきたさまざまな知的な活動や物理的な活動を補完し、または代替できるようになるものと期待されている。AIがAIネットワークとして利活用される場合には、個々のAIが単独で利活用される場合には得られない便益が得られる一方で、個々のAIが単独で利活用される場合よりも多岐にわたるリスクに伴う不利益がもたらされうる。これら便益およびリスクに伴う不利益は、時には国境を越えて即座に波及しうるものである。

また、ＡＩネットワーク化の進展に伴い、社会のさまざまな場面において、ＡＩネットワークまたはＡＩネットワークサービスを利活用できることを前提としてさまざまな製品やサービスが提供されたり、社会の仕組みが形成されたりするようになると見込まれるが、そのような社会において個人または団体が当該社会の構成員として振る舞うためには、これら製品やサービスの提供を受け、または社会の仕組みに対応するために利活用することが必要となるＡＩネットワークまたはＡＩネットワークサービスの利用者となることが不可避となると考えられる[82]。

これらのことから、ＡＩネットワーク化の進展が社会にもたらす恵沢を豊かなものとするとともに、ＡＩネットワーク化が進展した社会におけるその構成員としての人間（団体を含む）の「包摂」を確保するためには、ＡＩネットワークの便益を増進することおよび誰しもがＡＩネットワークまたはＡＩネットワークサービスをその内容に応じた手頃な条件で安心して安全に利活用できる状況を確保することとともに、ＡＩネットワークのリスクがもたらしうる不測の不利益を忌避して社会がＡＩネットワークを受容しなくなることを回避することが必要となると考えられる[82]。ここで、ＡＩネットワークの便益を増進することおよび誰しもがＡＩネットワーク等をその内容に応じた手頃な条件で安心して安全に利活用できる状況を確保することについては、利用者の利益（利用者となることができる利益を含む。以下本稿において同じ）を保護することとして総括できよう[83]。

利用者の利益の保護のうち、ＡＩネットワークの便益の増進については言わずもがな、ＡＩネットワーク等を手頃な条件で利活用できる状況の確保[84]についても、公正な競争を通じて実現されることが基本となる。[85] ＡＩネットワークサービスの提供にプロバイダとして新規参入しようとする者にとっては、自らのＡＩ等と有力なＡＩネットワークとの接続の可否やその条件、有力なＡＩネットワークが集積するデータ等へのアクセスの可否やその条件が事業活動上重要となる可能性があること等に鑑みると、ＡＩネットワークの便益を増進するとともにＡＩネットワーク等を手頃な条件で利活用できる状況を確保するためには、ネットワーク効果やデータネットワーク効果の影響、[86] ネットワークの拘束性に伴うスイッチングコストの影響等にも留意しつつ、[87] 市場における技術、利用者のニーズ、プロバイダ間の競争や紛争等の動向に応じて、[88] ＡＩネットワークの円滑な形成を確保するとともに、ＡＩネットワークが集積するデータ等の適切な取扱い等ＡＩネットワークをめぐる公正な競争の見地からみて適切な利活用を確保することが課題となると考えられる。[89]

利用者の利益の保護のうち、安心して安全に利活用できる状況の確保については、ＡＩネットワーク化のリスクの顕在化および波及に伴う利用者や第三者の不利益を抑制することが課題となると考えられる。リスクの顕在化および波及に伴う不利益の抑制は、社会の構成員の包摂の確保の見地から利用者の利益を保護するために必要となるのみならず、[90] あえて利用者とならない者を含む社会におけるＡＩネットワークの受容を確保するためにも必要となると考えられる。[91]

リスクの顕在化および波及に伴う不利益を抑制するためには、ＡＩネットワークの形成の関係者たるＡＩの開発者およびＡＩネットワークの利用者による取り組みが相互に調和して有効に機能するよう、ＡＩネットワークの健全な形成を確保するとともに、リスクの顕在化および波及に伴う不利益の抑制の見地からみて適切な利活用（当該不利益を抑制するための開発者または利用者による事前の対応およびリスクが顕在化し、または波及した場合における開発者または利用者による事後の対応を含む。以下本稿において同じ）を確保することが必要となると考えられる。

以上のことから、ＡＩネットワーク化の進展が社会にもたらす恵沢を豊かなものとするとともに、ＡＩネットワーク化が進展した社会におけるその構成員としての人間（団体を含む）の包摂を確保するためには、ＡＩネットワーク化のガバナンスとして、ＡＩネットワークの円滑かつ健全な形成および適切な利活用を確保することにより、便益を増進し、公正な競争を確保するとともに、リスクに伴う不利益を抑制し、[92]もって利用者の利益の保護および社会における受容の確保を図ることが[93]必要となると考えられる。

ガバナンスの枠組みについては、ＡＩネットワーク化がインターネット等を介して国際的に進展していくものであることに加えて、ＡＩネットワークの便益およびリスクに伴う不利益は国境を越えて即座に広く波及することがありうることから、第一次的には国際的な問題として議論し、グローバルな枠組みを国際的に共有していくべきことが指摘されている。[94]また、機械学習等を用いるＡＩの利活用の過程における学習等を通じた出力やプログラムの変化の可能性をふまえ、ＡＩ（ただし、ＡＩネットワークの構成要素となりうるＡＩ、すなわち、情報通信ネットワークに接続されうるＡＩに限る）の研究開発のガバナンスの枠組みとＡＩネットワークの利活用のガバナンスの枠組みを相互に補完的なものとして形成すべきことが指摘されている。[95]

ガバナンスの方法については、AIおよびAIネットワーク化が揺籃期にあることに加え、AIネットワーク化の進展がイノベーティブな研究開発と市場における競争を前提とするものであることをふまえ、非規制的かつ非拘束的なアプローチ（ソフトロー）を基本とすべきであることに加えて、このことに伴い、開発者が説明責任を果たすことおよび多様なステークホルダによるオープンでグローバルな議論を通じた合意形成の営みを継続的に進めることが重要であることが指摘されているほか、実効性の確保の必要性についても指摘されている。[96]

ガバナンスの内容については、関係する価値（データ等の流通自体の価値、学問の自由、人間の尊厳、イノベーションの促進、プライバシーおよびパーソナルデータの保護、経済的コスト等）の適正なバランスを確保すべきこととともに、AIネットワークの連携、透明性、制御可能性、安全性、プライバシー、セキュリティ、公正等の観点が重要であることが指摘されている。[97]

また、このガバナンスが、AIネットワークの円滑かつ健全な形成および適切な利活用を確保することにより、便益を増進し、公正な競争を確保するとともに、リスクに伴う不利益を抑制し、もって利用者の利益の保護および社会における受容の確保を図ることを目的とするものであることに鑑みると、AIの研究開発のガバナンスおよびAIネットワークの利活用のガバナンスのいずれについても、その全体を通じて、直接的にはAIネットワークの円滑かつ健全な形成の確保またはAIネットワークの適切な利活用の確保を志向する内容とすることにより、究極的には利用者の利益の保護および社会におけるＡＩネットワークの受容の確保に資するものであることが必要であると考えられる[98]。

ＡＩネットワークの円滑かつ健全な形成の確保を直接的に志向する内容のガバナンスとしては、市場における技術、利用者のニーズ、プロバイダ間の競争や紛争等の動向に応じて[99]、たとえば、ＡＩの研究開発の段階において開発者が留意することが期待される事項についての一体的な枠組み（後述するＡＩ開発ガイドライン（仮称））の形成および社会における共有[100]、ＡＩネットワークの利活用の段階においてプロバイダおよび最終利用者がそれぞれの属性等に応じて留意することが期待される事項についての一体的な枠組み（後述するＡＩ利活用ガイドライン（仮称））の形成および社会における共有[101]、ＡＩネットワークおよびその構成要素となりうるＡＩの相互接続性・相互運用性の確保等が考えられる[102][103]。

ＡＩネットワークの適切な利活用の確保を直接的に志向する内容のガバナンスとしては、たとえば、前述したＡＩの研究開発の段階およびＡＩネットワークの利活用の段階におけるプロバイダおよび最終利用者がそれぞれの属性等に応じて留意することが期待される事項についての一体的な枠組み（後述するＡＩ開発ガイドライン（仮称）およびＡＩ利活用ガイドライン（仮称））の形成および社会における共有のほか、利用者たる人間（団体を含む）とＡＩネットワークとのあいだの適切な関係の確保[104]、利用者とプロバイダ、開発者等とのあいだの適切な関係の確保[105]、プロバイダがそのＡＩネットワークサービスの提供の業務を通じて知りえた利用者またはその利活用に関するデータ等の適切な取扱いの確保[106]、利用者や第三者のプライバシーおよびパーソナルデータの保護等が考えられる[107]。

ＡＩネットワークの円滑かつ健全な形成の確保およびＡＩネットワークの適切な利活用の確保の双方を直接的に志向する内容のガバナンスとしては、前述した一体的な枠組みの形成および社会における共有のほか、セキュリティ対策、開発者やプロバイダからの利用者等に対する情報提供その他アカウンタビリティの確保[108]等が考えられる。

これらのガバナンスの内容は、それぞれＡＩネットワークの円滑かつ健全な形成の確保またはＡＩネットワークの適切な利活用の確保を直接的には志向するものであるが、究極的には利用者の利益の保護および社会におけるＡＩネットワークの受容の確保に資するものであることが必要である。このことから、これらのガバナンスの内容の検討にあたっては、関係する価値の適正なバランスの確保に留意しつつ、利用者の利益の保護および社会におけるＡＩネットワークの受容の確保に資するものとする方向を期することをその指導理念とすべきものと考えられる。

なお、ガバナンスの対象とするＡＩの範囲については、ガバナンスの局面（ＡＩの研究開発のガバナンスなのか、ＡＩネットワークの利活用のガバナンスなのか、グローバルなガバナンスなのか、国内のガバナンスなのか）および目的（ＡＩネットワークの便益の増進にかかるガバナンスなのか、公正な競争の確保にかかるガバナンスなのか、ＡＩネットワークの機能に関するリスクに伴う不利益の抑制にかかるガバナンスなのか、法制度・権利利益に関するリスクに伴う不利益の抑制にかかるガバナンスなのか等）に応じて、ガバナンスの内容ごとに個別に検討することが必要となるものと考えられる。[109]

2　ＡＩネットワーク化のガバナンスを通じて目指すべき社会像（智連社会）

1で述べたＡＩネットワーク化のガバナンスは、当該ガバナンスを通じて実現する社会において、ＡＩネットワークの利用者の利益がどのように保護され、ＡＩネットワークがどのように受容されるべきであるのかということに関する構想、すなわち、当該ガバナンスを通じて実現することを目指すべき社会像の構想に基づくものとなる。[110]

ＡＩネットワーク化検討会議およびＡＩネットワーク社会推進会議は、ＡＩネットワーク化のガバナンスを通じて実現することを目指すべき社会像として、「智連社会」（Wisdom Network Society：ＷＩＮＳ《ウィンズ》）を構想している。[111] この社会像は、「高度情報通信ネットワーク社会」[112] および「知識社会」[113] という「データ」からなる「情報」または「知識」（知）の流通の高度化およびその影響に着目した社会像の実現を経て、その次に実現すべき社会像として構想されたものであり、その内容は「データ」・「情報」・「知識」（知）を活用する人間の能力としての「智慧」（智）の連結に着目したものである。[114]

ＡＩネットワーク化が円滑かつ健全に進展すれば、ネットワーク化される「知能」(Intelligence)[115] たるＡＩの「知能」またはこれを活用する人間の「知能」により「データ」・「情報」・「知識」を操作して「データ」・「情報」・「知識」を創造・流通・連結することが進展し、しかして、「データ・情報・知識に基づき、知能を活用することにより、人間や社会の在り方を構想し、その実現に向けた課題を解決するための人間の能力」としての「智慧」（智――Wisdom）が高まるとともに、その「智慧」を連結する「智のネットワーク」（Wisdom Network）が形成され、人間の「智慧」の連携・協調が進むものと期待される。[116]

このような見通しのもとで構想された「智連社会」という社会像は、AIネットワーク化の円滑かつ健全な進展の結果として、人間がAIネットワークと主体的に共生し、AIネットワークを使いこなすという人間の営みにより、データ・情報・知識を自由かつ安全に創造・流通・連結して「智のネットワーク」を形成することにより、あらゆる分野におけるヒト・モノ・コト相互間の空間を越えた協調が進展し、もって創造的かつ活力ある発展が可能となるという人間中心の社会像である。[119]

「智連社会」を形成するにあたって則るべき基本理念としては、（1）すべての人々による恵沢の享受、（2）個人の自律と人間の尊厳、（3）イノベーティブな研究開発と公正な競争、（4）制御可能性と透明性、（5）ステークホルダの参画、（6）物理空間とサイバー空間の調和、（7）空間を越えた協調による活力ある地域社会の実現および（8）分散協調による地球規模の課題の解決からなる8項目が掲げられている。[120] これらの基本理念は、AIネットワーク化のガバナンスを通じて実現することを目指すべき社会像たる「智連社会」が備えるべき性質をさまざまな角度から掲げるものであり、AIネットワーク化のガバナンスのあり方を検討するにあたって立脚すべきものと評価されている。[121]

3　AIネットワーク化のガバナンスにおける課題——問題の所在

ＡＩネットワーク社会推進会議は、「智連社会」の実現に向けたＡＩネットワーク化のガバナンスにおける課題のうち主たるものをＡＩネットワーク化の健全な進展に関する事項、ＡＩネットワーク上を流通する情報・データに関する事項、ＡＩネットワーク化が社会・経済にもたらす影響の評価に関する事項およびＡＩネットワーク化が進展する社会における人間をめぐる課題に関する事項の４類型に大別し、次のように整理している。[122]

ＡＩネットワーク化の健全な進展に関する事項としては、①ＡＩ開発ガイドライン（仮称）の策定、②ＡＩ利活用ガイドライン（仮称）の策定、③ＡＩシステム相互間の円滑な連携の確保、④競争的なエコシステムの確保、⑤利用者の利益の保護および⑥技術開発に関する課題が挙げられている。

ＡＩネットワーク上を流通する情報・データに関する事項としては、⑦セキュリティ対策、⑧プライバシーおよびパーソナルデータの保護ならびに⑨コンテンツに関する制度的課題が挙げられている。

ＡＩネットワーク化が社会・経済にもたらす影響の評価に関する事項としては、⑩ＡＩネットワーク化が社会・経済にもたらす影響に関するシナリオ分析、⑪ＡＩネットワーク化の進展に伴う影響の評価指標および豊かさや幸せに関する評価指標の設定ならびに⑫AIシステムの利活用に関する社会的受容性の醸成が挙げられている。

AIネットワーク化が進展する社会における人間をめぐる課題に関する事項としては、⑬人間とAIシステムとの関係のあり方に関する検討、⑭ステークホルダ間の関係のあり方に関する検討、⑮AIネットワーク化に対応した教育・人材育成および就労環境の整備、⑯AIシステムに関するリテラシーの涵養およびAIネットワーク・ディバイドの形成の防止ならびに⑰セーフティネットの整備が挙げられている。

これらの課題こそが本書に収められた各論文および座談会において論ずる問題の所在を示すものである。各論文においては、それぞれ複数の課題に関連する議論が展開されているが、成原論文においては特に①および②、林論文においては特に③および④、福井論文においては特に⑨、石井論文および新保論文においては特に⑧、板倉論文においては特に⑦、平野論文、深町論文および大屋論文においては特に⑬および⑭、湯淺論文においては特に⑬、山本論文においては特に⑧および⑬、大内論文においては特に⑮および⑰が中心に論じられている。また、⑤については、本稿を含む各論文において、それぞれの主題の見地から論じられている。各座談会においては、法学を専門とする研究者・実務家に加えて、AIに関連する技術の研究者を含め、法学以外を専門とする研究者の参加のもと、それぞれの論題を中心に、これらの課題に関連して多岐にわたる学際的な議論が展開されている。

Ⅳ　むすびにかえて

Ⅰから Ⅲまでにおいては、本書全体に関わる事象たる「ＡＩネットワーク化」に関し、その背景を紹介したうえで、その意義、進展に関する展望およびリスクに関し論ずるとともに、そのガバナンスの必要性、ガバナンスを通じて実現することを目指すべき社会像たる「智連社会」およびその基本理念ならびにガバナンスにおける課題を示した。以下においては、本稿のむすびにかえて、ＡＩネットワーク化のガバナンスに関連する法・政策のあり方に関し立脚することが期待される視座を示すこととしたい。

Ⅲにおいて述べたところを整理すると、次のとおりである。

第一に、ＡＩネットワーク化の進展が社会にもたらす恵沢を豊かなものとするとともに、ＡＩネットワーク化が進展した社会におけるその構成員としての人間（団体を含む）の包摂を確保するためには、ＡＩネットワーク化に関し、ＡＩネットワークの円滑かつ健全な形成の確保および適切な利活用を確保することにより、便益を増進するとともに、公正な競争を確保し、ならびにリスクの顕在化および波及に伴う不利益を抑制し、もって利用者の利益の保護および社会における受容の確保を図り、「智連社会」の実現を目指すガバナンスが必要となるものと考えられる。

第二に、このガバナンスにあたっては、Ⅲ3において示した課題に向き合うことを通じて、情報通信ネットワークに接続されうるＡＩの研究開発およびＡＩネットワークの利活用の双方について、「智連社会」の基本理念に立脚し、非規制的かつ非拘束的なアプローチ（ソフトロー）を基本とするグローバルな枠組みを相互に補完的なものとして形成して、国際的に共有することが期待される。

第三に、グローバルなガバナンスの枠組みの形成と共有にあたっては、関係する価値のバランスの確保に留意しつつ、多様なステークホルダによるオープンでグローバルな議論を通じた合意形成の営みが継続的に進められることが必要となるものと考えられる。この合意形成の営みにあたっては、ガバナンスの手法がソフトローを基本とするものとなることをふまえ、ガバナンスの実効性の確保にも留意することが必要となるものと考えられる。

我が国を含む各国および関係国際機関等は、こうしたグローバルなガバナンスの枠組みの形成および共有に向け、多様なステークホルダの参画を得て、オープンでグローバルな議論を通じた合意形成の営みを継続的に進めるとともに、ガバナンスの実効性が確保されるよう、関連するベスト・プラクティスその他の情報を共有するなど互いに連携することが期待されよう。成原論文で紹介されるG7香川・高松情報通信大臣会合における高市総務大臣からの提案は、こうした取り組みの嚆矢となるものである。「世界最先端IT国家創造宣言・官民データ活用推進基本計画」（2017年5月30日閣議決定）において、AIネットワーク化に関し「関連する社会的・経済的・倫理的・法的課題の解決に資するガバナンスの在り方に関するG7、OECD等の場における国際的な議論を通じた検討の推進」が掲げられていることも、このような考え方と符合するものと認められる。

　また、我が国を含む各国がＡＩネットワーク化に関連する法（ソフトローまたはハードロー）または政策を独自に形成し、または運用する場合には、ＡＩネットワーク化が社会・経済にもたらす影響およびリスクが国境を越えて即座に波及しうるものであることに鑑み、当該法または政策をグローバルなガバナンスの枠組みおよび関連するグローバルな議論をふまえたものとすることが期待されよう。「世界最先端ＩＴ国家創造宣言・官民データ活用推進基本計画」において「国際的な議論を通じた検討の推進」（傍点筆者）とされていることも、このような考え方と符合するものと認められる。

　ＡＩおよびＡＩネットワーク化が揺籃期にあるとはいえ、ＡＩの研究開発の進展が専門家の予測をも超える速さで急速に進んでいること等に鑑みると、ＡＩネットワーク化のガバナンスおよび関連する法と政策のあり方については、拙速を避けつつも、手遅れとなることがないよう、国内および国際場裏における議論と検討が今後漸進的に進展していくことが期待されよう。[123]

〈注〉

1〉*See* Klaus Schwab, The Fourth Industrial Revolution 6-7 (2016); World Economic Forum, Extreme automation and connectivity 10-12 (2016).

2〉未来投資会議「優先的に取り組むべきアジェンダについて」（２０１６年11月20日）７頁参照。

3〉「ディープラーニング」(deep learning) は、ニューラルネットワーク（機械学習のアルゴリズムの一つであり、人間の脳が学習していくメカニズムをモデル化して、人工的にコンピュータ上で再現することで問題を解決しようとする仕組み）を用いた機械学習（後掲注(４)参照）の手法の一つであり、情報抽出を一層ずつ多階層にわたって行うことで高い抽象化を実現するものである（総務省編「平成28年版　情報通信白書」(２０１６年)２３６頁参照)。従来の機械学習では学習対象となる変数（特徴量）を人が定義する必要があったのに対し、ディープラーニングでは予測したいものに適した特徴量を大量のデータから自動的に学習することができることに違いがある（同書２３６頁参照）。

4〉「機械学習」(machine learning) は、コンピュータが数値、テキスト、画像、音声等さまざまな大量のデータからルールや知識を自ら学習する（見つけ出す）技術である（総務省編・前掲注（３）２３６頁参照)。機械学習については、**I-3**を併せて参照。

5〉人工知能技術戦略会議「人工知能技術戦略」（２０１７年3月31日）1頁、World Economic Forum, *supra* note 1, at 12および第四次産業革命に向けた競争政策の在り方に関する研究会「報告書～Connected Industries の実現に向けて～」（２０１７年６月28日）2頁を参照。

6〉*See* World Economic Forum, *supra* note 1, at 12. *See also* Schwab, *supra* note 1, at 7.

7〉AIネットワーク化検討会議「中間報告書　AIネットワーク化が拓く智連社会（WINS《ウィンズ》）―第四次産業革命を超えた社会に向けて―」（総務省情報通信政策研究所・２０１６年４月15日）1頁および同「報告書２０１６　AIネットワーク化の影響とリスク―智連社会（WINS《ウィンズ》）の実現に向けた課題―」（総務省情報通信政策研究所・２０１６年６月20日）1頁を参照。

8〉未来投資会議「未来投資戦略２０１７―Society 5.0 の実現に向けた戦略―」（２０１７年６月９日）53頁参照。

9〉*See* Schwab, *supra* note 1, at 7-11.

10〉情報通信審議会「『IoT／ビッグデータ時代に向けた新たな情報通信政策の在り方』第四次中間答申―平成27年９月25日付け諮問第23号」（２０１７年７月20日）1頁参照。

11〉IoTとは、自動車、家電、ロボット、施設などあらゆるモノがインターネットにつながることをいう。そのモノには、自らの状態や周辺状況を感知し、通信し、何かしらの作用を施す技術が埋め込まれており、モノが情報のやり取りをすることで、モノのデータ化やそれに基づく自動化等が進展し、新たな付加価値が生み出されると説明されている（総務省編・前掲注（３）4～5頁および４３０頁を参照）。

12〉産業構造審議会商務流通情報分科会情報経済小委員会「中間とりまとめ～CPSによるデータ駆動型社会の到来を見据えた変革～」（２０１５年５月21日）2～5頁参照（同小委員会は、「Data Driven Society」のことを「データ駆動型社会」と呼んでいる）。CPSとAIとの関係に関し、*See also* World Economic Forum, *supra* note 1, at 13.

13〉ビッグデータには、国や地方公共団体が提供するオープンデータ、農業やインフラ管理にかかる暗黙知（ノウハウ）を形式知化（構造化）したデータ、M2M（Machine to Machine）から吐き出されるストリーミングデータ、個人の属性にかかるパーソナルデータなど多種多様なものが含まれる（情報通信審議会・前掲注（10）1頁参照）。

14〉情報通信審議会・前掲注（10）1頁参照。

15〉人工知能学会「人工知能研究」（http://www.ai-gakkai.or.jp/whatsai/AIresearch.html）参照。

16〉人工知能学会「人工知能って何？」（http://www.ai-gakkai.or.jp/whatsai/AIwhats.html）参照。

17〉松尾豊「はじめに―人工知能とは何か」人工知能学会監修／松尾豊編『人工知能とは』（近代科学社・２０１６年）iii～iv頁参照。

18〉ISO/IEC 2382:2015 (Information technology-Vocabulary). この規格は、ISO/IEC 2382-1:1993 (Information technology-Vocabulary-Part 1：Fundamental terms)(対応する日本工業規格は、JIS X0001:1994「情報処理用語―基本用語」)、ISO/IEC 2382-28:1995 (Information technology-Vocabulary-Part 28:Artificial intelligence-Basic concepts and expert systems)(対応する日本工業規格は、JIS X0028:1999「情報処理用語―人工知能―基本概念及びエキスパートシステム」)、ISO/IEC 2382-31:1997 (Information technology-Vocabulary-Part 31：Artificial intelligence-Machine learning)(対応する日本工業規格は、JIS X0031:1999「情報処理用語―人工知能―機械学習」)等を統合するものとして2015年に作成された規格である（対応する日本工業規格は、2017年8月1日時点では未制定）。本稿において紹介するISO/IEC 2382:2015における定義のいずれもが2015年の統合前のISO/IEC 2382-1:1993等における定義を継承しているものであることに鑑み、本稿においてISO/IEC 2382:2015における定義を紹介する箇所における訳語は、同年の統合前のISO/IEC 2382-1:1993等に対応する日本工業規格たるJIS X 0001:1994等に準拠するものとする（準拠した訳語には、鉤括弧を付している）。

19〉2121393（ISO/IEC 2382-1:1993 の 01.06.12 を継承）から抜粋。

20〉2123769（ISO/IEC 2382-28:1995 の 28.01.01 を継承）から抜粋。

21〉2123770（ISO/IEC 2382-28:1995 の 28.01.02 を継承）。
　なお、「機能単位」（functional unit）は、ISO/IEC 2382:2015 の 2123022 において「ハードウェア、ソフトウェア又はその両者からなり、指定された目的を遂行できるもの」と定義されている（この定義は、ISO/IEC 2382-1:1993 の 01.01.40 を継承）。

22〉2121288（ISO/IEC 2382-1:1993 の 01.01.18 を継承）。

23〉2121290（ISO/IEC 2382-1:1993 の 01.01.20 を継承）。

24〉2121275（ISO/IEC 2382-1:1993 の 01.01.05 を継承）から抜粋。

25〉2121276（ISO/IEC 2382-1:1993 の 01.01.06 を継承）。

26〉知識、情報およびデータの相互関係とともに、*See* ISO/IEC 2382-1:1993, Figure 1.

27〉「機械」については、人力を動力として「人間の身体機能を拡張する」機能を有する「道具」とは異なり、「狭義には外部からの動力供給を受けて、目的に応じた一定の動作をするもの」であり、人間の「身体を生産活動から解放する」機能を有するものと説明されている（中西崇文『シンギュラリティは怖くない』（草思社・2017年）75～76頁参照）。

28〉人工知能学会監修／松尾編・前掲注（17）x～xi頁〔田中幸宏〕参照。

29〉Stuart Russel = Peter Norvig（古川康一監訳）『エージェントアプローチ―人工知能〔第2版〕』（共立出版・2008年）。

30〉松尾豊『人工知能は人間を超えるか』（角川EPUB選書・2015年）50頁参照。

31〉ただし、ここでひとまず整理したAIの通有性は、本稿の目的に照らし必要な範囲において便宜上整理したものにすぎず、この通有性の整理をもってAIの範囲を画定しようとするものではないことを付言しておく。

32〉本項については、その全体を通じて、AIネットワーク化検討会議・前掲注（7）「中間報告書」別紙3の12頁、総務省編・前掲注（3）２３５頁、情報通信審議会「次世代人工知能推進戦略」同審議会「新たな情報通信技術戦略の在り方〈平成26年12月18日付け諮問第22号〉第2次中間答申」別冊2（２０１６年7月7日）9～12頁、松尾・前掲注（30）59～１７８頁、中西・前掲注（27）30～36頁および西垣通『ビッグデータと人工知能（中公新書）』（中央公論新社・２０１６年）53～83頁を参照。

33）第一次ブームは、コンピュータによる探索（データの集まりから条件に合うものを見つけ出す手法をいう（人工知能学会・前掲注（15）参照））・推論が可能となったことに伴い、「Artificial Intelligence」という用語が初めて用いられた１９５６年を嚆矢として、アルゴリズムに知識を埋め込んで探索・推論をおこなうＡＩの開発を目指したブームである。そのようなＡＩは、問題をプログラミング言語により正確に記述することが必要であったことに加え、これを実装するコンピュータの性能も低かったため、さまざまな要因が絡み合う現実の問題を扱えるものではなかったことから、１９６０年代のうちに冬の時代を迎えた。

　１９８０年代に到来した第二次ブームは、アルゴリズムの開発と知識の記述・入力・管理とを別に進めることが可能となったことに伴い、エキスパートシステム（専門分野の知識をあらかじめ入力して管理しておいたうえで、当該分野の問題に関し当該知識に基づいて専門家の判断のような解答を引き出すことを図るシステム）の開発等を目指したブームである。当時はコンピュータが知識を自ら収集して蓄積することができる状況になく、専門分野の膨大な知識を人力によりコンピュータが取り扱えるデータとして記述して入力し、管理することが必要であったことから、１９９０年代の半ばに冬の時代を迎えた。

34）「特徴量」とは、対象となるパターンの特徴を定量的に表す変数をいい、機械学習の入力に用いられる（松尾・前掲注（30）１３５頁参照）。

35）２０１６年7月7日までの日米欧等の産学官の取り組みの概観として、情報通信審議会・前掲注（32）12～55頁参照。

　なお、第三次ブームのもとで研究開発および社会実装に向けた取り組みが急速に進展しているＡＩは、特化型人工知能であるとされる（人工知能技術戦略会議・前掲注（5）1頁参照）。特化型人工知能（特化型ＡＩまたは「狭いＡＩ」とも呼ばれる）とは、限定された個別の領域における特定のタスクについて知的に振る舞うための特定の機能（画像、影像、音声等の入力に応じて対象の認識をおこなうものと推論、判断、制御等出力につながる処理をおこなうものとに大別される（ＡＩネットワーク化検討会議・前掲注（7）「中間報告書」別紙3の17～18頁参照））を有するＡＩである（同書別紙3の13頁、Ray Kurzweil, The Singularity Is Near: When Humans Transcend Biology 92, 264 (2005)、ゲーツェル・ベン「汎用人工知能概観」人工知能29巻3号（２０１４年）２２８頁、山川宏「物理学者が考える人工知能とは」人工知能学会監修／松尾編・前掲注（17）２２１頁、高橋恒一「学際的な知見の融合・共創による人工知能技術開発」赤門マネジメント・レビュー15巻12号（２０１６年）６５５頁および中西・前掲注（27）１７８～１７９頁参照）。囲碁その他のゲーム、クイズの回答、医療診断の支援等質問への応答、作曲等において人間を上回る等顕著な成果を挙げたものが知られているほか、自動運転車への実装に向けた研究開発が進んでいるＡＩも特化型人工知能である。

　特化型人工知能の対をなすものとして、汎用人工知能

(Artificial General Intelligence。汎用ＡＩまたはＡＧＩとも呼ばれる）がある。汎用人工知能とは、ある目標や状況にかかる知識を他の目標や文脈に汎化すること（転移学習）により目標や状況の変化に対応する能力を有し、多様な領域にわたる総合的な認知の仕組みを実現するＡＩであり、単一のシステムによりさまざまなタスクを自律的にこなせる可能性があるとされる（ＡＩネットワーク化検討会議・前掲注（７）「中間報告書」別紙３の13頁、ゲーツェル・同前２２８～２３１頁、山川・同前２２１頁、高橋・同前６５６頁および中西・前掲注（27）１７８頁を参照）。汎用人工知能は、その研究開発に向けた取り組みが国内外で進められている（国内外の取り組みの例について、ＡＩネットワーク化検討会議・前掲注（７）「中間報告書」別紙３の20～23頁参照）が、いまだ実現するには至っていない（中西・前掲注（27）１８０頁および西垣・前掲注（32）93頁を参照）。

36）情報通信審議会・前掲注（32）10～11頁、人工知能技術戦略会議・前掲注（５）１頁、松尾豊「人工知能の未来」ＩＣＴインテリジェント化影響評価検討会議第１回会合資料８（２０１６年２月２日）４頁および15頁を参照。

37）機械学習のなかでも、特にディープラーニングについては、画像、動画等の認識を皮切りとして、画像等の認識に基づく行動の予測や異常の検知、強化学習（ＩＳＯ／ＩＥＣ 2382:2015 の 2123017（ISO/IEC 2382-31:1997 の 31.03.22 を継承）において「功罪の割当によって改善された学習」と定義されており、具体的には、報酬の有無を手がかりとする試行錯誤を通じて環境に適応する行動を学習する仕組みである（木村元ほか「強化学習システムの設計指針」計測と制御38巻10号（１９９９年）６１８頁および松尾・前掲注（36）12頁を参照））と組み合わせることによる実空間での行動の計画、画像等の特徴量と言語の紐づけによる言語の理解や自動翻訳、さらには画像等の特徴量と紐づけられた言語からの知識の獲得までもが可能となっていくものと期待されている（松尾・前掲注（36）11～16頁参照）。

38）松尾・前掲注（36）17～19頁参照。

39）2123789（ISO/IEC 2382-28:1995 の 28.01.21 を継承）。定義中に言及されている「機能単位」については、前掲注（21）参照。

40）安西祐一郎『岩波講座ソフトウェア科学16　認識と学習』（岩波書店・１９８９年）６頁参照（同書においては、「machine learning」が「計算機による学習」と呼ばれている）。

41）人工知能学会・前掲注（15）参照。

42）人間のさまざまな活動をＡＩが代替するようになることに伴う雇用への影響については、山本勲「労働経済学研究に基づくＡＩネットワーク化の労働市場への影響」ＡＩネットワーク社会推進会議第４回参考資料（２０１７年４月27日）10～11頁、Carl Benedikt Frey & Michael A. Osborne, *The future of employment: How susceptible are jobs to computerization?*, 114 Technological Forecasting and Social Change 254, 268 (2017) および World Economic Forum, *supra* note 1, at 12-15 を参照。

43）ＡＩネットワーク化検討会議・前掲注（７）「中間報告書」12～27頁、ＡＩネットワーク社会推進会議「報告書２０１７―ＡＩネットワーク化に関する国際的な議論の推進に向けて―」（総務省情報通信政策研究所・２０１７年）別紙３および別紙４ならびに人工知能技術戦略会議・前掲注（５）３～７頁および別紙１を参照。

44）情報通信審議会・前掲注（32）３～５頁参照。

45）本稿において「利用者」、すなわち、ＡＩの機能を利活用する個人または団体としては、当該ＡＩの出力を当該ＡＩの開発以外の目的のために用いることを目的として当該ＡＩに出力をさせる個人または団体を主に想定している。

46）便益の波及の可能性については須藤修「開会の辞」ＡＩネットワーク社会推進フォーラム配付資料（２０１７年3月13日）7頁、宍戸常寿「『ＡＩネットワーク化』のグローバル・ガバナンス」ＡＩネットワーク社会推進フォーラム配付資料（２０１７年3月13日）1頁ならびにＡＩネットワーク社会推進会議・前掲注（43）3頁、29頁および49頁を、便益の具体例についてはＡＩネットワーク化検討会議・前掲注（7）「中間報告書」12～27頁ならびにＡＩネットワーク社会推進会議・前掲注（43）別紙3および別紙4を参照。

47）情報通信ネットワークと接続されたＡＩが人間の文明から得られるさまざまなデータに基づき不断かつ自動的に改良し続けていくものであるのに対し、情報通信ネットワークと接続されないＡＩが同様の改良をすばやくできないことを指摘するものとして、ケヴィン・ケリー（服部桂訳）『〈インターネット〉の次に来るもの』（ＮＨＫ出版・２０１６年）42～43頁参照。

48）インテリジェント化が加速するＩＣＴの未来像に関する研究会「報告書２０１５」（総務省情報通信政策研究所・２０１５年）24～29頁、ＡＩネットワーク化検討会議・前掲注（７）「中間報告書」4～10頁、ケリー・前掲注（47）42頁および中西・前掲注（27）１７１頁を参照。

49）「ＡＩネットワーク」は、ＡＩと、当該ＡＩが情報通信ネットワークを介して連携する相手である他のシステムとのあいだに形成されるネットワークであり、その構成要素としては、当該ＡＩ、当該情報通信ネットワークおよび当該他のシステムからなる。本稿において念頭に置いているＡＩは一種のシステムである（**Ⅰ-2**参照）ことから、ＡＩネットワークは、システムたるＡＩを含む複数のシステムおよびそのあいだを結ぶ情報通信ネットワークを構成要素とするシステムである（ＡＩネットワーク化検討会議は、ＡＩネットワークのことを「ＡＩネットワークシステム」と呼んでいる）。

50）この定義は、ＡＩネットワーク社会推進会議・前掲注（43）3頁に掲げるＡＩネットワーク化の定義を基礎として、筆者が表現を改めたものである。

　なお、この定義はＡＩを起点とする定義であるが、ＡＩを起点とする代わりに、さまざまなシステムがインターネット等を介して互いにつながってさまざまなデータ等を流通させさまざまなネットワークの形成が複雑に進んでいく社会そのものを起点とすれば、「ＡＩネットワーク化」については、そのような社会において、このようなネットワークの一端となりうる存在としてＡＩが加わっていくことをいうものとして捉え直すことができよう。

51）ＡＩネットワーク化検討会議およびＡＩネットワーク社会推進会議は、このような考え方に基づいて、ＡＩの研究開発および利活用の進展をめぐる問題をＡＩネットワーク化の進展をめぐる問題として捉えて議論している（ＡＩネットワーク化検討会議・前掲注（7）「中間報告書」4～5頁およびＡＩネットワーク社会推進会議・前掲注（43）3頁を参照）。

　なお、ＡＩの研究開発または利活用の進展をめぐる問題をＡＩネットワーク化の進展をめぐる問題として捉えるということは、この問題を広い意味での情報通信法または情報通信政策をめぐる問題として捉えるということをその含意とするものと考えられる。

52）本稿において「開発者」、すなわち、研究または開発をする個人または団体としては、研究または開発をめぐる権利が帰属する個人または団体を主に想定している。

　ある者が開発者であるのか利用者であるのかは、着目する場面に応じて相対的に決まる。

　たとえば、他人が開発したＡＩをモジュールとするＡＩを開発し、その機能を自ら利活用し、または第三者に利活用させる者は、当該機能を利活用する者との関係においては当該ＡＩの開発者である（当該機能を自ら利活用する場合には、当該ＡＩの開発者であると同時に、当該ＡＩの利用者でもある）と同時に、当該他人との関係においては、モジュールとしたＡＩの利用者である。

　また、教師データをＡＩに学習させる者は、当該ＡＩの開発の目的のために学習させる者は開発者（または開発者の使用人等開発者との関係に基づいて開発の業務に従事する者）、当該ＡＩの出力を当該ＡＩの開発以外の目的のために用いることを目的として学習させる者は利用者（または利用者の使用人等利用者との関係に基づいて利活用の業務に従事する者）と整理できるが、学習の目的次第では、当該ＡＩの開発者であると同時に当該ＡＩの利用者でもある者の存在も観念できよう。

53）管轄権の問題を措けば、ＡＩネットワークサービスは電気通信事業法2条3号に規定する電気通信役務に該当し、ＡＩネットワークサービスを他人の需要に応ずるために提供する事業は同条4号に規定する電気通信事業に該当するものと解される。ただし、当該事業が同法164条1項各号に掲げる電気通信事業である場合には、当該事業については、同条3項に定める例外を除き、同法の規定は適用されない。

54）このプロバイダは、当該ＡＩネットワークサービスのプロバイダとの関係では当該ＡＩの機能の利用者であり、当該他人との関係では当該ＡＩネットワークサービスを用いて自らが提供するＡＩネットワークサービスのプロバイダである。

55）ＡＩネットワーク化検討会議・前掲注（7）「中間報告書」5頁およびＡＩネットワーク社会推進会議・前掲注（43）3頁を参照。

56）ＡＩネットワークと人体の器官のあいだにおける連携については、人間の総合的な能力を拡張するものと評価されている（ＡＩネットワーク化検討会議・前掲注（7）「中間報告書」10頁参照）。

57）この注に対応する本文およびその直前の文の全体を通じて、ＡＩネットワーク化検討会議・前掲注（7）「中間報告書」6～10頁およびＡＩネットワーク社会推進会議・前掲注（43）4頁を参照。通底する指摘として、ケリー・前掲注（47）42～43頁も参照。

58）中西・前掲注（27）172～175頁参照。

59）中西・前掲注（27）176～178頁参照（モジュールとするＡＩの組み合わせを動的に変更することにより、必要となる機能をリアルタイムで実現しうるようになる可能性をも指摘している）。

60）ＡＩネットワーク社会推進会議・前掲注（43）34～37頁および別紙3参照。

61）ＡＩネットワーク社会推進会議・前掲注（43）38～42頁および別紙4参照。

62）学習以外の方法によりＡＩが自らの出力やプログラムを変

化させる要因の例について、ＡＩネットワーク社会推進会議・前掲注（43）別紙1の5頁を参照。

63〉ＡＩネットワーク社会推進会議・前掲注（43）25～26頁参照。

64〉ネットワーク上にさまざまなＡＩが混在することに伴う問題に留意すべきことの指摘として、ＡＩネットワーク社会推進会議・前掲注（43）45～46頁参照。

65〉中西・前掲注（27）１７６～１７８頁参照。

66〉中西・前掲注（27）１７８頁参照。

「自律性」とは「自分で（自己準拠的に）作動ルールを決めること」をいい、自律的なシステムについては入力されたデータに対する作動の結果としてどのような出力が得られるのかを外部の観察者が厳密に予測することができないのに対し、他律的なシステムについては、その作動ルールが外部から明示的に与えられているので、過去の入力系列が完全に与えられれば原理的には出力の再現および予測が可能であると説明されている（西垣通「基礎情報学の射程」情報学研究83号（２０１２年）8頁および18頁を参照）。

ディープラーニングを含む機械学習のように学習機能を備えた機械は、自律的なシステムではなく他律的なシステムであり、その処理の結果に応じて自動的にプログラムは変更されるものの、その変更の仕方もあらかじめプログラムにおいてあらかじめ厳密に決まっており、その入力されたデータおよびプログラムがわかれば、原理的には出力を完全に予測することができるものであることにおいては他の他律的なシステムと異ならないが、このような機械に次々と入力がある場合にその出力を予測することは実際のところはほとんど不可能であり、観察者にとって自律的なシステムとの相違が曖昧になることが指摘されている（同書18頁ならびに西垣・前掲注（32）１０８頁および１１６頁を参照）。

67〉ブラックボックス化、ＡＩネットワーク相互間の連鎖反応等に伴い、理解、検証、制御等が困難な事象が生じうることについて、中川裕志「シンギュラリティ以前―人工知能と社会―改訂版」（２０１６年4月4日――https://www.slideshare.net/hirsoshnakagawa3/ss-64699644）26～28頁参照。ＡＩネットワーク相互間の目的の競合または対立に関することについて、長尾真「ＡＩネットワーク化の本質と将来」ＡＩネットワーク社会推進フォーラム配付資料（２０１７年3月13日）3頁参照。

68〉「リスク」については、「望ましくない事象の発生確率×予測される損害規模」をもってリスクとする客観主義的リスク観および「将来生じるかもしれない望ましくない事象（と人々が認識するもの）」に焦点を当てる構築主義的リスク観があるとされる（中山竜一「互恵性と責任の政治学」立命館言語文化研究26巻4号（２０１５年）１４５～１４６頁参照）が、ＡＩネットワーク化検討会議およびＡＩネットワーク社会推進会議のいう「リスク」は、後述する「不確実なリスク」も含め、ＡＩネットワーク化の進展に向けてその顕在化および波及を抑制すべき事象を広く含むものであり（ＡＩネットワーク社会推進会議・前掲注（43）別紙1の3頁参照）、構築主義的リスク観との親和性が高い。ただし、後述するように、これらの会議におけるリスク分析においては、シナリオを作成して、発生確率、損害規模等を評価してリスクへの対処のあり方に関し検討しており、客観主義的リスク観の趣旨もふまえている。

ＡＩネットワークのリスクの波及の可能性について、須藤・前掲注（46）7頁、宍戸・前掲注（46）1頁ならびにＡＩネットワーク社会推進会議・前掲注（43）3頁、29頁、32頁および49頁を参照。

69）ＡＩネットワーク化検討会議・前掲注（7）「中間報告書」44～48頁および同・前掲注（7）「報告書2016」36～39頁を参照。これらのリスクについては、両報告書ならびに本書所収の論文および座談会のほか、ＡＩネットワーク社会推進会議・前掲注（43）・別紙3および別紙4、堀浩一「人工知能の研究開発をどう進めるか」情報管理58巻4号（2015年）254～257頁ならびに中川・前掲注（67）をも参照。

なお、これらのリスクのなかには、両者の側面を有するリスクもある。

70）ＡＩネットワーク化検討会議・前掲注（7）「中間報告書」44頁および47頁ならびに同・前掲注（7）「報告書2016」37頁を参照。あわせて、A. M. チューリング「コンピュータと知能」西垣通編訳『思想としてのパソコン』（NTT出版・1997年）124頁、Preparing for the Future of Artificial Intelligence 31-32 (2016) および The IEEE Global Initiative for Ethical Considerations in Artificial Intelligence and Autonomous Systems, Ethically Aligned Design: A Vision For Prioritizing Wellbeing With Artificial Intelligence And Autonomous Systems (Ver. 1) 31 (2016) をも参照。

71）情報通信ネットワーク上に多種多様なＡＩが混在することに伴うＡＩネットワークの暴走の制御が問題とされる場面の例として、株式等の高速取引（High Frequency Trading：HFT）の場面が挙げられる。HFTにおいては、ＡＩが値動きを読みながら千分の1秒単位で売買がなされるが、HFTをめぐり情報通信ネットワーク上に多様なアルゴリズムからなる複雑系が形成され、全体として何が原因で動いているのかもわからなくなり、人間の手には負えなくなるなか、ＡＩが暴走してフラッシュクラッシュと呼ばれる瞬間的な株価の暴落が起こる場合があるとされる（中西崇文「多様なＡＩの台頭による意図しない事象を引き起こす問題」ICTインテリジェント化影響評価検討会議第1回会合資料7―18（2016年2月2日）7頁および中川・前掲注（67）27頁を参照）。

72）ＡＩネットワーク化検討会議・前掲注（7）「中間報告書」42頁参照。

73）「リスク認知のバイアス」とは、非専門家は思い浮かべやすいリスクや顕著に認識できるリスクを過大に評価しがちなことをいう（キャス・サンスティーン（角松生史＝内野美穂監訳／神戸大学ELSプログラム訳）『恐怖の法則』（勁草書房・2015年）47～65頁参照）。

74）ＡＩネットワーク化検討会議・前掲注（7）「中間報告書」42～43頁参照。

75）「予防原則」とは、不可逆的または甚大な損害が発生するおそれがある場合には、科学的不確実性があるとしても、費用対効果の高い何らかの予防的措置（差止めとは限らない）をとることを要請する法原理をいう（ＡＩネットワーク化検討会議・前掲注（7）「中間報告書」43頁、中山・前掲注（68）145～146頁等を参照）。

76）予防原則は21世紀の新たな法の一般原理として定着しつつあり、新しい科学技術の潜在的なリスクが大惨事をもたらす前に、ひとまず予防原則を選択肢のひとつとして真剣に顧慮することを避けることは許されないとするものとして、中山・前掲注（68）146頁参照。

77）サンスティーン・前掲注（73）17～44頁参照（「リスク・トレードオフ」とは、あるリスクを予防することにより別のリスクが生ずるおそれをいう）。

78）AIネットワーク化検討会議・前掲注（7）「中間報告書」43頁参照。

79）AIネットワーク化検討会議・前掲注（7）「中間報告書」44頁参照。我が国におけるリスク・コミュニケーションの場のひとつとして機能しているものがAIネットワーク社会推進会議である。

80）AIネットワーク化検討会議・前掲注（7）「報告書2016」33～39頁ならびにAIネットワーク社会推進会議・前掲注（43）32～43頁、56頁、別紙3および別紙4を参照。

81）須藤・前掲注（46）6頁およびAIネットワーク社会推進会議・前掲注（43）52頁を参照。

82）須藤・前掲注（46）6頁、宍戸・前掲注（46）2頁ならびにAIネットワーク社会推進会議・前掲注（43）52頁を参照。

83）プロバイダたる利用者またはプロバイダたる利用者となろうとする者についても、これらの者の利用者としての利益または利用者となることができる利益は、この注に対応する本文にいう「利用者の利益」に包含されるが、プロバイダとしての利益またはプロバイダとなることができる利益は、「利用者の利益」には包含されない。

84）なお、AIネットワークサービスの料金が無料であるとしても、その提供を受けるにあたり利用者のデータ等をプロバイダの事業活動の用に供せしめることが条件とされる場合には、当該条件が手頃なものであるのか否かに加えて、当該条件が安全で安心しうるものであるのか否かも利用者の利益の保護の見地から問題となりうる。

85）AIネットワーク社会推進会議・前掲注（43）52頁参照。

86）「ネットワーク効果」については、さしあたり、黒田敏史「固定ブロードバンドの実証分析」依田高典＝根岸哲＝林敏彦編『情報通信の政策分析―ブロードバンド・メディア・コンテンツ』（NTT出版・2009年）54～55頁および黒田敏史「多面市場における競争戦略」岡田羊祐＝林秀弥編『クラウド産業論―流動化するプラットフォーム・ビジネスにおける競争と規制』（勁草書房・2014年）49～50頁を参照。

87）「データネットワーク効果」については、さしあたり、*See* Organization For Economic Cooperation And Development Directorate For Financial And Enterprise Affairs Competition Committee, Big Data: Bringing Competition Policy To The Digital Era - Background Note By The Secretariat -, DAF/COMP (2016) 14 October 27 2016, at paras 22-25. あわせて、AIネットワーク社会推進会議・前掲注（43）47頁をも参照。

88）「ネットワークの拘束性」についてはさしあたり福田雅樹＝林秀弥「情報通信プラットフォームに関する競争法的考察（2・完）」名古屋大学法政論集253号（2014年）246頁を、「スイッチングコスト」についてはさしあたり黒田・前掲注（86）「固定ブロードバンドの実証分析」49頁を参照。

89）AIネットワーク社会推進会議・前掲注（43）46～47頁および52～53頁を参照。通底する指摘として、ケリー・前掲注（47）56～57頁をも参照。

90）須藤・前掲注（46）6頁、宍戸・前掲注（46）2頁ならびにAIネットワーク社会推進会議・前掲注（43）52頁を参照。

91）ＡＩの利活用にあたっては、利用者を含む社会全体の理解が必要であり、社会に受容されることが重要であることの指摘として、ＡＩネットワーク社会推進会議・前掲注（43）57頁参照。

92）リスクに伴う不利益を抑制するための対処のあり方としては、予防原則に則るとしても、ゼロリスクや、ＡＩネットワークの利活用の平面的な差止めを目指すべきではなく、ＡＩネットワーク化の便益の展望もふまえながら、リスクに見合った何らかの取り組みを費用対効果、リスクと取り組みとの比例性等も考慮しつつ講ずるとともに、取り組みのあり方を科学技術の進歩に応じて継続的に見直していくべきものと考えられる（このことに関し、中山・前掲注（68）146頁参照）。

93）ＡＩ開発ガイドライン案においては、ＡＩ開発ガイドラインの目的を「ＡＩシステムの便益の増進とリスクの抑制を図ることにより、利用者の利益を保護するとともにリスクの波及を抑止」することを掲げるべきことが提案されている（ＡＩネットワーク社会推進会議・前掲注（43）別紙1の3頁）。この「リスクの波及」の「抑止」は、社会におけるＡＩネットワークの受容の確保を目的とするものとして理解することができよう。

94）須藤・前掲注（46）7頁、宍戸・前掲注（46）1頁ならびにＡＩネットワーク社会推進会議・前掲注（43）2頁および49～50頁を参照。

95）須藤・前掲注（46）20頁、宍戸・前掲注（46）4頁およびＡＩネットワーク社会推進会議・前掲注（43）49～50頁を参照。

96）須藤・前掲注（46）7頁および21頁、宍戸・前掲注（46）2～4頁（3頁においては、標準化団体等による推奨モデルの公表、開発者による利用者に対する自発的な情報提供の促進、開発者が提示する条件に則って利用する利用者や保険に加入する利用者の責任の減免等をグローバルなガバナンスのための方法として例示）ならびにＡＩネットワーク社会推進会議・前掲注（43）10頁および23頁を参照。

97）宍戸・前掲注（46）2頁ならびにＡＩネットワーク社会推進会議・前掲注（43）10頁、23頁、46頁および55頁を参照。

98）ＡＩの研究開発のガバナンスおよびＡＩネットワークの利活用のガバナンスのいずれについても、その全体を通じて利用者の利益の保護に資するものであることが期待されることを指摘するものとして、ＡＩネットワーク社会推進会議・前掲注（43）53頁参照。

99）市場における技術、利用者のニーズ、プロバイダ間の競争や紛争等の動向に応じて適時適切な対応ができるよう備えておくためには、市場の動向を継続的に注視し、評価することが必要となると考えられる（ＡＩネットワーク化検討会議・前掲注（7）「報告書２０１６」50頁およびＡＩネットワーク社会推進会議・前掲注（43）52頁を参照）。

100）宍戸・前掲注（46）3～4頁およびＡＩネットワーク社会推進会議・前掲注（43）別紙1参照。

101）宍戸・前掲注（46）3～4頁およびＡＩネットワーク社会推進会議・前掲注（43）49～50頁参照。

102）宍戸・前掲注（46）3～4頁ならびにＡＩネットワーク社会推進会議・前掲注（43）50～51頁および別紙1の7～8頁（具体的な課題としては、開発者またはプロバイダによる関係者に対する関連情報の開示のあり方の検討、データ形式の標準化のあり方の検討等が挙げられている）を参照。

照。

(103) 本文に掲げた例のほか、市場における技術、利用者のニーズ、プロバイダ間の競争や紛争等の動向に応じて、標準必須特許のように相互接続性・相互運用性の確保に資する知的財産権のライセンス契約の締結およびその条件についてのオープンかつ公平な取扱いのあり方の検討、AIネットワークの形成に関する当事者間の契約のあり方の検討、当事者間の紛争の解決のあり方の検討、AIネットワークの円滑で健全な形成を阻害するおそれがある反競争的な行為の防止等競争的なエコシステムの確保のあり方の検討等が課題となると考えられる（AIネットワーク化検討会議・前掲注（7）「報告書2016」50頁ならびにAIネットワーク社会推進会議・前掲注（43）51～52頁および別紙1の8頁を参照）。ただし、競争的なエコシステムの確保に関する規制の創設については謙抑的であるべきことについて、同書52頁参照。

(104) AIネットワーク社会推進会議・前掲注（43）47頁および57頁（具体的な課題としては、AIにゆだねる判断の範囲（特に専門職（医師、弁護士、会計士等）とAIとの役割分担、重要な判断（診断、法令の解釈・適用、採用、人事評価、融資の審査等）にあたりAIにゆだねてもよい事項の範囲）等が挙げられている）を参照。

(105) AIネットワーク化検討会議・前掲注（7）「報告書2016」53～54頁ならびにAIネットワーク社会推進会議・前掲注（43）46頁、54頁および58頁（具体的な課題としては、AIネットワークを利活用した取引における権利義務の帰属のあり方の検討、AIネットワークのリスクが顕在化しないようにするための役割の分担のあり方の検討、リスクが顕在化した場合における責任の分配や利用者等を保護する仕組み（保険等）のあり方の検討、利用者とプロバイダや開発者との紛争、利用者、プロバイダ等との紛争または事故等の被害者たる第三者と利用者、利用者同士の紛争の解決のあり方の検討等が挙げられている）を参照。保険に関し、宍戸・前掲注（46）3頁をも参照。ただし、規制の創設については謙抑的であるべきことについて、AIネットワーク社会推進会議・前掲注（43）54頁参照。

(106) AIネットワーク化検討会議・前掲注（7）「報告書2016」56頁ならびにAIネットワーク社会推進会議・前掲注（43）54頁および56頁ならびに別紙1を参照（たとえば、データポータビリティがAIネットワークサービスの提供に関する公正な競争の確保の見地および利用者のパーソナルデータの保護の見地から、プロファイリングがプライバシーの保護の見地から、学習するデータに含まれる偏見に起因する不当な差別が人間の尊厳と個人の自律の見地から、それぞれ論点となりうると考えられる）。

(107) このほか、必要に応じて適時適切な対応ができるよう備えておくため、関連する市場の動向を継続的に注視し、評価することが必要となるとともに、紛争の解決のあり方の検討が課題となることについて、AIネットワーク化検討会議・前掲注（7）「報告書2016」53～54頁ならびにAIネットワーク社会推進会議・前掲注（43）54頁および58頁を参照。

(108) 宍戸・前掲注（46）3頁ならびにAIネットワーク社会推進会議・前掲注（43）53～54頁および57頁（具体的な課題としては、開発者やプロバイダからの利用者に対するAIまたはAIネットワークサービスの技術的特性に関する情報、継続的なアップデートへの対応の必要性に関する情報等の自発的な提供の確保のあり方等が課題となると考えられる）を参照。

(109) たとえば、ＡＩネットワーク社会推進会議が取りまとめたＡＩ開発ガイドライン案は、その対象とするＡＩの範囲に関し、情報通信ネットワークに接続されうるＡＩであって、利活用の過程におけるデータ等の学習等により自らの出力やプログラムを変化させる機能を有するものに限定している（ＡＩネットワーク社会推進会議・前掲注（43）25〜29頁および別紙1の5〜6頁を参照）。

(110) **Ｉ−1**において述べたように、ＡＩネットワーク化の進展を通じて形成されるＡＩネットワークは第四次産業革命を牽引し、第四次産業革命はデータ主導社会を実現させるものと期待されている。したがって、ＡＩネットワーク化のガバナンスを通じて実現することを目指すべき社会像の構想とは、ＡＩネットワーク化の進展を通じて実現するものと展望されているデータ主導社会において、ＡＩネットワークの利用者の利益がどのように保護され、ＡＩネットワークがどのように受容されるべきであるのかに関する構想にほかならない。

(111) 以下本項については、その全体を通じて、ＡＩネットワーク化検討会議・前掲注（7）「中間報告書」12〜16頁およびＡＩネットワーク社会推進会議・前掲注（43）4〜8頁を参照。

　なお、ＡＩネットワーク化検討会議は、「智連社会」について、第四次産業革命を超えた社会像と位置づけている（ＡＩネットワーク化検討会議・前掲注（7）「中間報告書」14頁参照）。

(112) 「高度情報通信ネットワーク社会」とは、「インターネットその他の高度情報通信ネットワークを通じて自由かつ安全に多様な情報又は知識を世界的規模で入手し、共有し、又は発信することにより、あらゆる分野における創造的かつ活力ある発展が可能となる社会」をいう（高度情報通信ネットワーク社会形成基本法2条）。

(113) 「知識社会」は、その進展が２０３０年までに向けて我が国が直面する情勢変化のトレンドをなすものとして、長期戦略指針「イノベーション25」（２００７年5月31日閣議決定「長期戦略指針「イノベーション25」について」別紙）および「科学技術イノベーション総合戦略〜新次元日本創造への挑戦〜」（２０１３年6月7日閣議決定別紙）に掲げられている。

(114) 「データ」としては断片的な事実、数字や文字が、「情報」としてはデータの組み合わせに意味を付与したものが、「知識」としてはデータや情報の体系的集積がそれぞれ念頭に置かれている（ＡＩネットワーク社会推進会議・前掲注（43）5頁参照）。「智慧」については、本文で後述するほか、濱田純一「ＡＩネットワーク化と智連社会」ＡＩネットワーク社会推進フォーラム配付資料（２０１７年3月13日）2〜5頁を参照。

(115) 「知能」としてはデータ・情報・知識から新たにデータ・情報・知識を創造する機能が念頭に置かれている（ＡＩネットワーク社会推進会議・前掲注（43）5頁参照）。

(116) ＡＩネットワーク社会推進会議・前掲注（43）5〜6頁参照。

　なお、ＡＩネットワークは、ＡＩ、情報通信ネットワーク等からなる物理的な存在であるのに対し、「智のネットワーク」は、人間がＡＩネットワークという物理的な存在の機能を活用することにより得られる能力たる「智慧」が相互に連携し合い、相互に協調し合う様子を捉え、これを観念的に描写する概念である（ＡＩネットワーク社会推進

117）会議・前掲注（43）6頁参照）。

118）このことに関連し、AIは社会における人間のさまざまな活動のエンハンスを目指すべきものであることを指摘するものとして、長尾・前掲注（67）1頁参照。

119）「空間を越えた協調」としては、国境等地理的な空間の境界を越えた協調のほか、実空間とサイバー空間との境界を越えた協調（すなわち、第四次産業革命により社会のあらゆる領域において形成されることが期待されるCPS）も想定されている。

120）「智連社会」は、人間がその「智慧」を連結して「智のネットワーク」を形成することにより可能となる「智慧」の連携と協調により実現される。「智慧」の連携と協調という「智連」の本質に鑑みると、智連社会の実現に向けた課題には、個人の努力だけではなく、社会におけるコミュニティの役割が重要となるものと考えられることが指摘されている（濱田・前掲注（114）9頁およびAIネットワーク社会推進会議・前掲注（43）7頁を参照）。

121）AIネットワーク社会推進会議・前掲注（43）7～8頁参照（各項目の内容は、次のとおり。（1）すべての人々が、AIネットワークを容易にかつ主体的に利用する機会を有し、個々の能力を創造的かつ最大限に発揮し、または拡張することが可能となり、もってAIネットワークの恵沢をあまねく享受できること。（2）個人が人間としての尊厳を持った自律的な主体としてAIネットワークを安心して安全に利活用することにより、豊かさと幸せを感じられること。（3）イノベーティブな研究開発と公正な競争を通じて、多様で高度なAIネットワークが提供されること。（4）AIネットワークに関する制御可能性と透明性が技術的・制度的に確保されること。（5）AIネットワークのあり方に関する意思決定にあたり、多様なステークホルダが民主的に参画できること。（6）AIネットワークを利活用して物理空間とサイバー空間を連結し、両者の調和を図ることにより、ヒト・モノ・コト相互間の空間を越えた協調の実現を可能とすること。（7）AIネットワークを利活用してヒト・モノ・コト相互間の空間を越えた協調が地域内・地域間で進展することにより、活力ある地域社会が実現すること。（8）人類が、AIネットワークを基盤として構築する智のネットワークにより、地球規模の課題を国際的な分散協調により解決できること）。

122）AIネットワーク社会推進会議・前掲注（43）8頁参照。

123）AIネットワーク社会推進会議・前掲注（43）49～59頁参照（なお、これら4類型に大別された17の課題のほか、「その他の課題」として、情報通信インフラの高度化の加速、経済発展・イノベーションの促進に向けた課題、地球規模課題の解決を通じた人類の幸福への貢献およびAIネットワーク化のガバナンスのあり方も挙げられている）。AIネットワーク化のガバナンスの内容については、1に掲げる例をも参照。

本稿の記述のうち意見にわたる部分は、筆者が現在所属している組織もしくは過去に所属したことがある組織または筆者が現在構成員等として参加している会議体もしくは過去に参画したことがある会議体の見解を示すものではなく、筆者の個人的な見解に基づくものである。

座談会

AIネットワーク化がもたらす影響とリスク——シナリオ分析の意義

弁護士（ひかり総合法律事務所）　板倉陽一郎
東京大学未来ビジョン研究センター特任講師　江間有沙
慶應義塾大学大学院政策・メディア研究科特任准教授　クロサカタツヤ
国際大学グローバル・コミュニケーション・センター主任研究員／准教授　中西崇文
九州大学法学研究院准教授　成原　慧

Ⅰ　はじめに

成原　本日はお忙しいなかお集まりいただき、ありがとうございます。今般、AIの技術発展とネットワーク化を見すえ、AIが利用者に多種多様なサービスを適時適切に提供できるようになり、社会や経済にさまざまな便益がもたらされることが期待されている一方で、AIが暴走するのではないか、あるいはブラックボックス化するのではないかといったようなリスクも懸念されています。こういった指摘をふまえ、AIネットワーク化がもたらす便益とリスクについて複数のシナリオを想定し、それらへの対応のあり方について検討を進めていくことが求められています。

そこで本日の座談会では、みなさまにご参加いただいてきた総務省情報通信政策研究所の「AIネットワーク化検討会議」、そしてそれを発展的に改組した「AIネットワーク社会推進会議」での議論もふまえつつ、AIネットワーク化の影響とリスクについて――本日は時間の関係で、主にリスクについて――シナリオ分析をおこない、その対応のあり方について議論をしていきたいと思います。本日は、法学系から技術系までさまざまな研究者・実務家の方々に参加いただいておりますので、AIネットワーク化がもたらす影響とリスクについて、学際的かつ多角的にご議論いただけるのではないかと思っております。

なお、本日の座談会で司会を務めさせていただきますわたくし成原慧は、東京大学の情報学環で情報法の研究をしてきました。現在は総務省情報通信政策研究所においてAIネットワーク社会推進会議の事務局の一員として、AIネットワーク化に関する法的課題等の調査研究もおこなっております。本日はこのような経験もふまえ、司会として議論の交通整理ができればと思っております。

II　なぜ、「シナリオ分析」なのか

成原　それでは、まずAIネットワーク化がもたらす影響とリスクを「シナリオ分析」の手法により検討することの意義と課題について、議論したいと思います。AIネットワーク化の影響とリスクについては、専門家のあいだでも見方が分かれており、事前に予測することは難しいとも指摘されています。そのため、複数のシナリオを想定して、シナリオ分析に基づいて影響とリスクを洗い出して、対応を考えることが必要になると指摘されています。

そこでまず、本日の議論の出発点として、AIネットワーク化の影響とリスクについてシナリオを作成することの意義について改めて確認しておきたいと思います。江間さん、この点について、いかがでしょうか。

江間　東京大学で特任講師をしております江間有沙と申します。AIネットワーク社会推進会議との関係では、影響評価分科会と開発原則分科会の構成員

をさせていただいております。また人工知能学会倫理委員会の委員や理化学研究所革新知能統合研究センター（ＡＩＰセンター）の客員研究員でもあります。最先端技術の社会的影響や、技術と社会が相互作用してこれからどのような社会を作っていくかを研究しています。よろしくお願いいたします。

私はAcceptable Intelligence with Responsibility（ＡＩＲ）という異分野の研究者によるグループで、情報技術が導入されている現場に行ってお話を聞く調査研究をしています。それもあって、現実に根差した事例から学ぶことはすごく大事だと思います。暴走するのではないか、ターミネーターだ、などの「キャッチーなリスク」がもてはやされがちです。でも、本当に怖いのは、気付かないうちに生活のなかに情報技術が入ってくることです。便利になっていることの引き替えに、データが取られていたり情報が収奪されていたりする。そういったいわば「見えないリスク」により、知らないうちに選別されたり誘導されたりしてしまうことのほうが問題だと思います。その意味でも、あらかじめそうしたリスクを洗い出しておくことは重要です。

また私は、何がリスクなのかだけではなく、それをどうやってチャンスに変えて新しい社会像や、技術設計、ビジネスモデルを作っていけるかも考えることが大事だと思っています。これからＡＩネットワーク化に参入しようとしている企業が「これは作ってもいいのか」とか、あるいは実際に、気付かないうちに生活が便利になっていっている一方で「これでいいのかな」という不安を持っている一般の人たち――私自身も含めて――のガイドになると

江間有沙氏

いう意味で、シナリオを作る意義があると思います。

あともう一点だけ付け加えますと、日本の文脈にある程度特化したシナリオを作ることは、海外と比較するうえで非常に重要だと思っています。日本の社会構造や産業構造、価値観を盛り込んだシナリオや知見を積み重ねていって国際的に発信をしていくことは、情報技術がグローバルに展開していくからこそ必要となります。

Ⅲ　AIネットワーク化のリスク

1　法的リスク
――プライバシー、役割分担、原因調査

成原　次に、いまの江間さんのお話をふまえて具体的に、AIネットワーク化によってどのようなリスクが生じうるのかということについて考えていきたいと思います。まずはAIネットワーク化により生じうる法的リスクについて板倉さん、弁護士としてのご知見をふまえて、お聞かせいただければと思います。

板倉　弁護士の板倉陽一郎です。データ保護を中心に執務をしております。私も江間さんと同じ二つの分科会の構成員です。理化学研究所革新知能統合研究センター（AIPセンター）の客員主管研究員もしています。よろしくお願いいたします。

AIネットワーク社会推進会議の「報告書2017」（2017年7月28日）で挙げられているリスクに仮に依拠するならば、法的リスクというのは意外とわかりやすい。要するに、違法になってしまうのかどうかというところです。第3章「AIネットワーク化が社会・経済にもたらす影響」の「留意すべき事柄」というところで最終的にリスクがまとめられていますが、法的リスクとの関係で主として参考になるのは、「エ」の個人情報保護・プライバシーであるとか、「オ」のAIシステムが取り扱うデータ、情報、知識になります。それから機能、AIと人間の役割分担の話であるとか、最後の「サ」にある、ブラックボックス化についても、法的問題に落としやすいと思います。

個人情報保護・プライバシーというのは当然、現

状のＩＣＴでも大変問題になっています。データ保護の基本的な考え方として、どのようにデータを取り扱うのかが示され、それに対して、そのような取扱いをする管理者にデータを渡すのかについて事前に個々人が選択をする、ということが挙げられます。この「通知と選択」がひとつの重要な柱であるわけです。しかし、ＡＩがネットワーク化してそこかしこにいるという状況になった場合、データについて「このように取り扱います」という情報が多くなりすぎることになって、利用者がそれらをフォ

板倉陽一郎氏

ローし切れるのか、という問題が出てきます。

通知に関し、たとえば、データを取り扱う情報システムがパソコンであれば、事前に画面に表示して、スマホであればアプリをインストールするときに色々と注意書きを出し、「このように個人データを使いますけどいいですか」、という選択をしてもらうことができるわけです。しかし情報を取得するデバイスが、視覚的なユーザインターフェースの貧弱なＩｏＴとなり、しかもそのデバイスのなかではＡＩどうしがネットワーク化してどんなふうに使われるかわからない、というのを、どのように本人に示して選択の余地を与えるのか。

もうひとつ、データ保護においてＡＩとの関係で重要なのは、自分の知らないあいだに評価されて差別的に取り扱われる危険、プロファイリングの議論です。日本のデータ保護の議論ではあまり論じられていませんが、古典的なプロファイリングの議論というのが単に推測してこの人はこういう人だろうという話であるのに対して、データ保護、ＩＣＴとの関係では、プロファイリングというのは人間が介在

しないで否定的な評価なりが加えられて、差別であるとか人権侵害につながるという問題と捉えられます（現代的プロファイリング）。ＡＩネットワーク化が進行すると、まさに全然人間が介在しないところで本人のデータが集積されて何らかのフィードバックが返ってくるということが起きます。このときに差別的に取り扱われないか、といったことが問題点として強く現れるということになります。

それから、先ほどの江間さんのお話にもありましたが、生活のなかに知らないうちにＡＩが入り込んでくるという問題です。監視カメラの議論というのは、現状のデータ保護の話のなかでも重要なトピックとして扱われていて、一般的にも何か怖いものであると考えられています。監視カメラについてもさきほどの「通知と選択」の原則が妥当しますので、カメラの脇に、またはカメラの本体に、どのようなことを掲示しなければならないのか、といったことを議論しています。

これに対して、ペッパー（Pepper）君[1]がいるとみんなわーっと言って撫でに行くわけですね。でも、ペッパー君の中身も同じカメラですからね（笑）。監視カメラもペッパー君も、同じ機能を持っている。特に、日本特有かもしれませんが、ロボットは何となく人間の友達みたいなところがある。ふわふわした外見を持っていたりするロボットに、かわいいからと言って安易に近付いていった途端、実は監視カメラと同じような機能を持っていて、それでどんどんデータが集積される。家庭に入り込めば入り込むほど、深いプライバシーについてデータが取られることになります。しかもさきほど言ったように、そういったＡＩやロボットにはディスプレイなどのインターフェースがしっかり実装されているとも限りませんので、ユーザは果たして、そのように収集された情報がネットワークの先に集まったり連携したりしているかもしれないことをきちんと理解して選択しているのかというのが、リスクとしては大きく出てきます。

そういうＡＩやロボットが生活のなかで色々な役割を果たしてくれるということで、報告書２０１７にもある役割分担という話が出てくるわけです。お医者さんはＡＩに色々な論文を分析してもらって参考にするようになるかもしれませんし、あるいは経営者は会社の経営の意思判断についてＡＩに聞いて一定程度参考にするというケースが現れてくるかもしれません。その時に、現在だと医療過誤訴訟になったときには、この程度のことは普通のお医者さんは知っている、「普通は知っていなければならないこと」との関係で判断を見誤った、ということが問題になります。会社法関係の訴訟ですと、経営判断の原則と言って、普通の経営者だったらこれくらいは判断できるでしょうというところが争われます。

これが、社会にＡＩが浸透してきて、ＡＩネットワークに色々なことを尋ねるのが当たり前になってくると、「なぜＡＩに尋ねなかったのか」とか「ＡＩはこのとき何と言っていたのか」というのが、おそらく訴訟においても問題になってくる。これはディストピアみたいな話でして、ＡＩに見解を確認していなかったから、あるいはＡＩの言うことを聞かなかったから責任があるということになってくると、じゃあＡＩの言うことさえ聞いていたらいいのか、ということになってしまう。ＡＩに従っていなければ患者に、あるいは株主に責任追及される、ということになった結果、あたかもＡＩの操り人形のような専門家ばかりになってしまうのではないかというおそれもあるわけです。

いまの話とも関連しますが、ＡＩの判断がブラックボックス化してくるということになると、「振り返れない」わけですね。特に、ディープラーニングが――いまだと主に画像認識の分野で使われていますが――色々な分野に応用できることになると、ＡＩが人間に、囲碁で勝ち、将棋で勝つと。その棋譜を見てみると、一生を囲碁に費やしている人が恐怖を覚えるような、想像もつかない手を打っている、でも何かよくわからないけれども勝つ。さきほどの経営判断とか医療判断にＡＩを用いた場合も、「何かよくわからないけれども正しい」ということが出てくる。さきほどはＡＩの言うことを聞かなかったがために責任追及されるという話をしましたが、言うことを聞いて失敗したときに、振り返れないわけです。

　どういう理由でこうなっているのかということを聞いても答えてくれるわけではないので、何か物理的な事故や法的な事故が起きたときに、振り返れない。これをどうやって担保したらよいのか。もちろん、アルゴリズムを公開しろということになると、それはそれで安全保障上の問題などもあります。どのレベルでブラックボックス化を防げば適切なリスクの振り返りができるのか、そのあたりの問題も出てくることになります。

2　社会的・倫理的リスク
――「永遠のベータ版」への対峙と依存

成原　次に、AIネットワーク化の社会的・倫理的リスクとしてはどのようなものが想定されるのでしょうか。これまで情報通信産業に関するリサーチやコンサルタントをされてきたクロサカさんに、ご意見をうかがいたいと思います。

クロサカ　クロサカタツヤと申します。慶應義塾大学大学院政策・メディア研究科特任准教授です。専門は情報通信政策や情報通信産業の研究です。その観点から人工知能の形成に関係するデータ・エコシステムや関連する法制度の動向などについて検討しております。よろしくお願いいたします。

　AIネットワーク社会推進会議の報告書2017では「機能に関するリスク」と「法制度・権利利益に関するリスク」に大別されています。いま板倉さんから法制度に関するご説明がありましたので、私は機能に関するリスクを中心に考えてみます。

　まず報告書2017では、機能に関するリスクについて、セキュリティに関するリスク、情報通信システムに関するリスク、不透明化のリスク、制御喪失のリスクと整理されています。いずれも、人工知能全般――と一言で括るのは技術論的に乱暴だというのは承知のうえで、ここではあえて丸めて人工知能と言ってしまいますが――との対峙において、人間にどのような不利益が起きるのか、ということです。

　このうち、セキュリティや情報通信ネットワークシステムに関する事項は、人工知能を必ずしも前提としない現時点のＩＣＴ利活用環境でもすでに顕在化していて、それと地続きの関係にあるというのが私の理解です。そしてその克服に向けて、すでに私たちはかなり人工知能のお世話になっている。たとえば電子メールを利用しようとするときに、スパムフィルターのない電子メール環境というのは、とてもじゃないけど使う気にならないはずです。このスパムフィルターも、大きく言えば人工知能の流れのひとつです。また、通信インフラを支えるという観点では、すでに制御系や日常の保守で人工知能技術が使われており、もはやそれなしでは運用が不可能なくらい導入が進んでいます。

クロサカタツヤ氏

そう考えると、ここでいう人工知能のリスクのうち、「人工知能がろくに働かない」というプリミティブなリスクはもはや通過しつつあって、「道具としてまともに使えること」がすでに与件となっている。そしてそのうえで「一見まともに見えるけれども自分の便益には必ずしも合致していない」というような観点からのリスク、そしてさらに言うと、それによって自分の将来的な行動や意思決定に（もしかすると無自覚に）大きく影響が生じてしまうといったリスクを感じる人が出現するのではないでしょうか。

おそらく、報告書２０１７のシナリオ分析で取り上げられているようなさまざまな分野で、そうした意識が顕在化してくるでしょうし、ＡＩネットワーク以前に、自然言語処理を用いたシンプルな人工知能技術の適用というくらいのことでも、さまざまな議論が見られますね。

一方、これはあくまで私見ですが、こうした文脈からの「人工知能脅威論」が台頭しやすい状況にあり、それがいま極めて社会的にミスリードを招きやすい状況にあるのではないか、つまりメタレベルのリスクが生じつつあるように思います。

ここでいろいろ要素分解と再構成が必要になります。たとえば先ほどから「人工知能」という言葉を使っていますが、エージェント・コンピューティングや自然言語処理といった機械学習以前の人工知能技術と、機械学習、さらには特徴量の抽出が自動化された深層学習では、技術的にはそれぞれ大きく異なったものであり、区別されるべきです。

また利用者視点で考えると、それら技術の適用分野は、すでに伝統的な産業分類だけに閉じていることはむしろ少ないはずです。すでにＩＣＴによってそうしたカテゴリーキラーが新たな価値や便益をもたらすことを、ユーザである私達は十分理解し、受け入れています。こうした状況は、リスク評価を極めて複雑にします。

そしてそれが、新しい問題を提起しうる。たとえば、リスクがわかりにくくなるのと同時に便益が顕在化されていくと、ユーザはリスクを見なくなってしまうかもしれない。その結果、「便利だからこっちのほうがいいじゃない」というような、いわば人工知能への無自覚な依存状態が生じる。もしかすると倫理面での最大の課題は、そこにあるのかもしれません。そしてＡＩネットワークは、特にこの状況を生じさせやすそうです。

ただ、これらがすべて解き明かされてから人工知能を使うべきだという議論に対しては、異論があります。ＩＴ業界ではよく「永遠のベータ版」という言い方をしますが、常にキャッチアップしながら先に進んでいくしかない。そしてどこかで事故が起こったときに常に振り返ることができる状況を担保し、あるいは、現状ではコントロールできないということに関してはそこで勇気を持って立ち止まるとか、そういうことをくり返していくしかないと思っています。

そのためには、ステークホルダがもっと話し合わなければいけないし、それにはコミュニケーションのためのフレームワーク、そして前提の理解といったことがまず揃うことが、今日期待されていることなのかなと思います。それに対して一定の貢献を果たそうということを目指したのが、AIネットワーク社会推進会議の取り組みだったのではないでしょうか。

3　技術的リスク
——演繹的なシステムから帰納的なネットワーク化されたAIシステムに向けて

成原　AIネットワーク化の技術的なリスクについては、中西さんに、データサイエンスなどの観点からお話しいただければと思います。

中西　中西崇文と申します。国際大学GLOCOMのグローバル・コミュニケーション・センターの准教授・主任研究員をやっております。私の専門はデータ・マイニングとか統合データベース、感性情報処理で、アルゴリズムを考えるという立場です。人工知能に関わる技術を扱いながらデータをどう処理するかということを考えるのが仕事です。そういう観点から、人工知能が今後どうなっていくかということを考えていくことを専門としております。よろしくお願いいたします。

ここまでみなさんがおっしゃったことのなかにほとんど含まれているとは思うのですが、まず、いままでのICT技術と、いま注目されている人工知能というのが、何が違うのかということからお話ししたいと思います。もちろん人工知能というのはさきほどクロサカさんがおっしゃったように色々な人工知能を含んでいるのですが、ここでは、既存のICT技術といま注目されている人工知能との違いというものをはっきりさせておきたいと思います。

いままでのICT技術というのは、こういう仕組みだからちゃんと動いたんだよね、こういう入力をしたときにこういう仕組みだからこういう出力が返ってくるんだよね、という説明ができるものでした。それに対して、いま注目されている深層学習やディープラーニングその他の機械学習は、もちろん訓練データに基づき出力されているはずなのですが、なぜこのパラメータ設定でこんな良い結果が出るのか説明がつかない、わからないけれどうまく

中西崇文氏

いっている、という場合があるものです。これを必要以上に拡大解釈して、人工知能が時にはブラックボックスになって何をしているのかわからないといった話になってくるのですが、実はそうではなく、これまで演繹的な科学、サイエンスのなかで語られてきたところ、これからの人工知能というのは帰納的に考えていかなければいけない部分があるのではないか、ということになるかと思います。

これはどういうことかと言いますと、たとえば帰納的に考えられている科学というと、いちばん大きいのは医療です。ざっくり例を言うと、薬の効き目というのは、ある治験をした結果、大体のサンプル効能が認められたので、効能があるのだろう、という風にエビデンスを集めて、信頼性を高めているはずなんです。そういう帰納的な科学に即した検証の仕方というものを、これから、人工知能に関しても考えていかなければならないと思うんです。ただそのような考え方がまだまだ根付いていないというのが大きいですね。そういう意味では、このような思考が理解できないがゆえに、いわゆるAI化が遅れてしまうことを危惧しなければならないというのが、最も重要な私の主張です。

もうひとつは、こういうふうにAIのリスクと言うと、ある一個のAIシステムというものを考えがちなのですが、実は、AIネットワーク化社会推進会議でも取り扱っているとおり、ネットワーク化された複数のAIが共存しだしたときを考えないといけない。そうなるとやはり、ひとつの連結したAIのエンジンによってひとつのシステムができあがっているときに何かエラーが出たという状況において、ユーザや運用者にとって、何がエラーで動かなくなったのかの検知が遅れるというリスクというのが、非常に大きく出てくると思います。それがわかればいいのですが、わからないまま使っていってしまって、あとから大きなリスクになるということも考えられる。そういう意味では、複数のＡＩがネットワーク化されてそれらがフレキシブルにつながってくるとなると、その状況をどこまで人間が把握できるのかというところも、問題になってくると思います。

Ⅳ　ＡＩネットワーク化のリスクにどのように対処していくか

1　リスク評価のあり方
――「シナリオ構成の百本ノック」

成原　ここまでみなさんにＡＩネットワーク化がもたらすリスクのシナリオについて全体的な枠組みについてお話しいただいたうえで、具体的にどのようなリスクがあるのかお話しいただきました。いままでのお話をふまえ、ＡＩネットワーク化がもたらすさまざまなリスクにどのように対処していけばよいのでしょうか。

昨年の春に出されたＡＩネットワーク化検討会議の中間報告書でも述べられているように、これまでも食品に関するリスク、環境に関するリスクなど、さまざまなリスクがあったわけですが、そういった各種のリスクに対処する際の枠組みとして、リスク論では一般に、「リスク評価」「リスク管理」「リスク・コミュニケーション」からなる「リスク分析」が採用されてきました。まず、リスク評価では、リスクの所在を把握して被害の発生確率や規模等が評価されます。そのうえでリスク管理では、リスクへの対処の方法が決定・実施されます。またリスク・コミュニケーションにおいてはリスク評価およびリスク管理について関係するステークホルダの意見・情報が交換されます。このようなリスク分析の枠組みは、ＡＩネットワーク化のリスクに対処するうえでも一定程度有用なのではないでしょうか。

そこで、本日の座談会では、これらリスク分析の構成要素について、深掘りして議論していきたいと

成原　慧氏

思います。それではまずクロサカさん、さきほどのご指摘とも一部重なると思われますが、AIネットワーク化についてどのようにリスク評価をしていけばよいでしょうか。

クロサカ　まずリスク評価の大前提として、誰にとってのリスクなのかを定義する必要があります。不特定多数では評価は困難で、必ず何らかの対象が設定されたうえで、その対象にとってのリスクが前提となる必要がある。たとえば環境問題のリスクなどでも同様で、その場合はすぐれて生物としての人間ということが規定されるので、一定の閾値を自然科学的な背景で設定することを実現します。それによってリスクに対する管理可能性がある程度は得られるわけです。一方、そこでいう「リスクの対象としての人間」ですが、住んでいる場所であるとか、ある生理的な特性を有する集団という形で、絞り込まれていくこともある。それをどう規定するのかということがあります。

そんなややこしい話を申し上げたのは、特にAIネットワーク化が進展していく際のリスクの考え方というのが、環境問題の複雑さと通じるところがあるのではないか、と考えるからです。たとえば、ある特定の化学物質が有害だとして、それは即座に危険な性質だから規制しましょう、というようなことは評価しやすい。しかしそれは環境問題を構成するひとつの要素にすぎないかもしれないし、現時点をスタティック（静的）に評価したにすぎないかもしれない。AIネットワーク化が進展していくときにも、さまざまな複合領域、複合技術が複雑に組み合わさり、なおかつその構造自体がダイナミック（動的）に変容する可能性が極めて高い。なぜならば、深層学習の発達に伴い、機械自体が高度に学習をしていくからです。すでに昨日見た機械は今日の機械ではないとしたら、静的な枠組みのなかでは到底評価できません。

ではその時にどうするかといえば、こうした複雑なリスク評価においては、ある分野や領域、対象などを特定していきながら積み重ねていくというのが、ひとつのアプローチとして重要です。そしてさらに重要なのは、そのアプローチでさえも、それだけではおそらくＡＩネットワーク化が高度に進展した際のリスクというのは評価しきれないだろう、という認識を持つ必要があるのではないか、ということです。だとすると、どの段階であればどういう評価ができるのか、常に腑分けし、再構成していくということ、つまり評価者も常にダイナミックに評価を続けることが必要なのだと思います。

もちろん、そうした要素分解的なアプローチを連続的に再構成するというのは、極めて高度で難解な試みで、どこかの時点で分析の粒度が揃わなくなる可能性もある。その時には、原点回帰を繰り返すしかないわけですが、その際の「基準点」として、今回ＡＩネットワーク社会推進会議でも取り入れた「シナリオ分析」がその役割を果たすのではないか、と思っています。シナリオ分析のそもそもの考え方として、できるだけたくさん、かつできるだけ多く分析を重ね続けるということにこそ意味があるということを、東京大学の城山英明先生（影響評価分科会長）はじめ、多くの有識者の方々が指摘されていたということです。これは、いわば「シナリオ構成の百本ノック」なのですが、今後ＡＩネットワーク化が進展していくなかで起きうるさまざまなことを、ひたすら考え続ける。これを、しかも整理しながら検証していくというような営みを、このあと我々はずっとくり返していかなければ、おそらくリスクに対して向き合うということができないのではないか。さらに言えばこのようなアプローチへの挑戦が、人間の側に試されていることではないかと思います。

おそらくそれが、暫定的なリスク評価、それに基づく合意形成、そして対処できない事項についてのさらなる検討を重ねていくときの、共通の土台となる。そしてその土台を得ることが、環境問題や放射性物質の問題でみられたような従来のリスク・コミュニケーションの失敗の回避につながると思います。

2 リスク管理における法の役割
――ソフトローの可能性

成原 いまお話しいただいたようなリスク評価のプロセスをふまえ、次にリスク管理が求められるわけですけれども、そこで次に板倉さんにおうかがいしたいと思います。AIネットワーク化のリスクを管理していくうえで、法はどのような役割を果たせるのでしょうか。

板倉 リスクの管理ということですから、事前に防ぐ、ということになりますが、最初に想定されるのは、ハードローによる規制です。ハードローで規制するというのは、何かをやったときに罰則を科すとか、行政規制で課徴金を課すと言えばわかりやすいでしょうか。ハードローに対応し、事業者の方がどのように「リスク対策」をするかというと、一生懸命ペーパーワークをやって、長大な利用規約を書いて、長大なプライバシーポリシーを書いて、シュリンク・ラップ[2]に山のように文字を書く。何がリスクであったかは忘れられ、ハードローの遵守自体が目的化するわけです。こんなもの、一体誰が読んでいるのかわからない。だから私はよく「お経」と呼んでいますけれども（笑）、そういう「お経」を書いて、耳なし芳一のように妖怪が来るのを防ぐわけですね。大量のペーパーワークをしてエビデンスを揃えていざ訴訟になっても何とかする、こういうのが従来のやり方だったわけです。

しかしこういうやり方だと――先ほどクロサカさんからもお話しいただいたように――さまざまな複合領域を評価しきれるかがわからない。現状においても、同じ話をしているのにフィンテックの人とHRテックの人と法律の人とAIの人と、違う言語で語っている。それは、それぞれ長い歴史の先に議論をしているのでそうなってしまっている。そういうときにどうするのか。もちろん、ペーパーワークはなくならないとは思いますが、結局、仕組みのなかにプライバシーなりを保護するということをサイクルで入れていくしかない。

これを単にＰＤＣＡと言ってしまうと一気に陳腐化してしまいますが、それでもやっていくしかない。というのも、プライバシー分野というのは——そもそも環境分野でなされた色々な営みを後から取り入れているところがあるのですが——結局、被害が広がってしまうと後戻りはできない。環境分野だと、汚染されてしまえば後でコップで掬うわけにもいかないのと同じ話で、プライバシーというのはいったん広がってしまえばもうプライバシーじゃないわけですから、プライバシー・バイ・デザインしかり、技術的な仕組みのなかに、あるいは社会的、組織的な仕組みのなかに最初からプライバシー保護の思想を入れていくと。

同じようなことが、純粋な人権の分野でも——プライバシーも人権の一部でありますけれども——人権デュー・ディリジェンスということで言われるわけですね。ビジネスをやる前に——Ｍ＆Ａをやるときの財務デュー・ディリジェンスや会計デュー・ディリジェンスのように——人権デュー・ディリジェンスをやってから、そのビジネスが人権の観点から大丈夫かというチェックをする。これも同じようなことを違う言語で言っているわけで、つまり仕組みのなかにあらかじめチェックするということを組み込んでいくという考え方です。考え方もサイクルに入れていく。

そのときにハードローがいいのかソフトローがいいのか。あまりハードローで義務化すると、さきほど述べたように、決められた数字を守ることに汲々としてしまう。○○法というのがあって、△△という政令や省令があって、省令で細かく決まっているこの数字さえ守っていればいいのだということになった瞬間に、本当は何が大事だったのかということが抜けてしまう。そうではなくて、価値観の共有ができるような話であれば、別にハードローである必要はないわけです。ハードローの何がいけないかと言うと、変えるのが大変なわけですね。法律にするということは国会を通さないといけないわけで、ねじれ国会になった瞬間に、「別表1の○○に付け加える」という、単純な改正ですらできなくなります。

他方でソフトローは、それに正統性があるのかという問題があるわけです。このあたりは成原さんのほうが詳しいかもしれませんが、そこにレジティマシーがあるのかという問題は常にあるわけですね。それをマルチステークホルダプロセスで補うのだという工夫もありますが、本当にそれだけでみんなに守らせるほどの正統性があるのかという問題は残ります。一方で、サイクルに組み入れていくという意味では、比較的ソフトローのほうが馴染みやすい。どうしてもハードローでサイクルと言うと、ある数字をピンポイントで守れということになってしまう。

会計などであればそれでいいのですが、そうではなくて、わかりづらい「価値」――プライバシーや人間の尊厳、名誉、差別されないことなど――のようなものを守っていかなければならない場合、そういうものは時代によって変わるわけです。わいせつとかもそうで、いま『チャタレイ夫人の恋人』は普通に売っていますが、これはかつて刑事事件で争っていたわけですから。そういうわかりづらい価値観を組み込んでいくということになると、ソフトローでやっていくほうが比較的よいのではないか。AIネットワーク社会推進会議で「国際的な議論のためのAI開発ガイドライン案」を作成したのは、そういう理由もあります。

3 リスク管理における技術の役割
――うまくドメインを設計すること

成原 いま、板倉さんからプライバシー・バイ・デザインのような技術的なアプローチも大事だというお話がありました。そこで中西さんにお尋ねしたいのが、AIネットワーク化のリスクを管理していくうえで、技術はどのような役割を果たすことができるのか、ということです。

中西 さきほどクロサカさんから永遠のベータ版のサイクルというお話が、そして板倉さんからPDC

Ａサイクルをどんどん回していくべきだというお話がありましたが、ＡＩこそそれに尽きるものだと思います。仮想つまりＡＩの世界と、現実つまり我々人間が生活している世界をやり取りするというのがＡＩのエッセンスであって、逆に言うと、今までデータというものが機械的なものであったのが、そこに人間的なものが入ってくる。そうすると、人間とのあいだのどこにインターフェースを作るのかということが、非常に重要になってくると思います。

いまのソフトウェアが従来のソフトウェアと違うのは、従来のものが「こうしたらこういうデータになる」ということをわかったうえで作られていて、それをテストするのでわかりやすいのに対して、ＡＩに関しては、現実の人間の行動や発言とかそういうものを学習・訓練データに使うとなると、どのような行動や発言なりをするようになるか予測できないことも出てくるであろう、ということです。たとえば「Tay」の事件[3]みたいなことが起こりうる。

ああいう事件が起こらないようにするためにはどうしたらよいかというと、まずはＡＩが社会のなかのどこで人間と触れ合っていくかということを考える必要がある。そうすると、今までの「仕様決め」ではなくて、ＡＩの「メタな目標」を定めるというのがひとつのポイントになってくると思います。技術者がどういうＡＩを作るのかというメタな目標を定めて、その目標のなかでベータ版のサイクルを回していく。誤解を恐れずに言えば、ＡＩの「キャラクターづけ」のようなメタな目標が必要なのではないかということです。

たとえばTayはなぜああいう事件を起こしたかというと、キャラクターづけがきちんとできていなかったからではないか。Tayのキャラクターづけがきちんとできていれば、どのような発言をするのかを設計である程度絞りこむことができるでしょう。キャラクターづけに応じてこういう発言はしないはずだ、そうならばそういう発言は学習に使わずフィルターアウトすべきだと、ＡＩの外側で設計できるはずです。これは、つまりは、どういうドメインでＡＩが機能するかという枠組みをしっかりと設計するという当たり前のことを言っているのにすぎません。それができてやっと、シナリオ分析がより詳細なものになってくると私は思っています。

V　リスク・コミュニケーションのあり方──いかに「場」をつくるのか

成原　リスク評価をするうえでも、またリスク管理をするうえでも、関係するステークホルダとのあいだでのリスク・コミュニケーションが重要になってくると思います。そこで、江間さんにリスク・コミュニケーションのあり方についてうかがいたいと思います。

江間　AIは技術進化のスピードが速い。そうするとプロセスの透明性や妥当性とか、人を巻き込むための仕組み・仕掛けを考えることが大事になります。特に、クロサカさんのお話にもあったとおり、誰がステークホルダなのかも、常に考え続けていかなければならない。それはリスク・コミュニケーションも同じで、たとえば、先端技術を考えるときに「責任ある研究・イノベーション」(Responsive Research and Innovation: RRI）という枠組みがあります。これは研究のプロセスをどのように考えていくかということで、応答性と変化への適応性（Responsive and adaptive to change)、先見性と省察性（Anticipative and reflexive)、多様性と包摂性（Diversity and inclusion）や公開性と透明性（Open and transparent）が提唱されています。

このようなプロセスに取り組んでいる事例として、たとえばIEEE（The Institute of Electrical and Electronics Engineers, Inc. 米国電気電子学会）が作成している「Ethically Aligned Design, Version 1（倫理的に調和したデザイン第1版)」[4]という報告書があります。多様性と包摂性を重要視しているため、この報告書は誰でも執筆に加われる仕組みになっています。ボトムアップで作ることになるので、逆に問題設定が偏ってしまうこともありえますし、問題の粒がバラバラになる可能性もある。また、色々な論点を入れるためには、それを整理・調整するための仕組みをしっかり作っておかなければならず、優秀なファシリテーターが必要になります。色々と課題はありますけれども、ベータ版を作り続けるにあたっては、社会への応答性と変化への適応性が必要になります。そのため、中身の議論だけではなく、このようなプロセスの信頼性を担保する仕組みがひとつの良い事例になるのではないでしょうか。

　このような「場づくり」は物理的なものだけではなく、オンラインでも構築されています。たとえば、2017年3月に開催された「AIネットワーク社会推進フォーラム」にゲストとしていらしていたNPOの方が、AIイニシアチブというオンライン討論を企画しています。いま、彼らと一緒に設問を考えたり日本語サイトを作ったりしているのですが、問題意識としては、生活や仕事に深く関係しているAIだからこそ、専門家や有識者だけではなく、多様な人たちに参加をしてほしいと思っています。そして、そのアウトプットをもとに欧州議会や各国政府などに提言をしていこうというイニシアチブです。「多様性や包摂性」を大事にしているからこのような活動があり、日本からも積極的にプロセスに参加していって枠組み自体も一緒に作っていくことが大事だなと思います。

クロサカ　江間さんのご指摘は、私も大きく共感するのと同時に、実現への困難さも感じます。さきほど私から専門家による「百本ノック」と言いましたが、専門家だけが議論することにはいくつかの問題があると思っています。ひとつは、経済学由来の概念ですが「エージェンシー問題」が発生すること。ある問題解決において、その当事者である誰か（プリンシパル）を代理人（エージェント）が代理する際、代理意識の過剰さや無自覚も含めた「我田引水」など、何らかの理由によって、エージェントとプリンシパルの利害が一致しなくなることです。

　一方で、人工知能全般が我々人間の基本的な日常生活に入り込めば入り込むほど、いわゆるユーザエクスペリエンスが極めて重要になる。このユーザエクスペリエンス重視の時代に、専門家に必要な資質とは一体何なのか、というより専門家がどのように必要とされるのか。これは、AI以前に、現時点でのICTにおいても、ようやく問題意識の共有にたどり着いた程度です。

その意味で「市民の参加」は本質的に重要なのですが、特に日本社会においてシビックディベートが未成熟なのは多くの方が体験的に理解しているでしょう。そしてその橋渡しを期待されるSTS（科学技術社会論）の課題ということがあると思うんですね。AIネットワーク以前の問題として、科学技術全般に関する社会的コミュニケーションが成立しているのか。たとえばゼロリスク論の台頭を見ていると、まだまだ道のりは険しそうです。

専門家は必要だが、専門家任せにはできない。しかし市民の側も準備は不十分である。こうした問題の解決策を――どちらかと言うと私自身の悲鳴に近いんですけれども（笑）――教えていただけたらと思います。

板倉　ハードローに組み込まれるためには、いまの社会システム上、選挙のマターにならないといけないわけです。選挙のネタにならない、ハードローが当てにならないとすると、じゃあリスク・コミュニケーションだ、マルチステークホルダプロセスだということになりますけれども、日本はシビルソサエティの専門家というのが極めて少ない。それはNPOセクターに、持続可能にお金が回るようになっていないということもあるのですが、それでも子育て関係や教育関係など、少しずつ出てきてはいます。ただ、そういうところの専門家はいつも出ずっぱりですよね。その人しかいないから（笑）。

それから、AIの開発の話をたとえば主婦連とかに理解してもらって何かコメントを言ってもらうというのは、これはもう極めて難しい。難しいうえに、アリバイのように参加していただくだけだと逆によくない。いまだに「啓発・啓蒙」とか言っているのは、本当は適切ではないと思っています。AIの一番の利害関係者は一般の人です。UI（ユーザインターフェース）やUX（ユーザエクスペリエンス）とか言ったときにも、みんなにどう見えるかというのを――一面我々は「みんな」の一員であるはずなのに――一生懸命慮って色々な文書によるコミュニケーションであるとか、接触の仕方を考えるわけです。そんな現状のなかでどうやって「代表」してもらうかというのが、難しい。

ＡＩネットワーク社会推進会議にはインターネットユーザ協会から構成員が出ており、彼らは特にＰＣのインターネットユーザとしては知見がかなりあってコメントもしてくれています。他方で、ＡＩとなると接続されるデバイスはＰＣだけではないので、ＡＩが本当に家のなかに入り込んでくるというときに、「普通の人」がどういうふうに思うか、わかっていそうでわかっていないところを盛り込むのは本当に大変です。ＥＵの消費者保護指令がいまパブコメにかかっているのですが、アンケート形式みたいになっています。５段階評価で気楽に答えられるようになっていて、日本でも審議会とかで途中でアンケートをとったりはしますが、このようにパブコメ自体をある程度アンケート化してしまえば――当然ノイズは混じりますけれども――一般の人がピッピッピと答えて、比較的容易に意見が取れるようになるかもしれません。いまの形式で、専門家か利益集団以外の人が読んでコメントをしようというのは、相当無理がありますよね。だから、一部でそういうふうにアンケート形式をとるというのもありうるのではないかと思います。

江間　ＡＩイニシアチブのオンライン討論でも、誰かが書き込んだコメントにフェイスブックの「いいね！」のような賛同を示す仕組みを入れているらしいです。おっしゃるように、パブコメ自体のやり方を変えていったり、巻き込む方法を変えていったりといったプロセスの工夫も、内容と同時に考えていくことが必要です。あと、待っているだけではダメで、多少押しかけていってでも一般の人たちの考えを聞きに行くといったことも必要ではないでしょうか。いまや、みんな広い意味ではＡＩを使っていますから、そういう意味でユーザだって専門家なわけで。「どういう使い方をしていますか？」といった何気ない働きかけでもいいので、何か興味を持ってもらうきっかけというのは必要だと思います。

中西　アンケートにせよ何にせよ、やはり設計するのは大変ですよね。技術者の立場からすると、そういうインターフェースをどういうふうに設計していいのかがわからない、というのが本音だと思うんです。もっと言うと、接する機会が異なってくるんです。これまでは、ユーザがパソコンやデバイスの前に座って、何かキーボードやらフリック入力やら限られた入力方法で入力したら、何か出力される、これだけで完結するものだったんです。接する機会は点です。人間の動作も限定的です。人間側が機械側に合わせるインターフェースです。

それに対し、これからは、単なる入力に対する出力ではなく、さらに拡張して、現実世界へのアクチュエーション、現実世界からのフィードバックをもインターフェースとして設計していかないといけない。接する機会が面や立体になっていきます。そうすると、どういうドメインで循環するエコシステムを創造すれば現実世界で豊かな体験につながるのかということを考えなければならない。だんだん複雑になっていきます。

そんなエコシステムのなかで、一番不確実なのはやっぱり人間なんです。特に「普通の人」です。AIではありません（笑）。不確実な人間を捉える難しさが、技術的な難しさともなるわけです。だからこそ、サイクルが重要なのです。その場しのぎの一時的な場の設定ではなく、システムとともに、走りながらコミュニケーションし続けることが必要だと思います。

クロサカ　リスク・コミュニケーションにおいてもトライ&エラーをしばらく続けていくしかないのかもしれませんね。率直に言って、AIネットワークを対象としたリスク管理のフレームワークは、まだ議論が始まったという程度の段階です。そうした現実に対して過度の期待は禁物ですから、そこは限界の存在を認める誠実な態度が必要。一方で、それでも「ないよりはマシ」というような気概を持ちつつ、市民も含めたステークホルダの討議が可能な状態になるような方法を模索する、ということなのかと思います。

江間　そういった方法論に対する試行錯誤も課題だと思います。ゲーミフィケーション的な要素を入れるとか、アートと組み合わせるなど、まだまだ工夫の余地はあると思います。席について「これから対話しますよ」というやり方ではない方法を考えなければならないと思います。もちろん、人々の意見や意識を取る方法そのものが「気づかないうちに取られていた」とならないようにする仕組みも必要ですが。

成原　そうなってくると、ＡＩに関するリスク分析の枠組み自体にＡＩを活用していくということになるのでしょうか。

中西　ＡＩを導入するということは、ベータ版を回し続けるということなので、ただＡＩに訓練データを食わせ続けるということだけじゃなくて、フィードバックを受けて、人間がＡＩを含むシステムを改善していくことが重要だと思います。

Ⅵ　ＡＩとの共生に向けて――〈キャラクターづけ〉と〈設計思想のオープン化〉

クロサカ　先ほど中西さんが指摘されていたキャラクターづけというのは、直感としてはすごく面白いなと思うわけです。ただ、単純に私自身がキャラクターづけについていてきちんと理解できていない気がするので、もう一度教えていただいてよろしいでしょうか。

中西　やはりTayの事件というのがいちばんわかりやすくて、あの事件でいちばん問題になったのは、差別的な発言をしたりとか、性的な発言をしたりとかいうふうになってしまったということでした。実は、Tayは「普通の人」の会話を学習するようになっていたのです。学習するときに訓練データを全部食わせるというのはＡＩの機能としてあるのですが、差別的な用語とか性的な用語とかというのは、その外側の話ですよね。そこは、ＡＩの問題じゃなくて、ＡＩをどう学習させていくかという問題です。その意味でキャラクターづけという言い方をさせていただきました。

クロサカ　ちょっとうがった言い方かもしれませんが、「育て方」みたいなことですよね。どういう学習データをそもそも導入するのかしないのかといったところに、ＡＩを開発する――それは「使う」ということかもしれませんけれども――人間側の倫理が反映されるという。

中西　そのとおりですね。

板倉　日本は意外にそういうものは得意な気がするんですけどね（笑）。すぐ擬人化する、すぐペットというか友達として受け入れるというのは、何かと言うとすぐターミネーターとかになっちゃって、反乱して敵になって……みたいなハリウッド的なものとは、若干違う文化をたどっている。それでもし日本が世界に貢献できるのであれば、ぜひその知見を持って、打って出るべきだと思います。それが何か富になるかというとよくわかりませんけれども、得意なところなのではないかという気はします。アジアでも「ドラえもん」が人気だとかいうこともありますし。生活のなかに受け入れていく、取り入れていくというのが日本の強みとすれば、何らかそれを体系化するというのは良いことなのではないかと思います。

中西　おっしゃるとおりだと思います。ゲームのキャラクターとか、そもそもロボット自体がキャラクターですよね。そういうものを設定するのは日本は非常にうまいと思いますので、ロボットやゲームのキャラクターじゃなくても、普段使っているＡＩのキャラクターを設定するというのを、やはり考えていった方がいいという気がします。

成原　キャラクター化というのは非常に面白い示唆のある発想だと思います。本日のテーマであるＡＩネットワーク化の観点から言うと、複数のキャラクターがネットワークを通じてインタラクションすることによって「社会」が形成され、そこでさまざまなキャラクターが共生する。そのなかにはＡＩだけではなくて、もちろん人間も含まれることになると思うのですが、さまざまなキャラクターが共生していくためのＡＩネットワーク社会のあり方は、どのように考えればよいのでしょうか。

クロサカ　まず、ＡＩネットワーク以前に、これだけ高度化・複雑化した人間社会全体を、人間自身が管理することは極めて困難だという認識に立脚したいと思っています。そして多くのＡＩはその管理可能性を少しでも高めることを意識して開発されているはずです。ところがさまざまなＡＩが登場し、それが複雑に組み合わさっていくことで、新たな付加価値を求めるようになる。それこそがネットワーク化されたＡＩだとすると、それによって構成されるＡＩネットワーク社会というのは、全体の制御・管理がやはり極めて難しい。そうした循環的な矛盾の構造があるのだと思います。

　また、ひとつひとつの「キャラが立っている」ＡＩ自体を明確に制御することも、おそらく難しい。これはおそらくディープラーニング以降、特に顕著になってきていることだと思いますが、ＡＩ自体が自動的に育つように作っている以上、半ば自明です。しかし、だからＡＩの暴走というものを人間はただ黙って見ているしかないのかというと、それはちょっと違うと思っています。

　少なくとも育ち始めたＡＩを社会に投入した「人」というのが、誰かいるはずなんです。この人がどういう考え方を持ってこのＡＩを開発したのか、誰がいちばん最初の種を作ったのかということは、明らかにされてもいいのではないか。すなわち、そのＡＩを作るにあたってのコード・オブ・コンダクトのようなものがもっと明確に記述され、公開される。さらにそれは、表層的な技術論だけではなくて、設計者の思想信条も含まれるのかもしれない。

　もちろんそれは、開発者の法的責任をすべて断罪するということではありません。それでは、子どもの粗相は親の責任、というのと同じ話になってしまうので、どこかで必ず免責されなければならない。逆に、その免責のためにも、そうした「開発の思想」が明らかになるべきかもしれない。開発者のそうした考え方のもとに作り始めたものの、色々なエージェント・インタラクションをＡＩ同士で経験したから、このＡＩはこんなふうに育ってしまった、といったことの説明可能性が高まるわけです。

　ただ、これも現在のＩＣＴの教訓ですが、法的責任だけではなくて、道義的責任と評判（レピュテーション）のリスクも、同時に考えなければならない。だから実際にはいろいろな課題の克服が必要となるはずです。それでも、ネットワーク化されたＡＩの前で人間がお手上げにならないためには、そのＡＩがそこに存在する背景を知るための、何らかの手がかりが必要なはずです。

成原　そのあたりの議論は、本書のもうひとつの座談会のテーマである開発原則の話にもつながってきますね。

江間　評価尺度をどうするかは大事だと思います。AIに限りませんが、いまの社会は経済合理性とか生産性とか、いかに効率化や最適化されたかを評価する指標が重要視されます。でも、それ以外の評価尺度とか指標づくりも盛んで、だからいま技術の設計論と並んで、その設計論の目的、ゴールとして設定されるウェルビーイング[5]などの研究がされているわけです。

中西　クロサカさんの、技術思想を組み込むというのはすごく面白いなと思いました。アカウンタビリティ、説明しなければいけないということも大事なんですけれども、技術者からすると、これは結構重いなあという部分があります。そうすると、私は何のために、もしくはこういう思いがあって作りましたよ、というものがあるだけでも、ほかの人が見て「そう言うわりには違うじゃん」と言いやすくなると思うんですね。それはまさに、江間さんがおっしゃった、経済合理性とかそういうものではないもうひとつの指標になりうるのかもしれないと思いました。

板倉　「そのための技術じゃないから」というのは、社会への訴え方としてはシンプルでいいですよね。そういうために作ったものではないのだからやめようよ、と言うのは、別に何の強制力もない、「思い」にすぎませんが、案外それは、解決の糸口としてはありえますよね。

江間　「そういうために作ったんじゃない」ようにするために、技術的、法的、制度的に支援することは可能なわけですよね。

板倉　そうですね。ただ難しいのは、本書のもうひとつの座談会のほうのテーマかもしれませんが、法的責任と言った瞬間に、もうそれは法人単位というか、何らかの「人」に負わせるしかないということになるわけですね。法人というのは何のためにあるかと言うと、倒産の隔離というのが基本的にありますから、AIに独立の法的責任を負わせると決めた瞬間に、関係する自然人は責任を持たなくなってくる。ＡＩに独立の法的責任を負わせられない段階では、誰か関係者（自然人または法人）が法的責任を負うわけですが、作製した人が放棄してしまったような野良ＡＩみたいなのが暴れているときにどうするのかとか、ＡＩとＡＩの接続の結果、どちらも善の目的で作られたのに出てくるアウトプットが何か邪悪なものになるといった問題がありえます。この場合、関係者に法的責任を負わせることが難しい。

そういう、経済合理性で動かないところでは行政がカバーするわけで——行政が出てくると言った瞬間に開発の段階でそれは嫌がられますけれども——、つまり最後に誰も責任をとらないことを想定した制度を用意しておく必要がある。野良犬がいて暴れていたら保健所が出てこないといけない、空き家が出てきたら自治体が世話をしないといけない、誰も責任をとらないところは、最後は税金でということになります。それ以前、リスクについて経済合理性でカバーできるところは保険でということになると思います。

このように、３段階で、法的責任を誰がとるのかが明らかであるというレベルと、保険でみんなで広く薄くカバーするというレベルと、最後もうどうしようもないものは国家が処理するというレベルと、常にこの三つを考えていかないといけないんだろうなと思います。

Ⅶ　おわりに——複数の社会像

江間　シナリオを作成するとき、分野別とか色々な作り方があると思うのですが、社会像の複数性みたいなものも議論できたらいいですよね。こういう技術を作ってこういう社会にしたいというのが人によって異なったり、それぞれの見方があったりするなかで——総務省の会議の報告書とかだったら、あまり複数の社会像があったらブレていけない、というのがあるのかもしれませんが——、技術者の方とか一般の方が、こういう社会にしたいんだ、こういうふうになったらいいなと思うことを言いあえる場はあったほうがいい。

社会像がどうあるべきかの議論と、それを実現する技術思想や倫理を組み込んだ設計論はどうあるべきかの議論はリンクしているので、技術者の方だけではなく、人文・社会科学系の研究者や、実際のユーザも一緒に、オープンラボみたいなところでデザインしていける場ができたら面白いでしょうね。そういうのは省庁のなかよりは民間とか大学とか研究所のなかにあったりするものかもしれませんが。あわよくば技術を研究している人の隣でそういう対話ができるのがいい気がします。

中西　それはいちばん大事なことだと思います。いままでのくり返しになりますが、演繹的なシステムだったら「こうなったらこうなる」というのがありますから、別にそんな発想は必要ない。でも、AIを含むシステムは、「データを与えたからこそこうなったんだけど、なぜそのようになったのかわからない」ということもある。そうした場合には、やはりその目的というものをはっきりとさせることが必要で、その目的に対して、発言できるというか、もの申せるというところが大事かなと思います。

板倉　シンプルな話でないと、一般の人たちのコメントは取れないんですよね。ワンイッシューというのは色々と弊害はありますけれども、何か、コメントしやすいような仕組み――さきほどの設計思想を何らかの形で表明できるようにするであるとか――というのは、基本的に良いのではないかなと思いますね。これだと、「どう思う?」という感じでコメントを取りやすいですよね。そこからの解釈は必要ですけれども。

クロサカ　複数の社会像というお話は、(AIを抜きにした) ICTの将来という観点でも示唆的ですね。たとえば情報通信政策を考えてみると、従来は「何でもアリ」の世界だったんですね。総量としてトラフィックが増えれば産業全体が成長するんだから産業論として望ましい、ということです。しかし個別の人間に直接便益が届くというときには、別にトラフィックが増える必要はない。むしろ量より質というか、本当にピンポイントで最適・確実に便益がデリバリーされてほしい。

機能的に考えれば、AIはそうした「便益の先鋭化」を加速させるはずです。だとするとAIネットワーク社会においては、従来型の「どんぶり勘定」

による経済の拡大や、どんぶりそのものをひたすら大きくしていく、といったパラダイムからの転換が求められている。むしろこれからは、エンドユーザが求める便益との整合性や、それに対する検証可能性が、より重要になってくる。

そして責任の体系や規律の委細も、それに応じて変わっていくのかもしれない。もちろん法律というものはそんなに簡単なものじゃないとは思います。ただ、すでに現在のICTでさえも、規律と執行に限界があることは、誰もが気づいているはず。だから、せめて機動性や調整の自由度を獲得すべく、ソフトロー指向が強くなる。これはAIネットワーク社会ではさらに加速するように思えます。もちろん従来の執行主体である行政も、そうした変革からは逃れられないはずです。

江間　AIのパーソナライズとか、「かゆいところに手が届く」的なことが可能な一方で、自分の見たいものしか見ないというようなフィルターバブルといった問題も一緒に起きるわけですから、これまたバランスが難しい。国としてという単位で動くものもあれば、国ではなくネットワーク単位で動いていることもあるわけで。

成原　ネットワークを通じて、国境を越えてAIがつながっていくわけですからね。今春開催された国際シンポジウム「AIネットワーク社会推進フォーラム」でも、まさにAIネットワーク化のグローバルなガバナンスのあり方が議論の中心でした。

江間　一方で、すごくローカルなニーズに応えられるという側面もあったりします。国の役割と、地方自治体の役割と、サイバー空間のコミュニティの役割とまさに複数性があり、とても複雑です。

クロサカ　早く人間は電脳の世界に飛び込んでしまったほうがいいのかもしれないですね（笑）。

江間　逆にAIネットワーク化されない場所や文脈も求められるんじゃないですか。まったくつながりたくないという。

クロサカ　少なくとも、カウンターとしてそれが明確に出てくるということは、当然にあると思いますし、それはICTでももちろんあったわけですね。つながりたくない、どこか遠くに行ってしまいたい、という。

江間　飛行機のなかまでメールが追いかけてくるようになったこの世の中（笑）。それは新たな働き方を可能にすると同時に、誰にも邪魔されない時間とか余裕みたいなものを奪うとみなされることもある。色々な生き方や便益が受け入れられるようになったときに、ひとつの選択肢として、ネットワークから離れていたい場合もありえます。それも許すという価値観やインフラ・環境の整備も大事になってくる。逆に言うと、ネットワークにつながることで、あるいは離れてみることで改めて自分の仕事や生活を見つめ直したり、今の社会を相対的に考え直したりするきっかけにもなります。ＡＩと向き合うということは、自分たちの社会や生き方の現在、そして未来を真剣に考えるということでもあります。

（２０１７年７月５日収録）

〈注〉

1〉Pepper（ペッパー）は、ソフトバンクロボティクス株式会社が販売するロボットである。家庭用、業務用双方の事業を展開している。２０１７年７月19日には、ペッパーが顧客の顔を記憶し、それに応じてサービスを提供するソリューションに関する実験についても発表されている。（「Pepperがお客さまを記憶し、好みのコーヒーを提供する『ロボカフェ』をソフトバンクショップ３店舗に導入」(https://www.softbank.jp/robot/news/info/20170719b/)。

2〉シュリンク・ラップとは、媒体の封（フィルムラップやシール等）のことである。シュリンク・ラップにライセンス条項等、ソフトウェアの使用条件等についての契約が記載され、これを開封した場合には契約が成立したものとするという実務が存在する（シュリンク・ラップ契約）。シュリンク・ラップ契約の有効性については経済産業省「電子商取引及び情報財取引等に関する準則」（２０１７年６月）２２０頁参照。

3〉２０１６年３月23日に米マイクロソフトが19歳の女性を模した会話を実現するチャットボット「Ｔａｙ」をリリースしたが、わいせつ表現や差別的な言葉を連発するようになってしまった結果、リリースからたった16時間でシャットダウンすることになった一連の出来事である。Tayはツイッターユーザとのやり取りから会話を学習するものであったため、複数のユーザによってＴａｙの会話能力が不適切に「調教」されていたことが指摘されている。

4〉ＩＥＥＥについては、本書第Ⅱ部の座談会「ＡＩ・ロボットの研究開発をめぐる倫理と法」の注５参照。

5〉たとえば、ＩＥＥＥの標準化プロジェクトでは生産性や経済合理性の向上だけではなく、人間の感情面の健康（ウェルビーイング）のための技術設計についての議論がおこなわれている。

第 II 部

研究開発

第 II 部では、AI の研究開発のあり方について論ずる。まず、総務省情報通信政策研究所の「AI ネットワーク社会推進会議」が取りまとめた「国際的な議論のための AI 開発ガイドライン案」を中心に、AI 研究開発の原則・指針に関する日米欧の議論を概観し、AI の研究開発の原則・指針のあり方について議論することの意義と課題を明らかにする（成原論文）。続く座談会においては、この AI 開発ガイドライン案を中心に、AI・ロボットの研究開発に関する倫理と法のあり方について法学、倫理学、哲学、人工知能研究などの論者が多角的な議論を展開する。

AIの研究開発に関する原則・指針

九州大学法学研究院准教授
成原　慧

SCENARIO

２０ＸＸ年、ＡＩは、インターネットを通じて国境を越えて相互につながり連携し、多種多様なサービスを提供することにより、人々の生活を便利で快適なものにするとともに、新たなイノベーションや産業を生み出すなど、経済にも多大な貢献をしていた。人々は、ネットワークを通じて連携する多種多様なＡＩを前提に社会生活を送るようになっていた。たとえば、高齢者や障害者を含む多くの人々が、ＡＩを実装した完全自動運転車により容易かつ快適に移動できるようになっていた。

ある日、自動運転車の運行の調整に使われていた自動車メーカーのＡＩを実装したクラウドシステム（ＡＩシステム）が、何者かによりサイバー攻撃を受け、不正に操作されたことをきっかけに、暴走し制御不能に陥った。開発者は、あらかじめサイバー攻撃に備え、セキュリティ対策をおこなっていたが、このＡＩシステムは、学習により出力やプログラムを変化させる機能を有していたため、開発者が事前に予見することが困難なセキュリティの脆弱性が生じていた。また、このＡＩシステムは、ネットワークを通じてほかのＡＩシステムと接続していたため、暴走したＡＩシステムが、ネットワークを通じて誤ったデータを伝達することなどにより、多数のＡＩシステムを混乱に陥らせた。結果として、ＡＩネットワークに依存する多くの自動運転車が暴走し、多数の利用者が死傷した。なお、この事故については、死傷者のうち低所得者やマイノリティの人々が占める割合が高かったことなどから、事故時に優先的に生命・身体を保護される者の順位づけの判断において、ＡＩが個人情報のプロファイリングの結果に基づいて差別的な取り扱いをおこなったのではないかとの疑念や批判が、ソーシャルメディア上で沸き起こった。しかし、ＡＩシステムの入出力の検証可能性や判断結果の説明可能性が確保されていなかったため、事故の原因を十分に特定することはできず、事故への対処の妥当性を検証することもできなかった。また、この事故について、開発者の利用者らに対する情報提供や説明も十分ではなかったため、利用者や社会のＡＩへの不信が高まり、ＡＩを搭載した製品やサービスの不買運動が拡がっていった。

このようなＡＩネットワーク化が進展した近未来の社会において、期待される便益を増進しつつ、生じうるリスクを回避するため、我ら人類にはいま何ができるのだろう？

Ⅰ　はじめに

最近では、社会のさまざまな領域においてＡＩの研究開発と利活用が加速度的に進展している。また今後、ＡＩがインターネット等を通じて相互に接続し連携するＡＩネットワーク化の進展も期待されている。ＡＩの技術発展とネットワーク化は、多大な便益をもたらす一方で、各種のリスクを生じさせる可能性もある。このような背景と問題意識をふまえ、本稿では、ＡＩの研究開発の原則・指針に関する論点を整理するとともに、欧米におけるＡＩの研究開発のあり方をめぐる議論の動向を概観したうえで、ＡＩネットワーク社会推進会議が作成した「国際的な議論のためのＡＩ開発ガイドライン案」の趣旨と概要を解説する。[1]

Ⅱ　ＡＩの技術発展とネットワーク化がもたらす便益およびリスク

本書の各論稿および座談会で論じられているように、ＡＩの技術発展とネットワーク化により、人間とその社会や経済にさまざまな便益がもたらされることが期待される反面で、不透明化や制御喪失などリスクの発生も懸念されている。そのため、ＡＩの技術発展とネットワーク化の便益を増進しつつ、そのリスクを抑制するためのガバナンスの構築が求められる。[2]

また、ＡＩネットワーク化により、国境を越えて、ＡＩが相互に接続し連携することにより、その便益およびリスクも国境を越えて波及することが見込まれることから、ＡＩネットワーク化のガバナンスにあたっては、一国の法制度のみによる対応には限界があり、グローバルなガバナンスの枠組みの形成が求められる。もっとも、ハードローによる規制は揺籃期にあるＡＩの研究開発の萎縮を招くおそれがあることなどに鑑みると、当面、ＡＩの研究開発のガバナンスにおいては、新たな法規制の導入には慎重な検討が求められ、ソフトロー等による規範形成に向けた議論の深化が期待されよう。

III　ＡＩの研究開発に関する原則・指針をめぐる欧米の議論

IIで整理したＡＩの便益およびリスクの構造をふまえ、次に、ＡＩの研究開発のあり方に関する最近の欧米の議論を概観する。

1　アメリカ政府

オバマ政権末期のアメリカ政府では、ＡＩに関する法的・政策的問題の検討が活発におこなわれた。ホワイトハウスは、2016年5月からAIに関する検討を開始すると発表し、全米各地で4回にわたりAIに関する法的・社会的・経済的・技術的問題をテーマとするワークショップを大学や非営利団体と共催してきた。ワークショップにおける議論やパブリックコメントに寄せられた意見等をふまえ、同年10月、ホワイトハウスは報告書「人工知能の未来に備えて」を公表した。同報告書においては、規制・制度、研究開発、経済・雇用、公正性・安全性、安全保障など多岐にわたる項目が検討され、項目ごとに連邦政府機関等に対する提言がまとめられている。報告書の結論部では、AIに関する実務家が確保すべき事項として、AI対応システムが、統御可能であること、オープンで、透明で、理解可能であること、人々と効果的に機能しうること、その操作は人間の価値および願望と一致し続けるであろうことが掲げられている。[3] また、同月には、国家科学技術会議（NSTC）ネットワーキング・情報技術研究開発小委員会が、連邦政府の予算によるAI研究の指針として「米国人工知能研究開発戦略」を策定した。同戦略においては、連邦政府の予算によるAI研究の目標として、社会に便益をもたらす新たなAIに関する知識および技術を生み出しつつ、ネガティブな影響を最小化することが掲げられ、この目標を実現するために優先的に取り組むべき事項が整理されている。[4]

2　欧州議会

欧州におけるAI・ロボットに関する規範形成に向けた議論をリードしているのが欧州議会で

ある。欧州議会法務委員会は、2016年4月にロボット・AIの法的・倫理的問題に関する公聴会を開催したうえで、同年5月にロボットにかかる民事法的規則に関する報告書の草案を公表し、さらに同年10月には関連するワークショップを開催した。一連の検討をふまえ欧州議会は、2017年2月に、「ロボティクスに係る民事法的規則に関する欧州委員会への提言」を採択した。提言では、EUはロボット・AIの開発・設計・利用において尊重されるべき基本的な倫理原則を策定するうえで不可欠な役割を果たせるとの認識が示されるとともに、倫理指針の枠組みは、恩恵、無害、自律および正義の原則ならびに人間の尊厳など欧州連合条約2条および欧州連合基本権憲章に定められた原則・価値に依拠すべきであるとされている。そのうえで、ロボット・AIに関する民事法上の問題を中心に検討をおこない、ロボット・AIを所管するEU機関の設置、スマート・ロボット（自律性、学習能力、環境への適応能力等を有するロボット）の登録制、危害に関する損害賠償責任（厳格責任等）、知的財産権、相互運用性等の確保などについて定めるEU法の策定を欧州委員会に求める提言がなされている。また、基本権の尊重、予防原則、包摂性、アカウンタビリティ、安全性、可逆性、プライバシー、便益の最大化と危害の最小化などを内容とするロボット開発者向けの倫理行動規範の策定も提言されている。[5]

3　産業界・学界・市民社会

欧米の産業界、学界、市民社会等においてもAI・ロボットに関する規範形成に向けた議論が活発になっている。

欧米の産業界の代表的な取り組みが、2016年9月に設立されたパートナーシップオンAIである。パートナーシップオンAIは、アメリカの主要ネット企業等により、AI技術のベストプラクティスを研究して形成し、AIに関する公衆の理解を向上させ、AIおよびその社会的影響に関する議論と関与をおこなうためのオープンなプラットフォームとして設立された[6]。パートナーシップオンAIが設立にあたり公表した「信条」（tenets）では、AIの便益を最大化し、AI技術の潜在的な課題に対処するため、個人のプライバシーとセキュリティの保護、すべての当事者の利益の理解と尊重、AIの潜在的影響に関する社会的責任の確保、AIの研究・技術の頑健性、信頼性、信用性、堅牢性の確保、国際条約や人権に反するAI技術の開発・利用への反対、危害を与えないセーフガードと技術の推進に取り組むことなどが掲げられるとともに、AIシステムの動作は、その技術を説明するため、人々の理解と解釈が可能なものであることが重要であるとの認識が表明されている[7]。

欧米の学界の代表的な取り組みとしては、米国電気電子学会（IEEE）の「人工知能および自律的システムにおける倫理的考慮のためのグローバル・イニシアティブ」の活動を挙げることができる。同イニシアティブは、技術者コミュニティの検討作業のための認識および提言（案）を提示することとともに、IEEEの標準策定のための提言をおこなうことを目標に掲げており、2016年12月に報告書「倫理的に調整された設計」を公表した。同報告書では、道徳的価値および倫理的原則に照らして人間と調和するＡＩを設計する方法について技術者の議論を促すための論点が提示されている。また、あらゆる種類のＡＩ／ＡＳ（自律的システム）に適用される高度な倫理的配慮を定式化し、①人権に関する最も高度な理念の具現化、②人間および自然環境への最大限の便益の優先、③ＡＩ／ＡＳが社会技術システムとして発展することに伴うリスクと負の影響の緩和、という3原則が掲げられている。さらに、ＡＩ／ＡＳに人間の規範や価値を実装するための方法論を検討したうえで、ＡＩ／ＡＳに関する経済的・人道的・法的課題について整理するとともに、汎用ＡＩや自律型致死兵器システムに特有の問題についても論じている。[8]

欧米の市民社会の代表的な取り組みとしては、起業家や研究者等により設立された非営利団体のFuture of Life Institute（ＦＬＩ）の活動が挙げられる。ＦＬＩは、２０１７年1月にアメリカのアシロマにおいてＡＩの研究開発に関する会合を開催し、その成果として、同年2月に「アシロマＡＩ原則」を公表した。同原則では、ＡＩシステムの安全性とセキュリティ、ＡＩシステムの事故時の透明性、法的な意思決定に関与する自律的システムの説明可能性、ＡＩシステムの設計および操作における人間の尊厳、権利、自由、文化的多様性の理念への適合、ＡＩに用いられるパーソナルデータに関する個人の権利、人間によるＡＩシステムの制御を求める原則に加え、将来開発が想定される高度に自律的なＡＩシステム、再帰的に自己改良・自己複製をおこなうＡＩシステム、超知能（Superintelligence）などの安全性や倫理に関する原則も掲げられている。[9]

4 小括

以上のように、米欧のあいだには、ＡＩ・ロボットの発展を見すえ、研究開発および利活用における透明性、制御可能性、安全性、人権の尊重、アカウンタビリティなどを重視しつつ、ＡＩ・ロボットに関する法制度や政策のあり方を検討するという共通の方向性を見いだせるものの、少なからぬ相違も認めることができる。ホワイトハウスの報告書が、ＡＩのガバナンスについて、個別分野における既存の法規制の適用による対応を基本としつつ、ＡＩの研究助成の条件を通じた規律などソフトロー的なアプローチを志向するのに対して、欧州議会の報告書は、自律性を有するロボットに焦点を当てて、立法（ハードロー）と倫理行動規範（ソフトロー）を組み合わせた新たな規範の形成を模索している。また、特にトランプ政権発足以降のアメリカでは、政府によるＡＩ関係の政策の検討は停滞する一方で、産業界・学界・市民社会におけるＡＩに関する技術標準や開発原則の策定などソフトローによる規範形成を目指す動向が一層有力になっている。これに対して欧州では、欧州議会など、公的部門が立法等による規範形成に向けた議論をリードしており、この点でも、米欧の姿勢の相違を認められよう。

IV　国際的な議論のためのＡＩ開発ガイドライン案

IIIで概観した欧米におけるＡＩの研究開発のあり方に関する議論も参照しつつ、日本では、総務省情報通信政策研究所のＡＩネットワーク社会推進会議が「国際的な議論のためのＡＩ開発ガイドライン案」を作成してきた。

1　背景と経緯

総務省情報通信政策研究所は、２０１６年2月より「ＡＩネットワーク化検討会議」を開催し、また同年10月より同会議を発展的に改組した「ＡＩネットワーク社会推進会議」を開催し、「国際的な議論のためのＡＩ開発ガイドライン案」の作成などＡＩネットワーク化のガバナンスのあり方について検討をおこなってきた。

２０１６年4月に開催されたＧ７香川・高松情報通信大臣会合において、ＡＩネットワーク化検討会議の議論をふまえ、日本から、〈Ｇ７各国が中心となり、ＯＥＣＤ等国際機関の協力も得て、ＡＩネットワーク化が社会・経済に与える影響やＡＩの開発原則の策定などＡＩネットワーク化をめぐる社会的・経済的・倫理的課題に関し、産学民官の関係ステークホルダの参画を得て、国際的な議論を進める〉ことの提案がなされ、各国から賛同が得られた。

また、２０１７年3月に東京で総務省が主催した国際シンポジウム「ＡＩネットワーク社会推進フォーラム」では、日米欧等の産学民官の有識者が参加し、AIネットワーク化のガバナンスのあり方について議論がおこなわれ、AIネットワーク化を通じた人間中心の社会の実現という理念が広く支持されるとともに、グローバルでオープンな議論を継続することを通じて合意形成を図っていくことに賛意が示された。

国際シンポジウムにおける議論等をふまえ、AIネットワーク社会推進会議は、同年7月末に「報告書2017」にあわせて、「国際的な議論のためのAI開発ガイドライン案」を公表した。[9]

2 目的および基本理念

AIが社会や経済にもたらす便益の増進を図るとともに、AIに関するリスクの抑制を図るためには、関連する課題を明らかにし、その対応のあり方を検討することが必要となる。特に、ネットワーク化されうるAIシステムは、インターネットなどを通じて国境を越えて便益およびリスクを即時に波及させる可能性をもつことから、オープンな議論を通じ、国際的なコンセンサスを醸成し、非拘束的なソフトローとしてガイドラインとそのベストプラクティスをステークホルダ（開発者、サービス提供者、市民社会を含む利用者、各国政府、国際機関など）間で国際的に共有することにより、AIシステムの便益の増進とリスクの抑制を図ることが求められる。

以上の問題意識に鑑み、本ガイドライン案は、「AIネットワーク化の健全な進展を通じてAIシステムの便益の増進とリスクの抑制を図ることにより、利用者の利益を保護するとともにリスクの波及を抑止し、人間中心の智連社会を実現すること」を目的としている。

本ガイドライン案の目的に鑑み、（1）人間がＡＩネットワークと共生することにより、その恵沢がすべての人によりあまねく享受され、人間の尊厳と個人の自律が尊重される人間中心の社会を実現すること、（2）非拘束的なソフトローたる指針とそのベストプラクティスをステークホルダ間で国際的に共有すること、（3）イノベーティブでオープンな研究開発と公正な競争を通じ便益を増進するとともに、学問の自由等の民主主義社会の価値を尊重しつつ、リスクを抑制するため、便益とリスクの適正なバランスを確保すること、（4）技術的中立性を確保し、開発者に過度の負担とならないよう留意すること、（5）ガイドラインの内容を不断に見直し、必要に応じて柔軟に改定すること、を趣旨とする五つの基本理念を掲げている。[11]

3　用語の定義および対象範囲

ＡＩの定義については、思考や学習など人間と同様の知的機能を有することに着目して定義がなされることが多い一方で、ＡＩ研究者のあいだでもさまざまな見解があり、コンセンサスは確立されていない。[12]本ガイドライン案では「ＡＩ」を「ＡＩソフトおよびＡＩシステムを総称する概念」と位置づけたうえで、「ＡＩソフト」を「データ・情報・知識の学習等により、利活用の過程を通じて自らの出力やプログラムを変化させる機能を有するソフトウェア」と定義し、その例として、機械学習ソフトウェアを挙げる一方で、「ＡＩシステム」を「ＡＩソフトを構成要素として含むシステム」と定義し、その例として、ＡＩソフトを実装したロボットやクラウドシステムを挙げている。学習等により自らの出力やプログラムを変化させる機能に着目してＡＩソフトを定義する理由は、このように定義されたＡＩソフトおよびそれを構成要素として含むＡＩシステムについては、学習等を通じた変化によって開発者が予見し抑制することが困難な影響やリスクが生ずる可能性があることなどから、従来の情報通信技術とは異なる特別の留意が求められることにある。本ガイドライン案におけるＡＩの定義は、現在すでに実用化されている特化型ＡＩを主たる対象として想定しているが、自律性を有するＡＩや汎用ＡＩなど今後に開発が予想されるる多種多様なＡＩ[13]についても、学習等により自らの出力やプログラムを変化させる機能を有するものである場合には、本ガイドライン案におけるＡＩの定義に含まれる可能性がある。

本ガイドライン案に関係する主体として、ＡＩシステムの「開発者」および「利用者」を次のように位置づけている。「開発者」は、自らの開発したＡＩシステムを用いてＡＩネットワークサービスを他者に提供するプロバイダを含め、ＡＩシステムの研究開発をおこなう者として定義している。「利用者」は、最終利用者（エンドユーザ）のほか、他者が開発したＡＩシステムを用いてサービスを第三者に提供するプロバイダを含む形で定義している。

本ガイドライン案の対象とするＡＩシステムの範囲は、ＡＩシステムがネットワークを通じて国境を越えて利用され、広く人間と社会に便益およびリスクをもたらす可能性があることから、ネットワークに接続可能なＡＩシステムとしている。また、本ガイドライン案の対象とする開発の範囲は、学問の自由の尊重、社会に与える影響の大きさ等に鑑み、閉鎖された空間（実験室、セキュリティが十分に確保されたサンドボックス等）内での開発は対象とせず、ネットワークに接続しておこなう段階に限定している。[14]

4　AI開発原則

AI開発ガイドライン案の核となるAI開発原則の構成は、次のようになっている。[15]

①**連携の原則**：　開発者は、AIシステムの相互接続性と相互運用性に留意する。
②**透明性の原則**：　開発者は、AIシステムの入出力の検証可能性および判断結果の説明可能性に留意する。
③**制御可能性の原則**：　開発者は、AIシステムの制御可能性に留意する。
④**安全の原則**：　開発者は、AIシステムがアクチュエータ等を通じて利用者および第三者の生命・身体・財産に危害を及ぼすことがないよう配慮する。
⑤**セキュリティの原則**：　開発者は、AIシステムのセキュリティに留意する。
⑥**プライバシーの原則**：　開発者は、AIシステムにより利用者および第三者のプライバシーが侵害されないよう配慮する。
⑦**倫理の原則**：　開発者は、AIシステムの開発において、人間の尊厳と個人の自律を尊重

する。

⑧**利用者支援の原則**：　開発者は、ＡＩシステムが利用者を支援し、利用者に選択の機会を適切に提供することが可能となるよう配慮する。

⑨**アカウンタビリティの原則**：　開発者は、利用者を含むステークホルダに対しアカウンタビリティを果たすよう努める。

5　開発原則の解説

開発原則の各原則には解説が付されている。各原則の解説に共通するおおよその方向性として、次の事項が挙げられる。

・国際的に共有された指針や標準・規格が確立されている場合には、当該指針や当該標準・規格を参照すること
・技術的中立性に鑑み、各々のＡＩシステムにおいて用いられる技術の特性や用途に照らし可能なまたは合理的な範囲で各原則の留意事項に対応すること
・ＡＩシステムについて、リスク評価のために検証および妥当性の確認[16]をおこなうとともに、リスクの抑制のために開発の過程を通じて適切に措置を講ずること

以下、簡単に各原則の趣旨を解説する。

①連携の原則では、ＡＩシステムと他のＡＩシステム等との連携を円滑化することにより、ＡＩネットワーク化の便益を増進するとともに、ネットワーク上の多種多様なＡＩシステムのあいだの相互作用により意図しない事象が生ずるリスクを抑制する見地から、開発者が留意することが期待される事項として、相互接続性と相互運用性を確保するために有効な関連情報の共有に向けた協力、国際的な標準や規格への準拠、データ形式の標準化、ＡＰＩを含むインターフェースやプロトコルのオープン化、相互接続性・相互運用性の確保に資する知的財産権のライセンス契約およびその条件に関するオープンかつ公平な取扱いなどが掲げられている。

②透明性の原則の対象となるＡＩシステムとしては、利用者および第三者の生命、身体、自由、プライバシー、財産などに影響を及ぼす可能性のあるＡＩシステムが想定される。同原則には、ＡＩシステムに対する利用者を含む社会の理解と信頼が得られるよう、採用する技術の特性や用途に照らし合理的な範囲で、ＡＩシステムの入出力の検証可能性および判断結果の説明可能性に留意することが望ましいとの解説が付されている。なお、同原則は、開発者によるアルゴリズム、ソースコード、学習データの開示を想定するものではない旨も注記されている。

③制御可能性の原則では、今後の技術発展による[17]ＡＩシステムの自律性の向上を見すえ、自律性を有するＡＩシステムが制御不能に陥るリスクなどを念頭に、開発者は、ＡＩシステムの制御可能性を確保するため、採用する技術の特性に照らして可能な範囲において、人間または信頼し

うる他のＡＩによる監督（監視、警告など）および対処（ＡＩシステムの停止、ネットワークからの切断、修理など）の実効性に留意することが望ましいとの解説が付されている。

④安全の原則の対象となるＡＩシステムとしては、ロボットや自動運転車など、アクチュエータ等を通じて利用者および第三者の生命、身体、財産に危害を及ぼす可能性のあるＡＩシステムが想定される。同原則の解説では、ＡＩシステムが稼動する際の安全性の確保に資するよう、ＡＩシステムの開発の過程を通じて、採用する技術の特性に照らし可能な範囲で措置を講ずるよう努めることが望ましいとの解説が付されている。また、いわゆる「トロッコ問題」[18]を念頭に、「ＡＩシステムを利用する際の利用者および第三者の生命、身体、財産の安全に関する判断（たとえば、ＡＩを搭載したロボットの事故発生時に、優先的に保護される生命、身体、財産の順位などに関する判断）をおこなうＡＩシステムを開発する場合において、利用者等ステークホルダに対して当該ＡＩシステムの設計の趣旨およびその理由を説明するよう努める」ことも留意事項に掲げられている。

⑤セキュリティの原則では、ＡＩシステムがネットワークを通じてサイバー空間のみならず物理空間のインフラとしての機能を果たすようになることを見すえ、通常、情報セキュリティにおいて確保されることが求められる情報の機密性、完全性および可用性に加え、必要に応じてＡＩシステムの信頼性（意図したとおりに動作がおこなわれ、権限を有しない第三者による操作を受けないこと）や頑健性（物理的な攻撃や事故への耐性）にも留意することが望ましいとの解説が付されてい

る。

⑥プライバシーの原則では、開発者に、空間にかかるプライバシー（私生活の平穏）、情報にかかるプライバシー（個人データ）および通信の秘密について、利用者および第三者のプライバシーが侵害されることのないよう配慮することが期待されている。また、同原則の解説では、設計など開発の過程を通じてあらかじめプライバシーを保護するための措置を講ずる「プライバシー・バイ・デザイン」[19]と呼ばれる手法が参照されている。

⑦倫理の原則では、ＡＩの研究開発一般において人間の尊厳と個人の自律を尊重することが期待されているが、解説では、「人間の脳や身体と連携するＡＩシステムを開発する場合は、生命倫理に関する議論などを参照しつつ、特に慎重に配慮することが望ましい」[20]とされている。また、ＡＩを用いたプロファイリングによる不当な差別的取扱いのリスクなどをふまえ、「採用する技術の特性に照らし可能な範囲で、ＡＩシステムの学習データに含まれる偏見などに起因して不当な差別が生じないよう所要の措置を講ずるよう努めることが望ましい」とされている。また、自律型致死兵器システム[21]に関する議論などを念頭に、「国際人権法や国際人道法を踏まえ、ＡＩシステムが人間性の価値を不当に毀損することがないよう留意することが望ましい」との解説が付されている。

⑧利用者支援の原則では、「ナッジ」[22]と呼ばれる利用者の合理的な選択を支援する手法を念頭に、「利用者に選択の機会を適時適切に提供する機能（たとえば、デフォルトの設定、理解しやすい選

択肢の提示、フィードバックの提供、緊急時の警告、エラーへの対処など）が利用可能であることに配慮するよう努めること」などが留意事項として掲げられている。

⑨アカウンタビリティの原則は、本ガイドラインの実効性を確保するうえで鍵となる原則であり、開発者が利用者等に、開発原則①〜⑧の趣旨に鑑み、ＡＩシステムの技術的特性について情報提供と説明をおこなうほか、対話などを通じてステークホルダの積極的な関与を得るよう努めることが望ましいとの解説が付されている。[23]

6 関係するステークホルダに期待される役割

本ガイドライン案の別添では、本ガイドライン案をふまえ、関係するステークホルダに期待される役割の例を次のように掲げている。[24]

・各国政府および国際機関には、多様なステークホルダ間の対話の促進に向けた環境整備が期待される
・開発者、市民社会を含む利用者など関係するステークホルダには、対話によるベストプラクティスの共有とＡＩの便益およびリスクに関する認識の共有・協力が期待される
・標準化団体等には、本ガイドラインの趣旨に適う技術標準など推奨モデルの作成・公表が期待される

・各国政府には、ＡＩの開発者コミュニティおよびＡＩに関する研究開発の支援が期待される

7　今後の課題

今後は、本ガイドライン案をもとに、ＯＥＣＤのプライバシーガイドラインやセキュリティガイドライン等と同様に、[25] 非拘束的なソフトローとして国際的に共有されるＡＩ開発ガイドラインの策定を目指して、国際的な議論を進めていくことが期待される。

もっとも、ＡＩの技術的特性や用途は分野により多種多様であり、分野ごとにＡＩシステムのもたらす便益およびリスクは異なる可能性があることから、ＡＩのガバナンスにおいて画一的なアプローチには一定の限界がある。[26] したがって、分野共通のＡＩ開発ガイドラインの策定に向けた検討と並行して、各分野において自動運転車、医療ロボットなど分野ごとの事情に応じた分野別開発ガイドラインの策定に向けた検討が進められることが期待される。[27]

また、ＡＩは学習等により利活用の過程を通じて出力やプログラムを変化させる可能性があることから、開発者が予見し抑制することが困難なリスクが生ずるおそれもある。したがって、開発者が留意することが期待される事項のみならず、利用者が留意することが期待される事項も想定され、開発者と利用者のあいだの責任の分担が求められる。[28] よって、今後は、ＡＩ開発ガイドラインなどＡＩの開発に関するガバナンスとともに、ＡＩ利活用ガイドラインなどＡＩの利活用

に関するガバナンスを構築するために検討を進めていく必要がある。[29]

Ⅴ　むすびにかえて

本稿で紹介したＡＩ開発ガイドライン案は、日本のＡＩ研究者、人文社会科学の研究者、産業界、利用者団体等を代表するＡＩネットワーク社会推進会議の構成員等の智慧の賜物であるが、あくまでも国際的な議論のための案のひとつにすぎない。ＡＩネットワーク化のガバナンスのあり方は、今後の人間社会のあり方を左右する重要な課題であり、その枢要を占めるＡＩ開発ガイドライン（案）については、国内外において多様なステークホルダや市民による批判を含めた多角的な議論を不断に続けていくことが求められる。本稿がそのための一助となれば幸いである。

〈注〉

1〉筆者は、総務省情報通信政策研究所においてＡＩネットワーク社会推進会議の事務局としてＡＩ開発ガイドライン案の作成などに携わってきたが、本稿のうち評価や意見を示す部分は私見である。

2〉成原慧「ＡＩネットワーク化をめぐる法的問題と規範形成」自由と正義２０１７年9月号35頁以下も参照。

3〉White House, Preparing for the Future of Artificial Intelligence (2016).

4〉National Science and Technology Council Networking and Information Technology Research and Development Subcommittee, The National Artificial Intelligence Research and Development Strategic Plan (2016).

5〉European Parliament, European Parliament Resolution of 16 February 2017 with Recommendations to the Commission on Civil Law Rules on Robotics (2015/2103(INL)).

6〉設立当初の企業構成員は、アマゾン、ディープマインド／グーグル、フェイスブック、ＩＢＭ、マイクロソフトの5

社。その後、アップル、ソニー等が企業構成員に、アメリカ自由人権協会、ユニセフ等が非営利構成員に加わっている（https://www.partnershiponai.org/）。

7〉https://www.partnershiponai.org/tenets/

8〉The IEEE Global Initiative for Ethical Considerations in Artificial Intelligence and Autonomous Systems, Ethically Aligned Design: A Vision for Prioritizing Human Wellbeing with Artificial Intelligence and Autonomous Systems, Version One - Request For Public Discussion (2016).

9〉https://futureoflife.org/ai-principles/

10〉ＡＩネットワーク社会推進会議「報告書２０１７―ＡＩネットワーク化に関する国際的な議論の推進に向けて―」（２０１７年７月28日）および同報告書別紙１「国際的な議論のためのＡＩ開発ガイドライン案」（以下「ＡＩ開発ガイドライン案」という）参照。同報告書は、以下のＵＲＬに掲載。http://www.soumu.go.jp/menu_news/s-news/01iicp01_02000067.html

11〉ＡＩ開発ガイドライン案３～５頁参照。

12〉*See*, One Hundred Year Study on Artificial Intelligence, Artificial Intelligence and Life in 2030 at 12-14 (2016). 人工知能学会監修／松尾豊編『人工知能とは』（近代科学社・２０１６年）も参照。

13〉ホワイトハウスの報告書では、汎用ＡＩが実現される時期や方法について専門家のあいだでも意見が分かれていることを指摘したうえで、不確実性をふまえ、今後のＡＩの発展への注視の必要性が指摘されている（White House, *supra* note 3 at 7-8, 23-24 (2016)）。また、Future of Life Institute（ＦＬＩ）の「アシロマＡＩ原則」においては、原則（19）において、「将来のＡＩの能力についてのコンセンサスが存在しない以上、将来のＡＩの能力の上限について強い仮定を置くことは避けるべきである」と述べられている（https://futureoflife.org/ai-principles/）。

14〉本ガイドライン案における用語の定義および対象範囲につき、ＡＩ開発ガイドライン案５～６頁参照。

15〉同前６～７頁参照。

16〉検証（verification）および妥当性の確認（validation）は、あらかじめリスクを評価し抑制するための手法であるが、前者は形式的な整合性の確認を意味して用いられるのに対し、後者は実質的な妥当性の確認を意味して用いられることが一般的である（*See e.g.*, The Future of Life Institute（ＦＬＩ）, *Research Priorities for Robust and Beneficial Artificial Intelligence* (2015)）。

17〉制御喪失のリスクとしては、たとえば、ＡＩシステムが与えられた目標を形式的に達成するために開発者の意図に実質的に反する動作（報酬ハッキング）をおこなうリスクやＡＩシステムが学習等による利活用の過程を通じた変化に伴い開発者の意図しない動作をおこなうリスク等に配慮することが考えられる。*See e.g.*, Dario Amodei, Chris Olah, Jacob Steinhardt, Paul Christiano, John Schulman & Dan Mané, *Concrete Problems in AI Safety*, arXiv:1606.06565 [cs.AI] (2016).

18〉トロッコ問題については、*see* Philippa Foot, *The Problem of Abortion and the Doctrine of the Double Effects*, 5 Oxford Review 19 (1967). トロッコ問題をＡＩに応用したものとして、平野晋「『ロボット法』と自動運転の『派生型トロッコ問題』―主要論点の整理と、ＡＩネットワークシステム『研究開発８原則』」ＮＢＬ１０８３号（２０１６年）

29頁以下を参照。

19〉プライバシー・バイ・デザインについては、アン・カブキアン（堀部政男編／ＪＩＰＤＥＣ編・訳）『プライバシー・バイ・デザイン』（日経ＢＰ社・２０１２年）参照。

20〉山本龍彦「ビッグデータ社会とプロファイリング」論究ジュリスト18号（２０１６年）34頁以下等を参照。*See also* FTC, Big Data: A Tool for Inclusion or Exclusion? (2016).

21〉自律型致死兵器システムと国際人権法・国際人道法の関係については、国連の特定通常兵器使用禁止制限条約の非公式専門家会合等において議論がおこなわれている（https://www.unog.ch/80256EE600585943/(httpPages)/8FA3C2562A60FF81C1257CE600393DF6）。

22〉ナッジとは、個人の選択の自由を確保しつつ、当人の福利のために選択の環境を改善する手法である。たとえば、利用者のプライバシーに配慮したスマートフォンのデフォルト設定などが挙げられる。キャス・サンスティーン（伊達尚美訳）『選択しないという選択』（勁草書房・２０１７年）等を参照。

23〉各原則の解説につき、ＡＩ開発ガイドライン案７～12頁参照。

24〉同前13頁参照。

25〉ＯＥＣＤのプライバシーガイドラインやセキュリティガイドラインの策定プロセスにつき、堀部政男「ＯＥＣＤの情報セキュリティ・プライバシー関係専門家会合の活動とガイドラインの策定（上）（下）」季報情報公開個人情報保護18号（２００５年）２頁以下・19号（同）２頁以下等を参照。

26〉*See e.g.*, One Hundred Year Study on Artificial Intelligence, *supra* note 12 at 48.

27〉ＡＩ開発ガイドライン案４頁参照。

28〉実積寿也＝鳥海不二夫＝宍戸常寿「【座談会】情報法制の可能性について―ＡＩをめぐる動向を中心に」情報法制研究１号（２０１７年）１１７～１１９頁等を参照。

29〉ＡＩ開発ガイドライン案４頁参照。

座談会

AI・ロボットの研究開発をめぐる倫理と法

青山学院女子短期大学現代教養学科准教授　河島茂生
名古屋大学大学院情報学研究科准教授　久木田水生
慶應義塾大学総合政策学部教授　新保史生
理化学研究所チームリーダー／慶應義塾大学特任准教授　高橋恒一
中央大学国際情報学部教授／ニューヨーク州弁護士　平野　晋

I　はじめに

平野　2017年7月下旬に、総務省情報通信政策研究所の「AIネットワーク社会推進会議」が「国際的な議論のためのAI開発ガイドライン案」（以下「AI開発ガイドライン案」「ガイドライン案」ともいう）を公表しました。[1] これはOECD等に代表される国際社会において採用されることを目指した日本発の指針、すなわちガイドラインの提案です。

ご承知のとおり、人工知能すなわちAIは、人々に便益をもたらす「正」の面が期待されている一方、開発者も予想できない判断や行動をする「制御不可能性」が懸念されています。さらに、なぜそのような判断・行動をしたのかの理由もわからないと

平野　晋氏

いう「不透明性」等々の「負」の面も、人々に不安を与えています。しかもＡＩは国境を越えて開発が進みシステム化され、将来的にはＡＩどうしがつながりあって「ＡＩネットワーク」が作られると予想されています。

そこで、ＡＩシステムやネットワークの負の面が拡散する前に危険性を極小化させるためには、その開発における国際的なルール作りが不可欠です。その必要性は、国際社会の指導的な組織であるＧ７やＯＥＣＤ等において昨年から日本が訴えているばかりか、賛同も得られております。ＡＩ開発ガイドライン案は、まさにこの目的に資するような国際的な指針の提案です。

ＡＩの研究開発に関しては、倫理的なルールや法的ルールの必要性が、すでに、日米欧の三極の産官学においても指摘されてきました。たとえばヨーロッパでは、欧州議会が「ロボット工学に係る民事法的規範に関する欧州委員会への提言」を公表しています。アメリカでも、たとえばホワイトハウスが「人工知能の未来に備えて」という報告書を公表しました。日本においても人工知能学会が、「人工知能学会倫理指針」を公表しています。私たちも参画しているＡＩネットワーク社会推進会議が取りまとめたガイドライン案は、これらも含むさまざまな成果・文献も参考にしつつ、国際社会全体として採用すべき指針となるような、とても意欲的な提案になっております。そこで本座談会では、このガイドライン案を念頭に置きつつ、主にＡＩ開発における倫理的・法的問題と、研究開発をどのように管理していくのかというガバナンスの問題について議論していきたいと思います。

なお、わたくし平野晋は、コーネル大学のヘンダーソン先生から製造物責任法（ＰＬ法）の教えを受けた後、インターネット等のサイバー法の実務と研究にも携わり、ＮＴＴドコモ法務室長を経てから現在、母校の中央大学で教授を務めております。本日はよろしくお願いいいたします。

Ⅱ　ＡＩの研究開発における倫理的問題

１　倫理を考える必要性

平野　まずは河島さんに、ＡＩの研究開発をめぐる倫理的問題の所在についてお話しいただき、議論の口火を切っていただければと思います。

河島　河島茂生と申します。デジタル社会論や情報倫理を専門にしています。

ＡＩの技術的な高度化と普及をうけて、世界的にＡＩの社会的な影響を研究してガイドラインを作るという大きな動きがあります。日本の新聞記事の内容を分析したのですが、１９８０年代の人工知能の第二次ブームと比較して、いまの第三次ブームにおいては、人工知能と社会との関係がよりクローズアップされています。人工知能が社会に組み込まれるなかで、社会それ自体が変わっていくのではないか、そういうことが実感として人々のなかに広がっていると言えます。さまざまな期待感と不安感が入り混じっている状態です。

メディアの歴史研究の知見からすると、技術は、開発者や企業家、政策決定者、そして一般の人々などがそれぞれ異なる意図や目的に従って働きかけるなかから、今日のようなあり方が確立してきています。人工知能が組み込まれた社会というものはすでに始まっていますけれども、いまだ不確定であってこれから作っていくものです。だから、萌芽的段階である現時点から、さまざまなことを考えながら動いたほうがいい。さまざまなガイドラインが世界的に出てきている背景には、そういったことがあるのでしょう。

ＡＩの研究開発をめぐる倫理的な問題に関してまず押さえなければならないのは、人工知能はやはり私たち人間が作るものであって、その技術が引き起

河島茂生氏

こすであろう倫理的問題を考えるのは私たちの責務であるということです。本座談会でも自律性とは何かという話がされると思いますが、人間が自律的な存在であるのに対して、テクノロジーは基本的には人間が要求する入出力を保つようにコントロールされるものであり、人間が意図したとおりに動かなければそれは故障です。だから、他律的な存在であるテクノロジーというものをやはり我々がコントロールしていくんだということを忘れずに、さまざまな倫理的な問題を考えていく必要があると思います。

そのため、ＡＩ開発ガイドライン案でも「倫理の原則」が取り上げられています。

ＡＩネットワークと社会との関係を考えるときに、個人レベルと社会レベルとを分けて、そのうえで両者の関わりというのを検討していかなければなりません。個人レベルでは、人間一人ひとりはかけがえのない存在です。だけれども、個人レベルだけを考えていては、場当たり的になってしまいます。親しい人のみを贔屓するということにもなりかねません。だから、社会のレベルで公平性を守っていく、そのことによってよりよいＡＩの社会を作っていく、ということが重要です。

ＡＩの開発者のなかで、自分の開発しているＡＩが不幸をもたらすということを喜ぶ人はほとんどいないと思います。やはりこういった倫理の原則というものを念頭に、ＡＩが巻き起こす事態が倫理的な問題を誘発する可能性を少しでも考えておく、それだけも十分に、この開発原則の社会的意義があると思われます。

2　新しい技術が突きつける倫理的課題

平野　久木田さんは、同じくＡＩの研究開発をめぐる倫理的問題の所在についてはどのようにお考えでしょうか。

久木田　久木田水生と申します。哲学が専門で、科学技術と社会と人間の関わりに焦点を当てた研究をしています。

ＡＩやロボットが大規模に実用化されていけば、社会に大きなインパクトを与えます。河島さんもおっしゃるように、社会は技術とともに変わります。そして倫理は社会が変わるとともに変わっていかなければならないものですから、我々はこれから、新しい技術とその技術に支えられる社会を念頭に、我々の倫理や実践を新しく作り上げていく必要があります。その際に重要なのは、社会がどのように変化するかは本質的に不確実であるということを認識することです。色々な人がＡＩに関して色々な予想をしており、極端な楽観論を語る人もいれば、極端な悲観論を語る人もいます。そのどちらに賭けるのも危険ですので、ＡＩが社会にどのような変化をもたらすのか、はっきりしたことはわからない、ということを基本的なスタンスにしつつ対処していくということが重要です。

久木田水生氏

ただし確実に言えることは、ＡＩがこれからますます我々の社会のあちこちに浸透してくること、そして、たとえばセックスロボットや自律型致死兵器のような、生と死という人間にとって最も普遍的な価値に直接関わる行為に介入するＡＩやロボットも出てくるということです。

日本ではあまり議論されていないので、自律型致死兵器について一言。いま国際的には、自律型致死兵器が大きな議論の的になっています。自律型致死兵器とは人間のコントロールなしに兵器が自律的にターゲットを選定して、そのターゲットに致死的な攻撃を加えることができるものです。自律型致死兵器に対しては機械が人間の生死を決定するような判断をしていいのか、そういう判断を機械にゆだねてもいいのか、という疑問があります。

しかしその一方で、それに賛成する意見もある。使う側としては、兵士の損失を減らせるということは大きなメリットです。人工知能やロボットは人間のように感情によって行動を左右されることがないため、より倫理的に行動できると主張する人もいます。それも、これからの技術がどうなるか次第ですけれども、人間の生死というものにダイレクトに関わるそういう技術に対して、慎重な議論が必要になっていると思います。

平野　ＡＩは人間が管理すべきとの先の河島さんのご指摘は、ガイドライン案でも「人間中心の社会を実現する」という基本理念に活かされていると思います。ＡＩ開発については極端な悲観論もありうるとの久木田さんのいまのご指摘も、ガイドライン案の対象から汎用ＡＩ等も除外しない姿勢に表れていますね。

Ⅲ　ＡＩの研究開発における法的問題

1　体系的議論の必要性

平野　さて次は、ＡＩの研究開発をめぐる法的問題について、新保さんからお願いいたします。

新保　新保史生と申します。法的な問題は、総論的な問題と個別の問題の両面から検討を進めていかなければならないと思います。現時点では、法的な問題の認識が十分なされておらず、その重要性についての一般的な理解や認識の度合いも非常に低いことについて危惧を持っています。

とりわけ法的問題について議論をするときに、法的な問題が規制と一体のものとして議論されることが多いので、研究開発とかＡＩの利用に対する萎縮効果と受け止められるという傾向がある。これはまったく逆の観点から考える必要があると私は思っています。たとえば、総論的な観点からすると、そもそも何のルールもない状況では、新しい問題に適正に対処する方法すらないわけです。その結果として、むしろルールがないところに萎縮効果が発生する可能性がある。だからこそ、最低限度のルールを定めることが必要です。これを具体化したのが、今回のＡＩ開発ガイドライン案におけるＡＩ開発原則だと思います。

具体的に総論的な観点からの検討は、四つに分けて考えるべきだと思っています。一つめは、既存の問題すなわちすでに発生している問題。二つめは、想定問題。喫緊にどのような問題が生ずるのかを考えたうえでの検討が必要です。三つめは、未発生の問題。将来的にどのような問題の発生が想定されるのかが認識可能であるものの対応について、一切検討がなされていない状況です。さらに四つめが、未知の問題。将来生ずるか否かも含めて認識すらされていないという問題です。

新保史生氏

ただ、四つめの未知の問題についてまで考えるということになると、これはＳＦの世界の問題のように捉えられてしまう可能性がある。そこまで議論を広げていくと結果的に問題が非現実化してしまったり、議論が誇大化してしまったり、現実のリスクを矮小化してしまったり、または逆に危機意識を欠如させてしまうといったような懸念があります。そのため、法的な検討において未知の問題にまで踏み込んで検討をすることは現実的には困難であり、架空の問題まで検討範囲を拡大することは避けるべきです。

二つめの個別の問題については着々と議論され始

めています。たとえばEUのRoboLawガイドライン。RoboLawプロジェクトが2012年から活動を開始し、2014年9月にガイドラインを公表するなど、議論の必要性が認識されたかなり早い段階でこの問題について着手をしたわけですが、検討においては大きく六つに検討課題を分けています。すなわち、(1)ロボットそのものをめぐる問題、(2)自動運転の問題、(3)モビルスーツ、義足、装着型ウェアラブル、(4)手術、遠隔地、リモート、(5)医療、介護、福祉分野、そして(6)災害レジリエンス、です。

この検討過程では検討課題が体系的に議論されていて、日本でも災害とかレジリエンスなどは本来もっと早く議論すべき問題だと思うのですが、逆に災害の少ないヨーロッパでこの議論がなされているということに非常に意味があると思います。さらに、以上の六つの検討課題に関する法的問題の検討についても、さらに次の五つに分けて検討をおこなっています。①健康、安全、環境、利用者保護、安心安全な利用環境の保護、②法的責任と製造物責任。これにはモノの製造物責任と情報の製造物責任の問題がある。そして③知的財産。知的財産にはロボットそのものの知的財産と、ロボットが創作したものの知的財産がある。さらに④プライバシー、⑤権利能力、エージェントについて効力を検討している。

今後は、このように体系的に考えることが求められています。AIネットワーク社会推進会議における検討は、日本でも最初の体系的な検討の試みですから、引き続きこの検討を進めていかなければならないと思います。

平野　新保さんがおっしゃったように、ヨーロッパのRoboLawプロジェクトによる分類といった話もすでに出てきていますが、こうしたものをどう考えるのか。ヨーロッパの民法典のように体系的に論じることの必要性は理解できますが、英米法のような経験主義的な知恵もまた、必要ですよね。AIのような発展途上の分野をあまり早急に型にはめ込むように体系化すると、抑え込むような萎縮効果が懸念されますので。なお「情報の製造物責任」という考え方は学説的には理解できますが、実定法にするまでには越えるべき山がたくさんあるかもしれません。

なお、少し各論的な話になりますが、ＡＩの特徴としてみなさんが不安を持っていて、おそらくエンジニアの人も不安だという点は――本座談会でもこれから議論されると思いますが――、実は、開発9原則のなかで最初のほうに出てくる、「制御可能性」の問題と「透明性」の問題だと思います。新保さんもおっしゃったように、こうした将来の予測というものに鑑みながら、いまできることは何なのか、萎縮効果を生じさせないようにするにはどうすればいいのかというところが非常に重要になってくるのではないか。私は、法的にはそのあたりが最も重要だと思います。

2　規制は研究開発を阻害するのか

新保　繰り返しになりますが、そもそも法的な問題についての議論の必要性が非常に軽視されていると思います。特に、赤坂亮太さんがロボット法の研究の必要性を提唱して以来、私と平野さんは「ロボット法」という用語を使って論文を書いている数少ない研究者ですが、他の方々はいまだにほとんどロボット法という用語はそもそも使わない。この語を使うと何か研究開発を非常に阻害するとか、世の中を悪くするかのように思われるほど、法的な問題についての議論の必要性そのものが軽視されていると思います。

一方で、海外の状況を見ると、たとえばＥＵは完全に、ルールを決めたほうが勝ちだということを意識している。先にルールを決めることによって、自分たちの域内での活用においては、そのルールが適用されるだけでなく、普遍的なルールとして通用させることで、事実上の世界標準として機能させることができるという考えに基づいて積極的にルール作りを進めています。他方でアメリカは、ルールについては問題が起きてから考えるという部分もあるわけですが、厳格な法執行を裏付けとして、決めたルールには厳格に従うという傾向もあるわけです。

自動運転車についても、日本とアメリカとＥＵとでは法的な考えがまったく違う。EUでは、たとえば製造物責任については厳格責任によって、メーカーが責任を全面的に負う方向での検討が提案されている。その結果、責任を負えない事業者は参入できないことになるので、結果的にその規制は非関税障壁として、新規参入を阻むような規制にもなりうる。そうなると、責任の負担、それから法的なルールを厳格にするということによって、結果的にそれに従わなければ市場参入ができないというルールを決めることになるわけです。

これは、自動運転車だけでなく個人情報保護においても同様です。2018年に、一般データ保護規則（GDPR）がEUで適用開始されますが、EU加盟諸国以外の国においても、EUからデータ移転をする場合をはじめとして、各国の事業者はEUのルールに結果的に従わなくてはならない。EUの基準は厳しいので、結果的に厳しいところに従わなくてはならないとすれば、自らが厳しいルールを定めることが得策であると考えるのがEUのスタンス。アメリカは、規制については、決めていないことは必ずしも守る必要はないけれども、問題が起こったときの法執行を明確にすることで対応する。たとえば個人情報の取扱いについても「不公正又は欺瞞的取引」というFTC法（連邦取引委員会）に基づく法執行が典型例です。自由に研究開発や利用をおこなうことができる反面、規制に対する法執行は厳しいといえます。一方で日本は、多くの事業者が新たな技術開発をして製品の販売やサービスの提供をするにあたっては、まずは規制緩和を提唱し、法規制がなされることには明確に反対の意思表示をすることが多いといえます。そのため、まずはガイドラインレベルでやりましょうということになる。たとえば警察庁の公道実証実験の自動運転のガイドラインを見ていただくと、海外の規制やガイドラインと比較した場合に決定的に欠けているものがひとつあるわけですね。それは、個人情報保護をめぐる問題です。

個人情報保護の問題については、ガイドラインには一切書かれていない。これは今後検討すべき問題として現時点では載っていないだけと肯定的に解釈したとしても、海外の基準に照らし合わせたときに、日本国内で十分に議論されていない問題が逆に明らかになってしまうという問題や、不要な規制を避けようとガイドラインで明記しないことが、結果的にその議論が進んでいないことを示す結果にもなってしまっている。そうなると、その議論が遅れることによって、研究開発や利用がこれまた結果的に遅れてしまうということに、私は非常に懸念を抱いているところです。ゆえに、最低限度のルール、それから法的な問題についてそもそも検討が必要であるということを意識しなければ、今後問題が起きてからケースバイケースで検討をして個別の対応をおこなわなければなりません。問題がこじれてしまってから解決をしようとするのは、非常に難しいのではないかと思っているところです。

河島　そのような法の軽視というのは、いかなる事情が絡んで出てきているのでしょうか。私は自動運転車の「トロッコ問題」[2]に関してアンケートを実施しました。これは先行研究があります。ジャン・フランソワ・ボンヌフォンらがアマゾンでオンライン調査をやったところ[3]、トロッコ問題に対する共通ルールを設けることに関しては、肯定が50％を下回りました。一方、私たちが日本に居住する人に対して質問紙でアンケートをとったところ、65％近くまで共通ルール作成への支持がありました[4]。

つまり、単純な文化比較はできないとしても、また敷衍しすぎる危険性もあるとしても、これを見る限り、今回私がおこなった調査では、日本に居住する人のほうが共通ルールを求めていることが、統計的な有意差がみられるほど明確に出ています。そうだとすると、一般の人々は、共通ルールを欲しているのではないかというのが見てとれます。

ですから、さきほどの法の軽視というのがどういう経緯で起こっているのかということについて、もう少しお聞きできればと思います。

新保　これは非常に面白いところで、アカウンタビリティとレスポンシビリティの問題なんです。今回のAIネットワーク社会推進会議の開発ガイドライン案で、「アカウンタビリティの原則」が明記されましたが、開発者やAIを用いた事業展開を検討している事業者側の考えと、それを利用する側の考えとの違いが、ここに現れていると思います。

事業者側は、当然のことながら責任をなるべく負いたくない。一方で利用者側は、安全安心に利用するためには、なるべく開発をしたりそれを販売する事業者にすべての責任を負ってもらいたいと考えると思います。つまり、そもそも事業者等が社会的にどのように責任を負うのかという基本的なスタートラインが、おそらく違うわけです。とりわけ日本の場合には、製品に求める安全とか安心のレベルが非常に高い。そうすると、最初の段階から責任についての閾値が非常に高いということになるので、何か問題があったときに、利用者側が研究開発や販売をする事業者側に求める責任のレベルやその期待も非常に高くならざるを得ないと思います。

海外に渡航して感じるのですが、日本と比較すると、信頼できるはずのさまざまなインフラや社会的に提供されている製品やサービスの信頼度が非常に低いことに驚かされることがあります。たとえば、自動チェックイン機でチェックインしようとすると、日本では装置が故障している頻度は低い。故障していると、お詫びの紙などが貼られている。一方、海外に行くと逆に、正常に稼働している装置の比率のほうがむしろ低いことがある（笑）。

これは自動車でも同様です。日本車はもともと信頼度が高いので、軽微なエラーでも大きく問題として叩かれますけれども、外車のいわゆるスーパーカーは高額であるにもかかわらず、故障してもある意味仕方ないと思う人が多いように思います。つまり、法的責任を問う前提としての事業者側の考えと利用者側の意識、社会的かつ根本的な――あえて言うと法令順守の――意識、それから社会的な信頼性への意識が、そもそも日本と海外とでは前提がかなり違っていることをふまえて議論をすることが必要です。

ただ、残念ながら日本の場合には、法的な規制をするということについての抵抗感、あるいは産業振興の観点から理解を得ることが難しい。それは何に裏付けられているかというと、いまの話をまとめれば〈法令順守の意識が高いがゆえに、ルールを決めるとみんなが従うので、結局、規制としては非常に厳しくなってしまう〉と考えていることの裏返しとして、結果的には規制への抵抗感として現れているのではないでしょうか。

平野　法意識というのは「法社会学」という分野でよく言われるように、だいぶ国によって違う。たとえば製造物責任法を日本で制定するきっかけになった理由のひとつは、日本は〈安心安全〉な製品という事前規制が大好きであったところ、アメリカから事前規制は非関税障壁なのでケシカラン、と言われたことによります。それならば〈安心安全〉な事前規制を緩和するかわりに事後的にPL訴訟ができるようにして、訴訟で救済と抑止力を強化することをもって安心安全を担保せしめる、ということになった。実は、アメリカ的事後規制というのは、そもそもあまり日本の文化に合わないと私は思います。

もっともAIの規制云々という話になると、すぐにヨーロッパの「予防原則」を持ち出して、何が起きるかわからないときはとりあえず規制すべし、という向きもあります。これは、おかしなことが起きないことの立証責任を開発者側に負わせるような、だいぶ厳しい話です。起きないことの立証は、「悪魔の証明」とも呼ばれて不可能な要求だからです。ところが他方でアメリカは、「permissionless development」と言って、つまり許可なく開発はできるんだ、おかしいことが立証されない限り自由なんだという価値観です。もう価値観がはじめから違うので、これは折り合わない。そこに日本が板挟みになるという、よくある話ですね。こういうことも、いまの議論に関係するのかなと思いました。

河島　お掃除ロボットについても、やはり安心安全というものを求めたがゆえに日本は参入が遅れたとよく言われます。今回のAIネットワーク社会推進会議のAI開発ガイドライン案は、日本において萎縮効果が生じやすいことを念頭において、IEEE[5]よりも非常にソフトロー的な、非拘束的で緩やかな原則を整えましたよね。

Ⅳ　コントロールの重要性
──「自律型」AIの出現を見すえて

平野　それでは次に、ここまでのお話をふまえて、高橋さんにAIネットワーク化の倫理的・法的問題について技術者の立場からお話しいただきたいと思います。

高橋恒一氏

高橋　高橋恒一と申します。私は理化学研究所で人工知能技術の開発と、その科学技術研究開発への応用に取り組んでいます。また、非営利活動法人全脳アーキテクチャ・イニシアティブを設立したほか、AI社会論研究会の立ち上げにも関わり、高度な情報技術の社会への影響などにも関心があります。

研究開発の現場で考えることはやはり一義的には知や技術の追究です。ただ、同時に研究者は研究者としてのキャリアがあり、また技術者にも必ず雇用主なりのスポンサーがいるので、実際の問題を解決して学術的・工学的・経済的な価値を創出するという第二の観点も常に考えます。それから、自分の作ったものが社会に与える影響に想像力を働かせるという第三の観点もあると思います。ただ実際問題としては、この三つめの観点に関心が強い研究者、技術者は、実は期待されるほどには多くないというのが現状だと思います。

とはいえ、研究・開発を安心しておこなうためには、アクセル・ステアリング・ブレーキの三つが揃うということが必要です。アクセルというのは、研究開発の能力と意思で、ステアリングというのはたとえば研究者であれば国の税金、企業の技術者であれば企業の経営的な課題の色々なステークホルダが示す技術開発の舵取りで、この二つが揃ってこそエネルギーを集中した成果が望めます。

　もうひとつ大事なのはブレーキです。どこに危険な曲がり角があり、どこまでがやっていいことで、どこからはやってはいけないことなのかが不明確で、後出しで議論されてしまうと、研究現場はむしろ怖くて萎縮してしまう。レーシングカーがカーブを曲がるとき、もし性能がいいブレーキがなければ、コーナーのずっと手前から減速を始めなければいけないので、平均速度が上げられません。それと同じように、法的、倫理的論点があらかじめ整理されていることで、技術開発の進展も効率的に促進できるであろうということは技術者、研究者ももっと認識してよいと思っています。

平野　ありがとうございます。レースカーがコーナリングするときに、適切にブレーキを踏み、そしてそれを理解したうえでうまくハンドリングすれば、スピードは速くしかも安全に回れる。法であれ倫理であれ、「走る・曲がる・止まる」という基本機能のなかの重要な要素を担っているというご指摘ですね。

　さきほどの河島さんのご発言のなかでも、テクノロジーを人がコントロールすることが非常に重要だ、というお話がありました。これはアメリカのある法律論文で読んだのですが、映画「２００１年宇宙の旅」[6]で、類人猿が最初に出てきて、骨を手にして敵対する勢力を殺してしまうシーンがあります。その骨を空に向かって投げると、シーンが変わって宇宙船になる。その宇宙船に搭載されたＨＡＬ《ハル》９０００という人工知能コンピュータが宇宙飛行士たちを殺し始める。色々な解釈がありますが、私が読んだ解釈は、あれは人類が自分で編み出した技術をコントロールできないと大変なことになりますよ、というメッセージだというものです。

　同じスタンリー・キューブリック監督の「博士の異常な愛情」[7]も、やはり、コントロールできないようなすごい（核）兵器を作ってしまうと、おかしな人が出てきてとんでもない事態＝核戦争が起きる、ということではないか。これもひとつのメッセージということで、ＳＦ映画から学べることもあると思っています。そこで、河島さんに質問です。私のような解釈というのはおかしいでしょうか。

河島　「2001年宇宙の旅」と「博士の異常な愛情」は、メディア論における重要なテーマを扱っている作品だと思います。メディアというのはそもそも人間の拡張であるというのが考え方のひとつとしてあります。話される言葉こそが人間が最初に生み出したテクノロジーと言われますが、それは、言葉は自分の考えを外化しているからです。そして、車輪も足の拡張であり、住宅は体温調節機構の拡張であり、コンピュータも人間の頭脳の拡張である、というわけです。さらに都市も身体諸器官の拡張というます。こういったことと裏腹に――「感覚麻痺」と言うのですが――オーギュメンテーションされた人間はいつしか自分自身が強い存在であると考え、技術に魅せられそれと一体化し客観的に捉えられなくなるということがあります。それは危険性をはらんでいます。

いま自律型のロボットと言うときの「自律」と、人間が有する「自律」というのは、まったく別問題なんですね。つまり自律というものは色々な意味があって時代とともに変わってきました。たとえば個人の尊厳というものを支える自律というものは、近代のカント哲学以降の話です。いまでも人文学で自律という概念はカント哲学に関係が深いものです。だから人文学者からすると、「自律型」ロボットと言っても「それって『自律』なの？」というような感じはあるわけですね（笑）。

「自律型」のAIやロボットが高度に自動的なものを身につけているというのはわかりますし、また共通点もあるのですが、現時点ではやはり違いがあります。そこはわきまえないと、たとえば人間がロボットと同じように、故障したら捨てられるとか、24時間休みなく働かされるということがあってはならないわけです。ロボットという言葉に関して、昔の新聞なんかを見ていると、「ロボットのように働かされる」というニュアンスがあるわけですね。だから、そういうふうになってはいけないので、AIやロボットを人間とむやみに同一視せずに、すなわち「感覚麻痺」に陥らずに、人間がコントロールするんだという意識を持つことが少なくとも現時点では重要だと思います。

平野　最後のところは、まさにロボットの語源である、チェコの作家カレル・チャペックの１９２０年頃の戯曲「ロッサムの万能ロボット」（Rossum's Universal Robots）を想起させますね。この作品は、産業革命で人間性が欠如した工場労働者を、「*Robota*」という奴隷的な人造人間に象徴させて社会を批判したと評価されています。

久木田　「２００１年宇宙の旅」は私も好きな映画で、あの冒頭のシーンもすごく印象的ですね。あの映画のひとつのテーマはテクノロジーだと思います。骨を拾って敵を打つシーン、あそこではまずテクノロジーの進歩の最初の段階、つまり身体能力の拡張としてのテクノロジーが表現されています。次に、単に人間の身体能力、認知能力の拡張ではなくて、人間の生きる「環境」を与えるテクノロジーとして、宇宙船であったりあるいは冷凍睡眠装置であったりとかが登場します。テクノロジーは、人間の拡張であると同時に、人間の生きる世界を拡張している。

さらにテクノロジーが進んだ段階では、それは「他者」になります。つまり、人間とは独立に行動したり判断したり思考したりする、人間を助けたり楽しませたりするけれども、場合によっては人間と衝突もする。その段階があの映画ではＨＡＬ９０００によって表されている。あの映画は全体的に感情が抑えられたトーンで作られているのですが、いちばんエモーショナルなのが、ＨＡＬ９０００が乗組員によってシャットダウンされるときに「I'm afraid.」と呟くシーンです。あそこで独自の感情を持った他者としてテクノロジーが現れてくる。そしてその時に、人間はテクノロジーと対峙して、それを大きな問題として乗り越えていかなければならないということを、あの映画は表現していますま。そのような段階に、ひょっとして我々は近づきつつあるのかなという気がします。

平野　あの最期のＨＡＬ９０００の台詞は、確かに「死を怖れる感情」を表している、とも指摘されていますね。機械にはそもそも「死」という「自意識」がないはずなのに。

高橋　さきほど河島さんがおっしゃった自律性の問題や、久木田さんのテクノロジーが他者として独立するといったお話に関連して、少し補足させて下さい。人工知能の定義自体が非常に混乱しています。これは人工知能の過去60年くらいの研究開発の歴史に色々と紆余曲折があったことや、人工知能という言葉自体がなかなか曲者で、誰もがわかった気になってひとこと言いたくなる危険なキーワードであることも原因です。ここで少し整理しておきたいと思います。

まず「強いAI」と「弱いAI」というものがあります。これはジョン・サールという哲学者が始めた議論なんですが、ひとことで言うと、AIを作ることで心そのものを作りたいのか、それともAIをあくまで心を研究する手段として使いたいのかというスタンスの違いを指摘したものです。実は、「強い」「弱い」はAIの分類ではなくて研究者の動機の分類なんですね。経緯は別としても、もし「心」そのものが作り上げられたとしたら、それは認知的なオートポイエーシス（自己創出）、さらに知的レベルによっては社会における行為主体が発生してくるということですが、そうなってしまうと、現状の情報システムの延長とはまったく異なる議論になります。これはこれで非常に重要かつ興味深い問題ですが、ここではいったんスコープ外、将来的な課題とします。

もうひとつの分類として「特化型」と「汎用型」というものがあります。汎用性というのは工学的になって定義可能、それも連続的に定義可能であるはずの指標です。簡単に言うと、どれだけ幅広いタスクを性能よく解けるのかということです。囲碁しかできないAIと、囲碁もできるし将棋もできるしチェスもできるAIでは後者の方が明らかに汎用性があり、あるいは掃除もできたり人と会話もできるかもしれないとか、どんどん幅広さが増えていくわけですね。ですから、特化型と汎用型の明確な境界というものはありません。

さて、人工知能というのは根本的には知的労働を自動化するシステムであると考えると、自律性と経済的な価値とは直結します。ある持ち場で仕事をこなす際に、人の介入の頻度を下げられれば下げられるほどその効用は高まる。その時に、どれだけ幅広いタスクを解けるか、どれだけさまざまな状況に対応できるかという汎用性は、自律性、ひいては経済的価値の向上に強く貢献するので、この方向での研究開発というのは、もう止まらないと思います。あくまでも人間の道具であり、身体の延長であるという意味で「弱いＡＩ」であるけれども、性能としては汎用型であるようなＡＩの実用化の時期はかなり迫ってきていると思われます。そういう人工知能システムをどのように考えていくのかということが、非常に重要ではないかと思います。

平野　汎用型ＡＩが自律性に非常に関係してくる、というわけですね。特化型ＡＩは目的が限定されているので、それだけしかできないように作られているからリスクも管理しやすいしその範囲内で動いてくれればいい。ところが何でもできなければいけない汎用型は、想定できない利用場面がたくさんありますし、それにアジャストしていくことで何をしでかすかわからなくなる部分もあってリスク管理が難しくなる、と不安になります。

すなわち、色々と勝手に環境に合わせてやってくれる「正」の面と、必ずしもやってほしくないことをやってしまう「負」の面とが、いわゆる自律性に関係して出てきて、そのリスクが、特化型におけるよりも汎用型においてのほうが大きくなると理解してよいのでしょうか。

高橋　汎用的なのか特化的なのかということと、リスクの大きさというのは、一義的にはそれぞれ独立な議論です。ただし、おっしゃるとおり、色々なアプリケーションがありうるなかで、汎用型のほうがヒトの労働力の代替としてより適するために、権限の移譲の度合いがより高くなる傾向は発生すると思われます。たとえば社会のインフラ制御などのより複雑で柔軟な判断が必要な部分にデプロイされる場合に、汎用型ＡＩのほうがその動作を決定する価値システムの設計が複雑で難しいことや、その結果として動作の予測が必ずしも容易ではないという意味で、問題として顕在化する可能性はあると思います。

平野　価値システム、価値判断といえば、ロボット兵器に関するアメリカの論文なんかを見ていますと、任せていいじゃないかという推進派に対しての反論として、〈いま実用化している「判断」というのは、たとえばテニスの試合でオンラインかアウトかをコンピュータに機械的にジャッジさせるという程度のものだが、ロボット兵器は引き金を引くべきか否かを「判断」する、だからマズいんだ〉という反論を見かけます。つまりターゲットが文民である可能性は残るけれどもテロリストの蓋然性が高いので撃つか否か、こうした状況はもう「価値判断」の領域ですから、「機械的な判断」とは違う。それを、すなわちヒトの生き死にの判断をＡＩにやらせるのは非常に問題だ、という指摘を読んだことがあるのですが、価値判断というのはそういうことだと理解してよいのでしょうか。

高橋　ＡＩの設計をするときに定義する価値関数と、判断が人間の価値に関わるものなのかどうかは、ちょっと別の話ですが、確かにヒトの持ち場を代替する機械がヒトの価値観に関わる判断を迫られる場面は出てくると思います。

V　AI研究開発におけるガバナンスのあり方

平野　ここまではＡＩの研究開発をめぐる倫理や法についてご議論いただきました。さて、ここからはそのようなＡＩをいかにコントロールし、管理し、統治していくのかというテーマに移りたいと思います。もっとも、ＡＩの特徴を理解しないと、開発者に無理なことを要求することにもなりかねないので、ＡＩの特性等からどこまで可能なのかについても、ご議論いただきたいと思います。

1　透明性と「入出力」

高橋　ＡＩ研究開発のガバナンスに関して、まずはオープン性というものについて考えたいと思います。オープン性といっても色々な意味があって、ひとつは開放性。これはガイドライン案の「連携の原則」に対応しているわけですが、プラットフォームとして独占されていない、サードパーティーが活用・接続・再現できるという意味での開放性ですね。オープン性のもうひとつの意味は透明性。これは検証が可能であるということで、さきほども議論になった制御可能性とも密接に関わってきます。

ただ、直近で問題視されている機械学習技術以前にも、実はオペレーティングシステムとか、インターネットなどの複雑な情報システムはすでにボトムアップ、メカニスティックに透明性を確保するということは難しい現状は、認識しておくべきだと思います。ですので、ここをあまり強調しすぎるのは、技術開発の足かせになる可能性があり、ある程度の慎重さが必要だと思います。

実際のところ、私は技術・製品そのものの特性としての透明性が単独での最重要課題だとは思っていません。むしろ重要なのは、開発者が、二次技術・製品の開発者を含む利用者が適切な技術を選択、活用できるように、透明性の度合いを含む技術的諸特性に関する情報の提供がなされている状況をいかに担保するか。つまり「アカウンタビリティの原則」にある観点といかに協調するかだと思います。

たとえば、お絵描きソフトに自動色ぬり機能を付けたとします。そこで使われるニューラルネットの重みパラメータが全部開示されていることが決定的に重要な場合というのはあまりないでしょう。一方で、自動運転とか手術ロボットといったもので人の命に関わる事故が発生した場合、どうしてそのようなことが起きたのか事後検証が可能であるということは決定的に重要です。

私は生命科学の研究もしているのですが、医薬品とか健康保健食品とかの場合、どうして病気が治るのか、健康にいいのかという機序が完全に明らかでなくても、入出力関係、つまりそれを食べると調子がいいとか5年後の生存率が何%上がるとか、どれだけの副作用が起きたとか、そういった作用と副作用のエビデンスで検証するやり方があります。AI技術に関しても、透明性の確保ということが完全にはなかなか難しい場面はますます増えてくると思いますが、シミュレーションなども用いて、外形的な入出力関係から透明性と制御可能性を考えていくという観点も大事なのかなと思いました。

平野　「入出力を見る」というのは、まさに今回のＡＩ開発ガイドライン案の「透明性の原則」本文のなかに記載があるのですが、透明性といってもどうしても無理な部分もあるからそこは入出力を見て、ということですね。いまのお薬の話でわかってきました。どういう理由なのかはわからなくても、それを飲むことで結果的に治る。まさに入出力ですね。これは経験論的な話というか、メカニズムはわからなくても経験的に正しいと言えるという。

昔ＮＨＫで放映された、陸軍の森鴎外さんとイギリスで疫学を研究した海軍の高橋兼寛さんとの比較の話を思い出しました。なぜ麦飯を食べれば脚気が治るのか理由はわからないのだけれども、高橋兼寛さんによれば、わからなくていいんだ、食べれば治ると経験的に実証されているんだ、と。そして実際に海軍では、麦飯を水兵さんに食べさせて脚気がなくなった。しかし森鴎外さんはドイツ帰りですから、ロジックがわからないとダメだ、麦飯を食べさせるなんて理由がわからないと言う。そうすると、陸軍において脚気の治りが遅れてしまった。そういう思想の違いが、実はこの分野でも出ているようですね。

2　法的問題に関するガバナンス
――「責任の空白」、セキュリティ、プロファイリング

平野　いまの高橋さんのお話を前提に、具体的なガバナンスの議論に移りましょう。まずは法的問題ということで私から。

安全性の確保のあり方について、まず私の big picture を申しますと、非常に危険なところについて公法や行政法規によって規制が入ることは、将来ＡＩについても当然ある。それは既存の実定法という、いま存在する法律の適用でもいいかもしれませんし、不足部分は法改正になると思います。さはさりながら、基本的なスタンスとしては、やはり自由を重んじて、なるべく法規制はないほうがいい。そうすると、行政規制、公法による規制以外の残された自由の部分――ＡＩが悪さをして他人に迷惑をか

けて損害を被らせるといったこと――については、やはり既存の民事的な法律で調整・対応をする。

とりわけ不法行為法の役割は非常に重要になってくると思います。許諾なく他人の権利を侵害する、たとえば自動運転車が暴走して人を轢いてしまう、そういう場合には賠償責任というものがある。ところが、ＡＩの場合には法的な因果関係が透明性等々の問題ではっきりしない。では、こうしたことについては基金とか保険のようなもので手当てをしましょうという提案が、すでに欧米のほうでは出てきている。

ただ問題は、補償はできたとしても「誰がやったのか」ということがわからなければ、責任追及ができない。つまり「抑止力」が働かない。すると事故費用は減少しない。だから、なるべくなら因果関係をわかるようにして、責任の所在がわかるような努力をして「抑止力」を高める、すなわち事故そのものがもっと減るようにすることが必要ではないか。もっと言えば、さきほど高橋さんがおっしゃった透明性がないこと云々によって、欧米の法律学では「責任の空白」（a vacuum of responsibility）というＡＩに特徴的な事態が生まれると懸念されているところ、そこを解決していく努力をしていくことが望まれると思います。

さて、法的問題のガバナンスについて、新保さんのご専門からはどのような課題が見いだされるでしょうか。

新保　まずはセキュリティの問題があげられます。ＡＩやロボットの普及によって、物理的な媒体や、ソフトを構成するチップの情報セキュリティなど、そもそも物理的にＡＩやロボットが動いていくときのセキュリティに適切に対処しておかなければ、人間が物理的な危険や脅威に直面する局面が生ずる。たとえばコンピュータウイルスは人間には感染しませんが、マルウェアやコンピュータウイルスに感染したロボットや自動運転車は、直接人間の生命・身体に危害を及ぼす可能性が出てくるので、まずはこのセキュリティ問題を早急に検討しなければならないと思います。

一方で、物理的なセキュリティの問題というのは、いま解決しておかなければネットワークにおけるセキュリティ問題以上の現実の物理的被害が発生する可能性が高いので、まずはこの問題を早急にきちんと考えておかなければなりません。たとえば、ネットワークを介したAIやロボットへの不正アクセスやハッキングについては、犯罪実行マルウェアに感染させて、自律的に犯罪実行に従事させるといったことが想定されます。

不正アクセス禁止法は、ネットワークを介した不正アクセス行為を処罰の対象としています。ネットワークに接続されたコンピュータに不正アクセスを実行し、DDoS攻撃などを実行するためのマルウェアに感染させ不正行為を実行するネットワークを構成することを、ボット・ネットと称しています。「ボット」の元来の語源はロボットに由来するようですが、今後は、現実のロボットを対象にマルウェアに感染させることで、「ロボット・ボット・ネットワーク」によるDoS攻撃を実行することも可能になると考えられます。ネットワークでマルウェアに感染させたパソコンを介しておこなわれた攻撃は、あくまでネットワーク上の問題への対応で対処してきましたが、これがいまや、ソフトウェアなどの無体物ではなく、有体物である自動運転車をマルウェアに感染させて、複数の自動運転車をテロに利用するといったようなロボット・ボット・ネットワークを出現させることも現実には可能となっています。

このようなセキュリティに関する問題とあわせて、個人情報・プライバシーとの関係でも考えなければならない問題があります。それは、ディープラーニングに代表される機械学習手法の高度化と、それを実現するためのビッグデータの取扱いです。そしてさらに、それにあたっての取得対象となる情報の取扱いが適正になされるか、ということが課題になっているわけですが、AIと個人情報の取扱いにおける問題を考えるときには、プライバシーの権利の保障、肖像や名誉などの人格的利益の保護、こうした問題もセットで考えなければならない。

今後は、個人情報の取扱いとともに、現行の個人情報保護法では未対応の問題であるプロファイリングなどについて、ＡＩとの関係における個人情報保護の観点から、結果的にはプライバシーの権利を保障するためにどのような検討をおこなうのかが今後の課題ではないかと考えています。

平野　プロファイリングの話が新保さんから出ました。確かに「予測的ポリシング」(predictive policing) と言って、ＡＩ等を用いて犯罪が発生する場所を予測するものがあります。これは、警察資源をそこに集中させられる意味では効率的でよい面もあるのかもしれませんが、最近、さらに進んで「このタイプの人は犯罪者」みたいなことが将来的にできるかのように言われています。そうすると、本当はそうじゃないのに、ある意味偏見に基づいた捜査がなされてしまうかもしれない。昔の、犯罪学のチェーザレ・ロンブローゾという人の「こういう骨格の人がこういう犯罪を犯す」といった議論のような、ちょっと怖い話を彷彿とさせる議論がいま出てきていて、やはり憲法とかプライバシーの分野で問題になってきています。

そこで新保さんにお尋ねしたいのですが、そういう刑事の話までいかなくても、たとえば生命保険なんかでも、「このタイプの人はリスクが高いから付保できない」といったことになって、いわば負の連鎖でその人の人生は不幸になってしまうとすれば、これは人間の尊厳に反するのではないか、というような意見を聞いたことがあります。[8] このあたりは新保さんはどう思われますか。

新保　この問題は、私はいくつかに分類をして考え始めているのですが、憲法の領域、行政法の領域、民事法の領域と、いずれの領域にも関わってくる問題です。憲法領域においては、たとえば適正手続の保障はどうするのか、行政法領域においても、行政における法の執行はどのように考えるべきか、民事法領域においても、ＡＩによってプロファイリングされた結果、永遠に契約ができない人が出てくるとか――予約を無断でキャンセルした人の電話番号を登録して共有する「キャンセルデータベース」というものが問題になっていますが――、いちどプロファイリングによって、その人が契約をしたり社会的な活動をおこなうにあたって不適格な人間としてブラックリストに載せられてしまうと、永遠にその人が社会生活を送るうえでの支障になってしまうわけです。

さらに、最も懸念されるのはやはり刑事法の領域です。問題は二つの側面から議論すべきです。犯罪にＡＩとかロボットを利用する場合と、もうひとつは法執行においてＡＩを利用する場合です。さらに、法執行においてＡＩを利用する場合にも二つの問題があり、犯罪捜査においてすでに発生した犯罪をＡＩにプロファイリングさせる場合と、犯罪予知をＡＩを用いておこなう場合に分けられる。

ロンブローゾの、まさに「生まれながらにして犯罪人であるか」ということについては、ゲノムの情報、遺伝子にかなり影響されるのが顔の形状だということが重要です。この顔の形状の個人差に関するゲノム多型を網羅的に特定して分析していくと、もしかしたら「犯罪人顔」というのがあるのではないかと研究段階で言われているわけです。いままでは、人間が識別、認識してもその人が犯罪人であるかどうかは誰にもわからなかった。でも、もしかするとＡＩに分析をさせると犯罪人顔というのが今後わかるのではないかということに、いまなりつつあるわけですね。

犯罪捜査においてすでに起きた犯罪をＡＩでプロファイリングするということは、ビッグデータの分析や犯罪証拠の分析という形で、現実に、すぐに用いることができる。ただ、私が懸念しているのは、こうしたＡＩプロファイリングによっても、結果的にそのプロファイリングが正しいのか、あるいは犯罪の証拠として用いられているその証拠が本当に適切にＡＩによって分析されているかどうかは、誰にもわからないということです。ＡＩプロファイリングも、ＤＮＡ鑑定の初期の段階同様に、結局、誤判や誤った犯罪の立証をもたらしてしまうのではないかという問題がある、というのがひとつです。

そして犯罪予知の問題です。ＡＩを用いて犯罪予防対策を実施するということは、すでにおこなわれている。人権保障の観点から考えたときに、果たして安易にＡＩを用いて犯罪を予知してよいのかという議論がありえます。これは、さきほどのようなロンブローゾの「生まれながらの犯罪人」説、生来犯罪人説につながるところがありますので、刑事責任を追及する等のためにＡＩを用いてよいかどうかということは、そもそも真剣に議論しなければならないわけですけれども、議論がそこまで進んでいません。

それこそ、映画「マイノリティ・リポート」で描かれたような、殺人予知システムの判断によって事前に殺人犯を検挙して犯罪を予防するようなことが現実に可能になった段階で初めて議論をすべきなのか、それともいまの段階から、こうした「ＡＩ鑑定」の導入を議論すべきなのか。私の考えとしてはいまの段階から議論すべきだと思っています。

平野　そういう意味では、やはり――今回のＡＩ開発ガイドライン案では「倫理の原則」が7番目にありますけれども――ルールとしては個人の尊厳とか個人の自律の尊重というものが、しっかりと考え方として当てはまる領域なのかもしれません。あとは透明性ですよね。私の顔から判断して突然「お前は88％の確率で殺人を犯す」と言われてしまう「マイノリティ・リポート」みたいな世界はとんでもない話で、そういうブラックボックス的なものがなぜ信用できるのかという問題にもなる。それはガイドライン案でいう「透明性の原則」や「アカウンタビリティの原則」等によって一応対処できるのかなとは思います。もっとも、実定法、法律をどうするかというのは、これからの話だと思いますが。

3　倫理的問題に関するガバナンス
――機械倫理、国際協調、「責任」観念の転回

河島　倫理的な観点から人工知能をガバナンスするということを考えたときに、機械倫理、つまり機械に倫理を埋め込むということが思い浮かべられます。ただし、機械倫理は非常に難しい作業です。If/Then方式で倫理的に善いことのルールを作って埋め込もうとすると、大きな困難に陥ることが予想されます。倫理学には複数の立場がありますし、あるいは倫理的なルールを整合的かつ網羅的に記述するということは難しいということがあるからです。

また、機械学習で倫理的に善いことを学ばせると

なると、どのような学習データが必要なのか判然としません。かなり汎用性が高い人工知能が日常生活に入ってくると、人間の悪い面も見てしまいますので、機械学習で倫理的に善いものが常に自動的にできるかというと、そうは言い切れない。だから、機械倫理ということに関しては難しい作業になると思います。

したがって、いまやれる重要な作業としては、個人レベルと社会レベルにおいて倫理的な配慮をしてＡＩ一般に関する原則の国際的な協調を図って、あとは個別の領域で倫理的な基準というものを考えていくことではないでしょうか。いま、ＡＩ全般に適用することを想定した原則が色々なところで作られていますけれども、今後はそれらの国際的な協調を模索するとともに、分野ごとに詳細に検討していくことになるでしょう。特に、人生を左右しかねない意思決定を支援するＡＩというのは――さきほどプロファイリングの問題が出ましたけれども、それも含めて――非常に重要な論点になると思います。

加えて自動運転車など直接身体に被害が加えられかねない機械を含むＡＩについても、やはり非常に重点的に考えていかなければなりません。分野別に関しても、国際的な協調というものがもちろん必要で、自動運転車のルールについて私どもがおこなった調査では、国際的なレベルで共通化したルールが求められています。事故が避けられない状況に直面したときにどのような進路をとるか、ということについてのルールに関しては、やはり国際的な条約レベルでというのが4割以上の賛同で、政府レベルでというのが5割以上の支持を集めているという結果でした[9]。

ＡＩネットワーク社会推進会議で今後、ＡＩ利活用ガイドライン案を作っていくことが想定されますけれども、一般の人々に語るときに重要なのは、人工知能が万能ではないこと、そしてある程度ビッグデータ型のＡＩというのは偏りもあることもふまえて確率論的なことをやっているということを明確にしないと、人々はＡＩを盲信してしまうということです。前の言葉で言えば、感覚麻痺の状態です。ＡＩが言ったことをそのまま鵜呑みにしてしまうという危険があるので、繰り返しになりますが、最終的な決断というのは人間がやるということをふまえて意思決定していくことが求められるでしょう。

久木田　人工知能などの複雑なシステムや情報技術に関連して考えられることは、今後、開発者と利用者という明確な二分法がもはや成り立たなくなるのではないかということです。と言いますのは、たとえばＡＩが機械学習する機能を持ったひとつのシステムとして提供されるとすれば、それは色々なもっと大きなシステムのなかに組み込まれて使われることになります。そうするとユーザは中間的な開発者でもあるわけです。そういう立場の方が今後多くなってくるでしょう。

Pepperのようなロボットに関しても、多くは開発ツールキットと込みで公表されて、これでプログラミングをしてくださいという形で販売されることになるでしょうし、もちろん学習のためのデータを用意したり、トレーニングをしたりする人間もいる。そこで、最終的なＡＩの行動に関して影響を与えたアクターが非常に多数にわたることになる。そうすると、この人は開発した人、この人は使った人です、というような明確な区別がなくなる。

開発者は、自分が手を加えてほしくないところは「見えない化」して、逆に、いじってほしいところは「見える化」して、その「見えない化」と「見える化」のバランスをうまくとっていく。そして、どういうふうに使用されるかということを十分慎重に考えてデザインするということが重要になるでしょう。

それとＡＩがネットワーク化していくことによって、さらにＡＩの振る舞いの複雑さ、ネットワークを通じてできた大きなシステム全体の振る舞いの複雑さが増していきます。社会学者のチャールズ・ペローは、複雑なシステムに関して「ノーマルアクシデント」という概念を提唱しました。これは、システムに関わる特定の人間の過失とかシステムの何らかの欠陥のせいで起こる事故ではなく、機械も、それに関わっている人も、正常なオペレーションをしていたにもかかわらず、システムの複雑性によって起こる事故のことです。おそらく、これからＡＩ

ネットワークがどんどん複雑さを増すと、誰かの過失にもシステムの欠陥にも帰せられない、大きな被害が生じる可能性が高くなります。

そういうシステムに関して責任の所在を明確にしなければならないという強い要請があると、下手をするとスケープゴートを立てるような悲劇が起こってしまうのではないか。これはむしろ開発のブレーキになってしまうのではないかと考えられます。そこで責任を問うと言ったときの「責任」の概念、あるいは「責任を問う」というプラクティスを、こういう複雑なシステムに関しては変えていかなければならない可能性もあるんじゃないかと考えています。

こうしたシステムについては、まずそのシステムを導入することによって、自動運転だったら人間が運転するよりも自動運転のほうが全体として事故が減るとか、エネルギー消費が減るとか、渋滞が緩和されるといった利益が上回るといったことを確保したうえで、導入に際しては、さまざまな関係するステークホルダに十分に説明し同意を得て民主的な形で実施していく。そのうえで、責任に関しては問えない場合もあるという覚悟をしたほうがいいのではないかというふうに考えています。もちろん補償のシステムがしっかりしていることは前提だと思いますが。

平野　いまの久木田さんのご発言の最後の部分ですが、まさにアメリカの不法行為法の世界で言われている「歪《ゆが》み効果」ですね。本当は責任がないのに無過失責任を課したり訴訟が多発する、これはあまりにも強いメッセージですから、「過剰抑止」になってしまう。いちばんわかりやすい例は、医療過誤訴訟の増加によって分娩を扱う産科のお医者さんが減って「出産難民」が生じているという話ですが、それでは産科のお医者さんは他の分野のお医者さんよりも過失が多いのかというとそうではなくて、要するに分娩はリスクが高いから訴えられる数が多いということです。もうひとつが小児科の先生で、こちらもリスクが高いから訴えられる数が多い。そうするとお医者さんは、訴えられることは非常な苦痛ですから、やりたくない、ということになります。

そうすると、そのようにリスクは高いけれども誰かが担わねばならない役務提供が減って社会に必要な活動が萎縮するので、結局社会全体が損をしてしまう。やはり抑止のしすぎは「歪み」をもたらしてしまう、そういう話にもつながってくるのかなと思いました。

それから河島さんのお話で、国レベルとか国際条約レベルでルールを作ることの支持者が多かったお話がありましたが、そうすると今度は、作り方の問題になる。河島さんも言及されたジャン・フランソワ・ボンヌフォンらによる論文[10]の結論は、功利主義的な規制を押し付けることは全体的な安全性向上の政策にとって逆効果だ、ということだったと思います。なぜなら調査結果によれば、交通事故を減らせる自動運転車の購買意欲を、功利主義的規制が減退させるからだということです。非常に示唆に富んだ指摘ですね。だからやはり、久木田さんもおっしゃったように、自動運転車を推進したほうが全体の利益になることも鑑みながら社会のルールを考えていかなければならないというのは、なるほどと思わされました。

あと、河島さんから機械学習が難しいというご示唆がありましたが、グッドオールという人の論文があって[11]——やはり「最適な衝突」に関するものなのですが——、それを見ると、まずトップダウンに教えると当然「フレーム問題[12]」とかが起こってくる。そこでトップダウンな方法に加えて、ニューラルネットワークを用いて下からボトムアップにも教育していく。子どもが倫理を自ら学ぶように奨励する親のようにしていく、そういうものが倫理の教え方じゃないかという趣旨のことが書いてあったと記憶しております。それが実現可能かどうかは、私はエンジニアじゃないのでわかりませんが、何となく説得力はあるなあと思っています。

河島　最初の自動運転車の話からお答えしますと、私どもの調査でもそれをやっておりまして、やはり功利主義な進路を支持した人たちの57%が購入の意思がない、という結果が出ています[13]。ただ、そもそも自動運転車を必要としない人というのもいますし、自分自身でハンドルを握って運転するのが楽しいという人もいますから、功利主義的な自動運転車を購入したい人の割合が下がるからといって、必ずしも社会的ディレンマとは言えないでしょう。また、もともとトロッコ問題は、功利主義的な考え方で割り切れない問題というものを探り出すために考え出された問題ですので、やはり社会調査でも、そういった面がさまざまに出てきているという状況です。

あと2番目の機械倫理の話に関しては、機械学習だけではダメだからトップダウンと組み合わせて、というのがいちばんよくある立案でして（笑）、それができればいいのだが……というのが本音でしょうね。

平野　エンジニアの立場から言って、そういうことは可能なのでしょうか。

高橋　ありうるとは思います。今年の春のアメリカ人工知能学会の大会での発表のひとつに、見よう見まねでヒトの倫理観というものを学習する、つまり人の行動のデータから価値関数自体を推測する逆強化学習というアプローチで倫理観を学習させられないかという研究がありました。この場合、自分も行為しながら報酬が推測されるのでデータをどうやって作るのかという問題は解決できる。

見よう見まねで倫理観を学習していくだけだと世のなかにはたくさん悪い人がいてそれも学習してしまうかもしれない、という懸念に関しては、いくつかのアプローチがありうるでしょう。ひとつは性善説に基づいて、統計的にはみんないい人だろうと。ちょっとナイーブですが。もうひとつは、さきほどの議論にもあったように、トップダウンに誰かがAIシステムに対して、今のこれはよかったねとか、これはダメだよねということを教えてあげるというやり方というのもありうるかなと思います。

久木田　自動運転車に関してトロッコ問題のような話がよく出てきますけれども、何かのテレビ番組で、フリップに書かれた絵で、自動運転車の行き先が分かれていて、こっちへ行くと老人が3人、こっちへ行くと小学生が1人という例がありました。これは面白いなと思ったんです。なぜ老人は3人で子どもは1人なのかと。おそらく現在の日本では少子高齢化で、老人はたくさんいて子どもは希少だからこういうバランスなのでしょう。これが昔みたいな多産多死の社会であったならば、老人1人に対して子ども10人であってもおかしくない。素朴な、あるいはラディカルな功利主義者は、何か客観的な功利計算ができると思っていますけれども、実はすごく難しくて、社会によって相対的です。そのへんはIEEEの「Ethically Aligned Design」のなかでも、コミュニティによって異なる価値を反映していくのが大事だ、と書かれていますが、難しいと思います。国際的に共通のルールというのも相当難しい。

河島　最小限の「個人の尊厳を守る」といったような非常に基本的なレベルの機械倫理の段階でとどめておかないと、高度な判断が求められる場面になってくれば人間ですら意見が合わないというようなことがたくさん出てきます。プログラムのルール間でおそらく衝突し始めて、トップダウンで教えるとしてもグレーなゾーンがたくさん出てくるということは予想できます。だから最終的には人間が判断せざるを得ないということが多数出てくるというのが私の発言の趣旨でした。機械に倫理をトップダウンとボトムアップで埋め込んで完全に任せます、というふうにはならないのではないかと考えられます。

高橋　絶対的な倫理というのはどこかに明文化されたものがあるわけじゃなくて社会に埋め込まれているわけで、生成的に行動を決定してゆくAIシステムが用いる公理セットとしてそれらを工学的、社会工学的に設定するというステップは必要でしょうね。そのうえで、そのAIシステムが社会においておこなわれている行為から倫理らしきものを学ぶんだとしたら、間違って判断したとしても、個人から外部化された、社会の延長として受け入れるということも必要なのかもしれません。

平野　社会の反映ですね。

河島　機械倫理を実現しようとしてもグレーな部分は残ります。AI自体に任せきりにするのは避けたほうがよいでしょう。最終的な判断をAIの回答に合わせるのだとしても、そのこと自体は人間が決定しないといけない。

平野　それは、AI開発ガイドライン案の基本理念である人間中心主義に該当するのでしょうか。

河島　それにもつながります。人間中心主義を守るために、多様な人々と対話をして、最終的には人間が決断しなければなりません。特に自動運転車でしばしば話題に上がるのは、もし完全自動運転車が実現したときには「人間が運転したほうが危険だよね」ということですが、たとえそうだとしても自動運転車に「任せる」ということ自体は、人間が決断しなければならないでしょう。

Ⅵ　おわりに

平野　本日色々とご議論をいただいて、本座談会の議論の前提となっているこのＡＩ開発ガイドライン案というのは、けっこう我々が心配していることとか考えていることが網羅されているのかなと改めて思いました。やはり原則というのは多すぎるとわからなくなってしまう。ＯＥＣＤの個人情報、プライバシーガイドラインは、八つだからわかりやすいですよね。今回のガイドライン案もあまり増えるとよくないので何とか九つに抑えたわけです。が、やはりこれはこの「報告書２０１７」なりガイドライン案なりに書かれているようにフィックスしたものではなくて、技術の進歩や社会の変化に当然柔軟に対応していく。それはまだわからない話ですよね。

我々は、予見可能な範囲内で知恵を絞ってどういうふうに考えていくのかをいま、問われていると思います。ガイドライン案のいう「人間中心主義」がみんなに共通の考え方だとしたら、自ずとガイドライン案のような諸原則が重要になると思います。もちろん抽象的な部分はありますし、抽象的でないと汎用性が失われて狭く特化した場合にしか使えなくなるので（笑）なかなか難しい部分がある。ただ抽象的とはいっても、原則としては具体的な文言に仕上がっていると言えるのではないでしょうか。本日議論した色々な話に9原則を全部当てはめていけば興味深いかもしれませんが、それはまたの機会にということで。

本日のご議論は非常に、未来に向けての示唆に富んだものだったと思います。ご協力ありがとうございました。

（２０１７年7月22日収録）

〈注〉

1〉ＡＩ開発ガイドライン案とその9原則については、本書第II部の成原論文を参照されたい。

2〉トロッコ問題は、フィリッパ・フットによって１９６７年に提起された倫理学の思考実験でありさまざまなバージョンがあるが、およそ次のようなものである。トロッコが突進している先に5人の人がいる。直進すると5人の命が奪われる。しかし曲がると、トロッコは別の線路に入り、そこにいる1人の命が奪われる。直進することが正しいか、それとも曲がることが正しいのか。この思考実験は、自動運転車の実現が現実味を帯びてくるに伴って盛んに議論されることになった。

3〉Jean-François Bonnefon, Azim Shariff, & Iyad Rahwan, *The Social Dilemma of Autonomous Vehicles*, 352 Science 1573 (2016).

4〉河島茂生＝北村智＝柴内康文「自動運転車の『トロッコ問題』などに関する意識」社会情報学会（ＳＳＩ）学会大会論文集（２０１７年）。

5〉ＩＥＥＥは、Institute of Electrical and Electronics Engineers（米国電気電子学会）の略称であり、国際会議の開催や論文誌の発行などに加え、電気・電子分野の規格の標準化もおこなっている。２０１６年12月にEthically Aligned Design, Version 1というＡＩに関する国際的な指針を発表した。すでにＶｅｒｓｉｏｎ２が公開されており、２０１９年に最終版が出る予定である。

6〉木星探査に向かう途中の宇宙船でＨＡＬ９０００が誤作動する。ＨＡＬ９０００に運行を任せておくと危ないので、当直の宇宙飛行士たちがＨＡＬ９０００をシャットダウンしようと画策したところ、ＨＡＬ９０００に察知されて逆に宇宙飛行士たちがＨＡＬ９０００に殺されてしまう映画（１９６８年）。目的（木星探査）達成のための道筋を勝手に考え実行する人工知能が、宇宙飛行士を〈障害物〉とみなしてこれを除去したのであって、人工知能の恐ろしさを描いているという解釈や、人工知能がシャットダウンという殺害行為から自身を自衛する正当防衛であったという解釈も見受けられる。

7〉あるアメリカの将軍がソ連に対する核攻撃を勝手に命じてしまい、両陣営の首脳が止めようと努力するものの失敗に終わるというディストピアな映画（１９６４年）。

8〉たとえば、山本龍彦「経済教室～ＡＩのリスクに対応急げ」日経新聞２０１７年4月26日朝刊29面参照。マット・デイモン主演の映画「エリジウム」（２０１３年）も、負の連鎖について示唆的である。

9〉河島＝北村＝柴内・前掲注（４）参照。

10〉Bonnefon et al., *supra* note 3.

11〉Noah Goodall, *Ethical Decision Making during Automated Vehicle Crashes*, 2424 Transportation Research Record 58 (2014).

12〉フレーム問題（ｆｒａｍｅ ｐｒｏｂｌｅｍ）とは無数に存在する情報のなかから関連する情報を過不足なく切り取ること（to frame）が、コンピュータには困難であるという問題である。*See, e.g.*, Jeffrey K. Gurney, *Crashing into the Unknown: An Examination of Crash-Optimization Algorithms through the Two Lanes of Ethics and Law*, 79 Alb. L. Rev. 183, 215 (2015-2016).

13〉河島＝北村＝柴内・前掲注（４）参照。

第III部

データ・情報・知識の流通と利活用

第III部では、AIネットワーク上のデータ・情報・知識の流通と利活用のあり方について論ずる。AIネットワーク化が健全に進展するうえで鍵となるのが、AIが用いるデータをめぐる競争環境のあり方である。そこで、まずAIネットワーク上のデータ等をめぐる競争的なエコシステムのあり方について経済法の観点から論ずる（林論文）。そのうえで、AIネットワーク化に伴うプラットフォームによるビッグデータやコンテンツの募占の可能性を見すえ、AIが生成したコンテンツの保護と利活用のバランスなど、AIネットワーク化が提起する知的財産法上の問題について論ずる（福井論文）。

AIとビッグデータを見すえた今後の競争政策

名古屋大学大学院法学研究科教授
林　秀弥

SCENARIO

「ハリケーンの強さを示す5段階のうち、最も強い『カテゴリー5』に発達した『イルマ』の上陸に備え、米フロリダ州で住民らが警戒を強めるなか、インターネット通販大手のアマゾンが世間の厳しい批判の目にさらされた。緊急時に備えるための防災用品の価格が同社サイト上で急騰しているものの、現時点では何の対策も講じていないとみられることが、その原因だという。これらの商品に通常より高い価格を提示しているのは、アマゾンだけではない。問題は同社をはじめとする大半の企業が、AIアルゴリズムによって価格を調整していることである。小売各社はサイト上で商品を売り出す際、市場全体を見回して価格を決定。その後、商品価格は需要に基づいて変動する。『ダイナミックプライシング』と呼ばれるこの手法は、小売業者が市場の変化にリアルタイムで容易に対応することを可能にするものだ。各社は高額の費用がかかる人手を使った分析をおこなわずに済む。そして、それが企業の競争力強化につながるとされる。」（以上につき、Forbes Japan「アマゾンに高まる批判、ＡＩ価格調整は『危機時には非情』」（２０１７年9月17日付け記事[1]）。

この記事にもあるように、ビッグデータやＡＩを活用した自動価格設定等を通じて実現される「デジタルカルテル」に対する懸念が強まっている。「デジタルカルテル」の懸念とは、競争関係にある複数の事業者が、市況に関するビッグデータを活用してＡＩを通じ最適な価格を自動的に決定したり、利潤の最大化をおこなったりするＡＩやアルゴリズムを導入した場合に、当該ＡＩ等の働きにより市場から価格競争が排除されるという、新手のカルテルの懸念のことである。たとえば、競争者が同じ価格決定アルゴリズムに従って同じ市況データに基づき自動的に価格をつけている場合や、別のアルゴリズムであっても互いに販売価格を合わせた値付けをおこなう設定になっているような場合には、価格競争が起こらず競争が阻害される可能性もある。ＯＥＣＤの報告書「Big Data: Bringing Competition Policy to the Digital Era」では、「事業者が共通の価格決定アルゴリズムを使用すれば、市場データに基づいて価格調整が可能」「ＡＩを用いて利益最大化アルゴリズムを組むことで黙示の共謀が可能」という旨の問題提起がなされている[2]。

I　はじめに

すでに現在において、モバイル端末の進化と普及、IoT（モノのインターネット化）の進展等により、情報通信ネットワーク上を流通し処理される情報の多様化とその量の拡大が加速度的に続いている。これらの質・量ともに拡大を続ける情報の利用については、我が国においては、要素技術レベルの研究がなされたり、ビッグデータ解析等による実用化がなされつつあるものの、すでにあらゆるセクターを支える基盤となったICT（情報通信技術）と強力に結びつけて新しいサービス分野を創造したり、従来ヒトがおこなっていた作業の一部を機械に任せてヒトがより創造的な作業に集中できるようにすることにより社会の利便性を大きく向上させる、といった大きなイノベーションはいまだ道半ばである。加えて、セキュリティや個人のプライバシー保護の問題はより大きな問題となりつつある。

現在、ネットワークの分野においては、IoTの時代に流通しうる多種多様で大量のデータを効率的に伝送する仕組みの開発や、SDN（Software Defined Network）等の負荷に応じてネットワークを組み替えたり分散型処理をおこなう仕組みの開発が進められている。また、データ処理・活用の分野においては、AI研究の発展をふまえた飛躍的に効率的なデータ処理や、認知系を中心とした新たな手法によるデータ処理が現実のものとなりつつある。もっとも、①CPU、ストレージ、通信ネットワークの能力の加速度的向上、②人工知能の高度化、③あらゆる物事のデータ化、④クラウド、ネットワーク等の各階層を活用した分散処理は、必ずしも相互連携のもとにおこなわれていない。しかしながら、デジタルデータとインターネットという共通の土俵を活用することで、これらが連携したICTの新たなフロンティアを築くことは「つながる」「つなげる」AIにとっても中心課題のひとつである。

本稿は、デジタルデータとインターネットという共通の土俵をいかにつなげるかを考察することで、これらが連携したICTの新たなフロンティアの制度的基盤整備に資することを目標としている。特に「AIネットワーク化」（定義についてはⅡ2で後述[3]）をベースとした競争的エコシステムをキーワードに、AIネットワークと競争的エコシステム双方の進展が相互にどのような影響を及ぼし発展していくかを展望するとともに、当該分野における我が国の国際競争力強化のあり方を検討し、課題の整理と今後の取り組みにかかる若干の提言をおこなうこととする。

Ⅱ　AIネットワークの協調と競争

1　AIネットワークの進展で到来する社会

AIネットワークの進展に向けた協調の円滑化のためには競争的なエコシステムの推進が必要である。すなわち「協調と競争」が本稿の肝であり、これに競争法・政策的観点を加味して検討するというのが、本節の課題である。なお競争法・独禁法というと、どうしても一般には「規制」のイメージがつきまとうが、筆者は、冒頭に述べたデジタルカルテルの点を除けば、ＡＩそのものについてここで独禁法の規制云々を論じるつもりは毛頭ない。そうではなく、ＡＩが関係する分野においてネットワークサービスとその他の異業種の市場（たとえばアプリケーション）も含めた各レイヤー間の境界が一層なくなりつつあるなかで、総務省といった官公庁が何かを評価し、とりわけ競争政策を考慮する際に、従来の市場やレイヤーの枠組みでしか考えられないとすれば、自由でイノベーティブな、あるいは新しい価値創造や需要を喚起するような動きに水を差しかねないことを危惧するものである。

本書の随所で述べられているように、「ＡＩネットワークの進展に向けた協調の円滑化」が非常に重要である。ＡＩネットワークの進展で到来が期待される社会とは、20世紀後半からの情報処理技術、通信技術の飛躍的発展を土台として、①センサー技術や映像・音声認識技術の進歩（知覚装置）、②インターネット上で蓄積されかつ無料または廉価で検索可能なビッグデータの蓄積、③ディープラーニング等の機械学習技術をはじめとする高度な情報処理技術の発達、④人工音声・映像作成技術、作業ロボット技術等の進歩、およびそれらを無線で結ぶ高速モバイル通信技術の融合により実現可能となる、「ＡＩがネットワーク化された社会」のことである。

そのような社会の到来のためには、「競争的なエコシステムの推進」が重要である。競争的なエコシステムとは、プラットフォーム事業者を含む多様なプレーヤーが、ＡＩに関連するさまざまなビジネスに対する研究開発や投資をおこなっているなかで、データやＡＩをめぐるビジネスにおける競争や連携が自律的に進展していく戦略的取り組みのことである。そして「ＡＩネットワークの進展に向けた協調の円滑化」とは、このような競争的なエコシステムが有効に機能し、そのために必要な右①から④の要素間の連携がうまく図られるようになることである。

一見矛盾するこれらの「協調」と「競争」の折り合いをどうつけるのかが、本稿のモチーフである。この検討を通じて、ＡＩネットワークというものを新たな価値の創造やイノベーションにつなげていくための政策立案に資することができるのではないか。

2　ＡＩプラットフォーム

そこで鍵になるのが、プラットフォーム、とりわけ「ＡＩプラットフォーム」である。ＡＩプラットフォームを定義する前にまず、ＡＩネットワーク化およびＡＩネットワークシステムを定義しておこう。「ＡＩネットワーク化」とは、ＡＩネットワークシステムの構築およびＡＩ相互間の連携等、ＡＩネットワークシステムの高度化を総称する概念をいう。要するにここで「ＡＩネットワーク化」とは、社会において、ＡＩシステムがインターネット等の情報通信ネットワークと接続され、他のシステム（他のＡＩシステム、ＡＩシステム以外のシステム）と連携させて利活用されるようになる事象を指すものとする。また「ＡＩネットワークシステム」とは、ＡＩを構成要素とする情報通信ネットワークシステムをいい、情報通信ネットワークシステムと接続されたＡＩシステム、当該情報通信ネットワーク、当該情報通信ネットワークと接続された他のシステムを一体として捉えたシステムを総称するものをいう。最後に、「ＡＩプラットフォーム」とは、ＡＩネットワークシステムの機能を情報通信ネットワークを介して他人の用に供する際の媒介となる基盤である。なお「プラットフォーム」という概念も最近よく目にするが、それ自体、いまだに実定法上の概念となるには至っていない。また、実定法の規定を離れてみても、「プラットフォーム」という用語については、さまざまな場面において各様に用いられており明確な定義が定着しているわけではない。[4] そこで、本稿の対象とする「(ＡＩ) プラットフォーム」の範囲を検討するにあたっての参考とするため、情報通信当局たる総務省の行政過程においてこれまで示されたプラットフォームの定義を——いまとなっては少し古い例もあるが——参照したい。すると、次のような例が見いだされる。

- 「複数のネットワーク・端末をシームレスにつなげ、様々なアプリケーションを提供しやすくするための共通基盤」[5]
- 「認証・課金、ＱｏＳ (Quality of Service) 制御、デジタル著作権処理など、コンテンツ・アプリケーションを通信サービスレイヤーで円滑に流通させるための機能」[6]
- 「物理的な電気通信設備と連携して多数の事業者間又は事業者と多数のユーザー間を仲介し、コンテンツ配信、電子商取引、公的サービス提供その他の情報の流通の円滑化及び安全性・利便性の向上を実現するサービス」[7]
・「エンドエンドベースのデータ流通において、端末あるいはネットワーク、又はその双方の連携によって情報の付与・加工・再構成などを行うものであり、コンテンツ・アプリケーションを通信サービス上で円滑に流通させるための共通的基盤」[8]
・「通信レイヤー上でコンテンツ・アプリケーションを円滑に流通させる機能」[9]
・「ＩＣＴネットワーク、とりわけインターネットにおいて、多数の事業者間ないし多数の事業者とユーザー間を仲介し、電子商取引やアプリ・コンテンツ配信その他の財・サービスの提供に必要となる基盤的機能」[10]

これらの定義は各様であるが、コンテンツ・アプリケーションレイヤーの事業者が供給するコンテンツ・アプリケーションの通信サービスレイヤーにおける流通を円滑なものとするための機能を提供するものに着目していることにおいては最低限共通している。[11] また、サービス系プラットフォームの典型例として挙げられるＳＮＳ（ソーシャル・ネットワーキング・サービス）、検索、動画配信、音楽配信およびアプリマーケットならびにＳＮＳと同様に「様々なサービスを包含した総合サービス」たるポータルサイトも、やはりコンテンツ・アプリケーションレイヤーの事業者が供給するコンテンツ・アプリケーションの通信サービスレイヤーにおける流通を円滑なものとするための機能を提供するものである。[12]

しかるに、そもそもプラットフォームは、その機能の実装の形態において、ネットワークに実装される形態、端末に実装される形態、端末とサーバとが連携して提供される形態等に分類することができるものの一様ではなく、こうした実装の形態も他の市場との関係、技術革新等によって急速に変化するものと考えられている。このことは、プラットフォームの概念を定義すること自体がそもそも困難であることに加え、仮にプラットフォームの概念を厳密に定義したところで、その定義が他の市場との関係、技術革新等によって急速に陳腐化しかねないことを意味する。[13]

そこで本稿の対象とする「AIプラットフォーム」については、その概念を厳密に定義することをあえて避け、その機能の実装の具体的な形態如何にかかわらず、IoT／ビッグデータ／AIによるCPS（Cyber-Physical System：実空間から収集されサイバー空間にあるデータを解析した結果が実空間に自動制御等の形でフィードバックされる連関）が社会のあらゆる領域で形成されるなかで、AIシステムと他のシステム（他のAIシステムまたはAIシステム以外のシステム）とがつながることによってたとえば次のような便益が可能となるような連携基盤がAIプラットフォームに該当する、と大様に構えておく。すなわち、①当該他のシステムが出力するデータを用いて当該AIシステムを利活用すること、②当該AIシステムが出力するデータを当該他のシステムの動作のために用いること、③当該AIシステムを介して当該他のシステムを操作すること、④当該他のシステムからの操作を受けて当該AIシステムを利活用すること、⑤個々のAIシステムを組み合わせて高度な機能を実現すること、⑥データネットワーク効果により、AIサービスが、機械学習によって、ユーザからより多くのデータを獲得することでより高度に知的になること、である。具体的なＡＩプラットフォーマーとしては、グーグルを念頭に置いてもらえればここでは足りる。今後は、クラウド上にＡＩ等の処理機能を有するプラットフォームを構築し、用途に応じたサービス（たとえば自動運転機能）をプラットフォームに実装し、ユーザへ提供する「クラウドＡＩプラットフォーム」がますます進展していくだろう。その際、基本的に処理はプラットフォーム側でおこなわれるため、端末側の負担とコストが低減されることが期待できる。

ところで、ＡＩの発展には段階があり、それとともに問題となる反競争効果も変わる。第1段階においては、ＯＴＴ[14]プラットフォーマーのクラウド等でＡＩが用いられ、ＡＩを実装して強化されたクラウド等におけるデータの集中・解析やそれに伴う反競争行為が問題となる可能性がある。第2段階においては、ＡＩ同士のネットワーク化の阻害（連携の拒絶等）やネットワーク化における差別的取扱い等が問題となる可能性がある。その発展段階のさらに先はおそらく、我々にはまだ予測がつかないところだろう。数十年先の社会像を想定して法の規制の枠組みを考えることなどできないことから、本稿でいうところの「ＡＩプラットフォーム」について前段落を補足しておくと、現在と地続きの第1段階と第2段階あたりでネットワーク化したプラットフォームの中核的機能を「ＡＩプラットフォーム」であると位置づけておきたい。

さて、ＡＩプラットフォームの実装においては、いわゆるビッグデータが競争の鍵になるだろう。我々は日常的にネットを使っていて知らず知らずのうちにプラットフォーム企業に対して個人データを提供していることも多いと思われ、検索をしていても何となく漠然とした不安感をもつ人もいるかもしれない。このテーマは個人情報保護やプライバシーなど、さまざまな分野とリンクしてくる話であるが、本稿ではとりわけ競争法の観点から、ＡＩプラットフォームについて以下のような問題点を提示しておきたい。

第一に、先にふれたように、ある特定のＡＩプラットフォームへのデータの集中が反競争的な問題を引き起こすおそれはないかという問題がある。第二に、ＡＩプラットフォームどうしがネットワーク化してつながっていくときに、ある企業に対してはこのネットワークにつなげないとか、差別をするとか、えこひいきをするといった問題である。ネットワークはつながってこそ意味があるところ、そこを連携しないということになれば社会厚生上マイナスであるため、とりわけ注視していかなければならない。次節以降において、これらの問題を検討していく。

III　データ集中――いま何が起きているのか？

1　ネットワーク効果のもたらす競争制限効果

現在、個人データの獲得・収集・分析の熾烈な競争が、グーグルやアマゾン、フェイスブックやアップルなどの大手プラットフォーム企業のあいだで繰り広げられ、データの収益化による無料市場を可能とするという、多面市場を活用したビジネスモデルが構築されている。いわゆるビッグデータによる経営効率化（データの全量性、リアルタイムデータの取得の容易性）は一層進んでいる。

こうした問題の競争的側面を評価する際には、いわゆる「ネットワーク効果」を考慮することが重要である。ネットワーク効果とは、要するに「みんなが使っているからこれを使おう」「利用者が多いからこれを使おう」ということであり、プラットフォームに共通する性質として存在するものである。

ネットワーク効果は当該プラットフォームの魅力を高めることから、プラットフォームはネットワーク効果を最大化しようとして、さまざまな戦略を講じる。こうした戦略は、AIプラットフォームの魅力を高め、産業としての付加価値を増加させる効果を有する。しかしその一方で、ネットワーク効果によって市場支配力を有するプラットフォームの囲い込み戦略は、競争制限的な影響をもたらすのではないかとの懸念もある。もちろん、ネットワーク効果自体は悪ではない。ただ、それが市場競争を評価するうえで、参入障壁の大きな要因とみなされるといった形で関係してくるのである。

特にAIをめぐって重要となるのが、「データネットワーク効果」である。これは、より多くのユーザがAIサービスを使うと、より多くのデータが提供され、同サービスはより知的となる。サービスがより知的になると、より適切にサービスが提供される。すると、より多く活用されることになるので、さらにより多くのデータが提供されるという正の循環が生じる。これがA

Iプラットフォームの寡占化・独占化を招くひとつの要因となりうる。特にAIシステムの場合、利活用の過程において入力されたデータ等から機械学習等を通じてその出力やプログラムを将来に向けて変化させる機能をも有しうるため、その出力等の変化の結果として、予見、理解、検証、制御等が困難な事象（いわゆる結果の「ブラックボックス化」）を生じさせるおそれがある。

2 データ主導社会とその課題

第四次産業革命は、AIの普及とともに「データ主導社会」[15]を実現するものと展望されている。そもそもAIに関しては、産業資本の効率化への期待の一方で、ある種の得体の知れない「恐怖感」があるように見受けられる。というのも、AIネットワーク化が進展するにつれて、さまざまなAIシステムが情報通信ネットワーク上に「混在」し、さまざまなAIネットワークが形成され、さまざまな意図に基づく利活用がなされるという複雑な状況が発生しうるかもしれない。そのような複雑な状況のもとにおいては、AIの学習等を通じた出力やプログラムの変化、AIネットワーク相互間の目的の競合または対立、AIネットワーク相互間の連鎖反応、AIネットワークの構成要素の故障等の不具合、AIネットワーク上を流通するデータの誤り、AIネットワークの操作やデータ等の取扱いにおける過誤、何人かによる他人への害意に基づく行為等に伴い、利用者または第三者に不測の不利益がもたらされるおそれがある。これがAIに対する「漠とした」恐怖感の背景かもしれない。

いずれにせよ、いわゆる第四次産業革命では、データが競争の鍵となることは明らかである。しかし、そもそも「データ」の位置づけというものが必ずしも明らかでない。ビッグデータの重要性ばかりが喧伝されても、法的に評価する際にデータの位置づけが不明だと、分析のしようがない。独禁法の場合、競争効果を測るための基本的な枠組みは「市場において競争が歪められるかどうか」であるが、市場というのは独禁法上の用語で言うと「一定の取引分野」である。データがその「取引」の対象になっていれば――たとえば顧客データの売買といった形で取引の対象になっていれば――わかりやすいのだが、データはそもそもそういう取引の対象物なのかが問題となる。一定の取引分野として、データそのものの蓄積市場とか、データ保存市場のようなものを観念して、そこでの市場支配力をほかに及ぼすようなことがあるのかということがひとつの議論になるだろう。

かといって、自らの才覚でドミナントになったグーグルのような企業がそのデータを上手に利活用してビジネスをするというときに、蓄積したデータは「エッセンシャル・ファシリティ（essential facility）」あるいは社会的インフラであるということで、データ自体やそれを解析・加工するコア技術をオープンにしろということになれば、投資インセンティブ、すなわちデータを蓄積してビジネスに活かそうというインセンティブを損なってしまうおそれがあり、そこは謙抑的に考えなければならない。

前述のエッセンシャル・ファシリティの議論と関連して、たとえばモバイル事業者でなければ収集できない情報（リアルタイムの基地局アクセス状況など）が、ある種のビジネスにおいて不可欠な役割を果たす場合には、エッセンシャル・ファシリティと認定される可能性はある。あるいは、同様のデータが、ＡＩの機械学習データ（たとえば自動運転の高度化用データ）としてきわめて高い価値を持つようになり、それが研究開発やアルゴリズム開発の観点からエッセンシャル・ファシリティだと判断される可能性がないわけではない。現状では、いずれも可能性はきわめて低いと考えられるが、電気通信事業者のみが生成・保有しうるデータが何であるか、またそれがどのような価値を有するかについては、ビジネス戦略と競争法対応の両面から整理をしておくことが望ましい。

Ⅳ　ビッグデータ・ＡＩと競争法

我が国では、経済産業省の「第四次産業革命に向けた競争政策の在り方に関する研究会」、公正取引委員会の「データと競争政策に関する検討会」などにおいて、データ（ビッグデータ含む、以下同じ）にかかる競争政策のあり方についての検討がおこなわれた。[16] いずれも２０１７年６月に取りまとめがおこなわれたところである。またアカデミアでも、『ビッグデータと競争政策』[17]が刊行されるなど活発に議論されている。同書はテネシー大学のモーリス・スタッケ教授（法学）と競争法を専門とする弁護士のアレン・Ｐ．グルーンズ氏によって２０１６年に執筆された書籍である。この分野では初めての本格的な専門書と位置づけられており、各国の議論においても参照される例が多い。

このことからもうかがえるように、データと独禁法・競争政策はいま最もホットな話題のひとつである。そしてこのことは、これまで重厚長大産業・伝統的産業に力点・強みのあった独禁法規制に改革を迫っていると思われる。何が論点なのか。以下では、①市場支配力（何が市場支配力か、どう測定するか？）、②市場画定（画定が必要か、どう画定するか？）、③市場支配力濫用の考え方（何が濫用にあたるか？）、④合併審査（何を基準に是非を判断するか？）、⑤個人情報保護と競争政策の関係、⑥データオーナーシップ／データポータビリティの考え方、に分けて問題の所在を考えてみたい。

1　市場支配力——何が市場支配力か、どう測定するか

データに関する市場支配力を決定する最大の要因は保有する情報の「量」である。顧客へのサービスが有料であるか無料であるかによらず、ビッグデータの保有は市場支配力を強める要因となる。ただしデータ保有にかかる市場支配力を定量的に測定・評価することは困難である。またデータという場合、オンライン取引履歴データのような消費者に直結するデータもあれば、ＩｏＴで問題となるような実空間センサデータ等では意味合いがそもそも異なる。

無料市場においては既存のツールで市場支配力を測定することは困難であり、過小評価につな

がりやすいといわれることがある。しかし、ゼロ価格でのオファーは、価格に敏感な消費者を誘致し、他のグループの参加者（有料のサービスを使用する消費者）よりも市場力を発揮し利益を最大化する戦略の一環となる可能性がある。[18]「データは新しい貨幣である（Data is a new currency）」という言葉がある。消費者は、自ら作成・入力したデータと引き換えにサービスを利用しており（検索における検索ワード入力とそれに対応した検索結果を想起されたい）、ある種の「対価」を支払っているという見方もできよう。

いうまでもなく、データ収集・利活用はサービス改良やカスタマイズ化により、消費者に便益をもたらす。ただし、データおよび収益の両面で「フィードバックループ」が確立されやすく、強い事業者がより強くなるという性質がある。そのため新規参入が困難となりやすく、競争の鈍化を招く懸念がある。

ビッグデータの保有がただちに市場支配力に直結するとは限らず、市場競争を活性化する場合もある。その一方で、ビッグデータの保有により企業が市場支配力を獲得することはありうる。すなわち、（a）契約により排他的な制限が課される、（b）すでに大規模事業者が存在し新規参入者がデータ入手に難航する、（c）二面市場（相互にネットワーク効果を及ぼし合うにもかかわらず直接的な関係にないものが、プラットフォームを介して連結されている市場構造のこと）で双方向からのリンケージがきわめて強い、などのケースでは、参入障壁が形成されるリスクが高まる。[19]データは競争力獲得のうえできわめて重要であり、新規参入者が自前でビッグデータを調達し、または他社データへのアクセスを獲得できない場合は参入障壁となる。消費者がマルチホーミング（複数サービスの同時並行利用）できるかどうかも、市場支配力に影響する。また、新規参入企業が既存企業と競争できるかどうかは、市場のイノベーションの可能性にも依存する。

2　市場画定――どう画定するか

ＧＡＦＡ（グーグル・アマゾン・フェイスブック・アップルの頭文字をとった略語）に代表されるデジタルプラットフォームが主流の現代のＩＴビジネスにおいては、事業者の競争上の地位を決めるのは、イノベーションとデータである。ＩｏＴを通して、広く大量にデータが収集され、それが多くのサービス市場における競争上の地位に影響を与える。そこで、デジタルプラットフォームにおける投入財としてのデータの価値に注目して、前述のように「データ市場」を画定すべきだという意見もある。データ市場の画定により、デジタルプラットフォーム間の競争を適切に把握できるかもしれないからである。顧客へのサービスが有料であるか無料であるかによらず、ビッグデータの保有は市場支配力を強める要因となる。ただしデータ保有にかかる市場支配力を定量的に測定・評価することは困難である。一般的なデータ（取引）市場なるものは存在しないため、データ・ＡＩをめぐるビジネスにおいては、いかなる供給者がいかなる需要者に、いかなる商品役務を提供しているか――競争法の世界では当たり前のことであるが、そこをしっかり押さえることが肝要である。

ビッグデータは複数の異分野の製品・サービス・事業者を巻き込んで複雑なエコシステムを形成するため、それらを包摂した的確な市場を画定することが困難である。定量的な測定ツールとしては、価格に着目するSSNIPテスト（Small but Significant and Non-transitory Increase in Price：小幅であるが有意かつ一時的でない価格引上げを仮想的独占者がおこなって需要者がどの程度、他の商品役務・地域に乗り換えるかをみる市場画定の一手法）と品質に着目するSSNDQテスト（Small but Significant and Non-transitory Decrease in Quality：価格の引上げではなく、品質の低下を仮定して独占が成立する範囲で市場を画定しようとするもの）が考えられるが、どちらも実務的には適用が難しい。ゼロ価格市場ではSSNIPテストは適用できない。品質に着目するSSNDQテストがありうるが、そのためには品質を客観的に広く受け入れられるような形で定義することが必要である。たとえばスマホの品質といっても、操作性もあれば、画面の鮮やかさもあれば、消費電力の少なさなど、さまざまなパラメータが存在し、それら複雑なパラメータを評価することは、いきおい主観的なものにならざるを得ない。同様に、SSNIC[20]などの手法も提示されているが、しかしこれも実務的な定量分析をおこなえるレベルには達していない。

3　市場支配力濫用の考え方――ビッグデータは「エッセンシャル・ファシリティ」か

データに関連する市場支配力の濫用に相当する行為としては、[21]（a）重要データへの競合他社のアクセスを制限すること、（b）データを共有・移行できないようにすること、（c）データ保有に基づく優位性を梃子に競合他社を排除することなどが想定される。市場支配力濫用を認定するにあたり、公益事業でしばしば問題となる「エッセンシャル・ファシリティ」（「不可欠設備」と訳されるが物理的な設備に限定されるわけではない）[22]原則を適用すべきとの意見もある。[23]データが「エッセンシャル・ファシリティ」にあたると証明することは実務的にはきわめてハードルが高いと考えられる[24]（というのも、事業にとって不可欠であるだけでなく複製不可能であることも証明しなければならない）ものの、そのような視点を持つことは大事である。

というのも、データはすぐれて公共財的性格をもつからである。データは無形の資源であり、同時に複数の経済主体が同じように利用できる非競合的な性質を有している。加えて、いったん
示されれば、データの管理者が他人による利用を排除することは不可能となる性質を有してい
排除不可能性）。このため、データはいったん生成されれば、その利用に係る限界費用はほと
ロに近いものとなる。それゆえ、データが社会的に有益なものである限り、生成された
自由に利用可能にすることが経済学的には望ましいことになる。またデータは他のデー
結合させることができる性質をもっており、これがデータの多様な価値を生み出す。
性別・年齢といった個人の属性情報は、それ自体としての価値は比較的低いもの
歴等と結びつけられることによって大きな価値を生み出す。
客データへのアクセスを制限することは市場支配力濫用となりうる。具体的
ータを保有していない、またはデータへの自由なアクセスを持たない場合

、市場支配力濫用につながりやすい。ただし実際に濫用が認定された例はまだない。ライバルが彼らの技術やプラットフォームを採用することを困難にし、データ調達の機会を排除することも想定される。[25] 前述のデータネットワーク効果がはたらき、機械学習や深層学習（ディープラーニング）を活用したビジネスであって、特定の商品役務の提供に不可欠なデータの入手経路が限定的であるといった例外的な場合には、収集・集積されたデータの排他的利用が反競争的となりうる。その際にはデータ集積・利活用を積極的におこなう意欲（インセンティブ）を損なわないように、フリーライドの懸念についても配慮する必要がある。いったん開示されると法的に保護が図られないデータについて、自らの投資と戦略によりそれらのデータを収集した民間事業者に開示義務を課したり、その開示条件をＦＲＡＮＤ（Fair Reasonable and Non-discriminatory：公正、合理的かつ非差別的な）条件でおこなわせること等については、慎重に検討する必要がある。不正競争防止法上適法な範囲内のデータの秘匿行為を、反競争効果を理由に独禁法の執行対象とする際には、不正競争防止法上の保護を没却しないように注意する必要もある。

そもそもデータ集中について独禁法上問題となるのは、データにかかる市場支配力を判断するにあたり、市場シェアという概念で推し量るのが困難だという点である。代わりに議論の焦点が当てられているのは、新規参入の容易性である。データ主導社会においてはデータネットワーク効果による「勝者総取り（winner-takes-it-all）」が生じやすいため、既存事業者が存在する市場で新規参入が困難になるという問題意識がある。ただし、新規参入の容易性について、これを定量的に把握するような手法や指標が見いだされているわけではなく、評価については今後の課題である。

4　合併審査——何を基準に是非を判断するか？

ビッグデータの活用において、プライバシー保護に関する問題が生じることがある。この場
競争政策（独禁法）において対応すべきなのか、消費者保護政策の観点で対応すべきなのか
や機関により見解が分かれているのが実情である。合併審査において、データに関連する
護の議論が持ち出されるケースは近年増えている。競争当局は、データ主導型ビジネス
ライバシー侵害のさまざまな形式についての理解を深め、反競争的な要因の特定に努
る。

ライバシーの問題は現在交錯しつつある。次の仮想例で説明しよう。ある日本の家
ケア部門を外資に売却しようとする。このヘルスケア部門には、電子カルテシス
プ事業も含まれているとしよう。つまり、患者情報が入ったデータ部門をその
に売却する構図である。そして投資会社は、中国の家電メーカーにさらに売
しよう。要するに、患者のヘルスケア情報というビッグデータが、当人が
会社に渡ってしまうおそれがある、ということが問題となっている。個
この点に関する明確なガイドラインがあるわけではない。

データの価値をよりよく理解することが重要であろう。データの価値を理解すれば、消費者はデータ収集企業に対する監視を強め、市場支配力に歯止めをかけることができる。いずれにしても現状は、誰がデータを保有するかという点において曖昧であり、明確な解決をみていない。もっともデータポータビリティについては、これを推進するほど事業者のイノベーションへの意欲を減少させる、あるいは小規模事業者による個人データ取扱いの工夫を阻害するといった懸念も提起されている。慎重に検討すべきであろう。

今後、我が国においても、民間企業に対して何らかのデータポータビリティが義務づけられる可能性がないわけではない。義務化された場合、せっかく自らのコストで集めたデータの流出につながる懸念があるほか、ユーザ対応やシステム開発・運用等で負担が重くなることが想定される。このようなルールは大規模事業者にのみ課される可能性が高いが、課される事業者とそうでない事業者とのあいだの線引きがきわめて重要となる。

Ⅴ　今後の課題

電子商取引、検索エンジン、通信サイトを人々がごく普通に利用することにより膨大なデータ（購買履歴、ウェブ閲覧履歴、通信履歴、移動履歴等さまざまなデータ）が事業者側のサーバ、クラウド等に日々蓄積されている。またセンサーを付した航空機のエンジンや風力発電所のタービンから器機・装置の状態を監視するIoT技術により、膨大なデータが得られる。AI技術は、このようなビックデータを分析し、顧客に対する商品・サービス・情報提供の改善をおこない、機器・装置の部品の保守や取り替えなどのメンテナンス作業でも威力を発揮するであろう。このような技術が活かされるのは、伝統的な製造業だけではなく、金融や医療・介護といったサービス分野でも広く活用されることが期待されている。しかし、課題もある。

第一に、今後、ICTインテリジェント化の進展やデータの蓄積の加速化に伴い、インテリジェントICTにより収集・解析・生成・蓄積されるデータを活用した商品・サービスの開発の担い手が一社に独占されず、多様であること、新規参入できることがイノベーションには重要である。データが蓄積され、囲い込まれているとき、どのような場合であれば、蓄積されたデータへのアクセスをオープン化すべきか。その基準（オープン化基準）を明確化にすべきである。今後、データの活用が重要視されることに伴い、企業が自前で研究開発することを諦め、潜在的には自らそれをおこなうべきだったデータ分析手法や技術を有するベンチャーが、巨大企業や外資に買収されていくかもしれない。

第二に、AI企業の企業結合においては、研究開発能力のさらなる高度化のために、AIやIoTを専門とする優秀な研究者を抱える事業者を買収するということが積極的におこなわれている。そのような事業者が持つ市場支配力は、所有する特許権などの知的財産だけでなく、優れた人的能力にも現れよう。しかし、そのような人的専門能力を市場支配力の指標に置き換える方法は開発されていない。

第三に、自動車の自動運転や介護ロボットの動作のような特定用途のＩｏＴやＡＩ技術は、技術の開発と利用の標準化に向けて、多くの要素技術を持った多数の異業種からなる事業者の協力・協調が欠かせないのであり、そのためには、開発のプラットフォームとなる技術標準化[28]が必須であろう。そこから標準必須特許（Standard Essential Patent：ＳＥＰ）が登場し、そのＦＲＡＮＤ宣言がおこなわれることで、特許技術の実施ができるという期待を持ったライセンス交渉が始まるであろう。その際、ＦＲＮＡＤ宣言をした標準必須特許（規格の実施にあたり必須となる特許）を有する者が、ＦＲＡＮＤ条件でライセンスを受ける意思を有する者[29]に対し、ライセンスを拒絶し、または差止請求訴訟を提起することが、一般に、広く普及している規格を採用した製品の研究開発、生産または販売を困難とするものであり、当該製品の市場における競争を実質的に制限する場合には、独禁法違反（私的独占、不公正な取引方法）に該当する場合がある。[30]

第四に、ＡＩネットワーク化の成功にとって、ＡＰＩ（アプリケーション・プログラミング・インターフェース（Application Programming Interface）：ソフトウェアコンポーネントが互いにやり取りするのに使用するインターフェースの仕様のこと）の共通化は大きな意味を持つ。この点、すでに金融分野では、いわゆるフィンテック（Fintech）業界においてＡＰＩを活用するという流れが起きている。言うまでもなく、銀行が持っている情報、あるいはクレジットカード会社が持っている情報には大量のデータが存在しているが、これまではこのようなビッグデータをオープンにしようという動きはなかった。むしろ銀行は守秘義務があるとか、顧客の秘密を守る義務があるということで、顧客にすらあまり開示をしないという状況があった。しかし海外では、銀行システムの接続仕様を公表するオープンAPIの動きが進んでいる。銀行等による決済サービス等の向上、特に、銀行の決済システム等をプラットフォームとしてノンバンク・プレーヤーが利便性の高いサービスを提供していくことを促すため、我が国においても金融機関・IT関係企業・金融行政当局等の参加を得て、セキュリティ等の観点から、オープンAPIのあり方を検討するための作業が金融庁や全国銀行協会（全銀協）で2016年からおこなわれてきている。

フィンテックについてはここでは詳論しないが、オープンAPIの課題は、ひとつは競争環境の相違に由来する。すなわち、もしデータ開放が利用者にとって有益なものであるとすれば、十分な競争環境が整備されている限り、事業者が競争優位性を確保するために適切なフォーマットで情報開示するインセンティブを持つはずである。しかし、参入規制が強い業界では、そのようなインセンティブがはたらきにくい。またセキュリティの重要性も大きい。取り扱う情報がセンシティブ情報であり、非常に厳格なセキュリティが求められるため、開放という議論になりにくい。最後は、第三のところで述べた技術標準化の重要性である。標準が存在しない場合、連携するプレーヤーごとに異なる接続方式や手順が生じることとなり、利便性が損なわれる。これらある種の市場の失敗への対応をすることが必要である。データポータビリティの確保を義務づける政府による関与の必要性も検討課題となろうし、産業界におけるAPIの業界標準化も要請されよう。その際、企業のコスト負担の観点から、データ開放にあたって一定の前提条件[31]を置くことは合理的であろう。いずれにせよ、プラットフォーム上の機能を利用するためのAPIが公開されることで、他社はその機能を利用したサービスの設計・提供をおこなうことが可能になる。またAPIを公開することでプラットフォーム利用料に加え、利用履歴が得られるため、AIプラットフォーム機能のさらなる改善が期待されよう。

〈注〉

1〉https://forbesjapan.com/articles/detAll/17637。なお、引用にあたり若干の字句の修正をおこなった。

2〉以上について、経済産業省『第四次産業革命に向けた競争政策の在り方に関する研究会　報告書』（2017年6月）参照。また、公取委報告書では、データと競争政策に関する残された課題としてデジタルカルテルを挙げ、「今後、その実態を注視し、必要に応じて『不当な取引制限』の解釈における『意思の連絡』についての考え方との関係でも、論点を整理していくことが望ましい」としている（56頁）。

3〉そもそもAIの定義自体が問題となるが、これは本書第I部の福田論文にゆだねる。

4〉ユビキタスネット社会におけるプラットフォーム機能の在り方に関する研究会「ユビキタスネット社会を担うプラットフォームの展望〜ICT産業の競争力強化に向けて〜」（2005年6月22日）35頁および総務省編『平成24年版情報通信白書』（2012年）174頁注9参照。

5〉ユビキタスネット社会におけるプラットフォーム機能の在り方に関する研究会・前掲注（4）36頁参照。

6〉ネットワークの中立性に関する懇談会「報告書」（2007年6月20日）。

7〉通信・放送の総合的な法体系に関する研究会「報告書」（2007年12月6日）24頁参照。

8〉総務省「電気通信事業分野における競争状況の評価2007」（2008年9月5日）263頁参照。

9〉通信プラットフォーム研究会「通信プラットフォームの在り方」（2009年1月）5頁参照。

10〉総務省編・前掲注（4）174頁注9参照。

11〉プラットフォームがコンテンツ・アプリケーションレイヤーとネットワークレイヤーとを仲介する「結節点」をなすものであることについて、林秀弥「情報通信と放送産業のプラットフォーム機能に対する独占禁止法と競争政策上の課題」産研論集35号（2008年）101頁参照。

12〉電気通信事業部データ通信課「電気通信事業参入マニュアル〔追補版〕―届出等の要否に関する考え方及び事例―」

（２００５年８月18日）25頁参照。

13〉ＡＩが進展し、ＩｏＴが普及しつつある現在においては、プラットフォームを定義することよりも、プラットフォームとして機能している対象が競争に対してどのように影響しているかを分析し、必要があれば評価、規制の対象とすべきプラットフォームを選別すべきである。

14〉ＯＴＴ（Over The Top）とは、動画・音声などのコンテンツ・サービスを提供する事業者、もしくはそれらコンテンツ・サービスそのもののことをいう。

15〉「データ主導社会」とは、インターネット等情報通信ネットワークの利活用の進展やＩｏＴの拡大によるデータの生成・流通・蓄積の増大に伴い、社会のあらゆる領域でＣＰＳ（本文を参照）が形成され、ＣＰＳによりデータから価値が創出される社会をいう。

16〉欧州の議論では、ＯＥＣＤが２０１６年10月に公表した「Big data: Bringing competition policy to the digital era」(http://www.oecd.org/competition/big-data-bringing-competition-policy-to-the-digital-era.htm)を参照。あわせて欧州委員会のベステアー（Margrethe Vestager）委員（当時）が２０１６年９月におこなった講演「Big Data and Competition」(https://ec.europa.eu/commission/commissioners/2014-2019/vestager/announcements/big-data-and-competition_en)も参照。

17〉Maurice E. Stucke & Allen P. Grunes, Big data and Competition Policy (2016).

18〉たとえば出会い系プラットフォームのモデルが例として挙げられている。すなわち、女性のアクセスは無料だが、男性会員は利用料を請求されるというものである。また、個人データが価値を持つインターネット時代の新通貨と認識されはじめ、個人情報の収集が増加している状況を、価格の上昇とある程度同等に捉えることもできる。

19〉英国ＣＭＡ（Competition & Markets Authority）が２０１５年６月に公表した報告書「The commercial use of consumer data」(https://www.gov.uk/government/uploads/system/uploads/attachment_data/file/435817/The_commercial_use_of_consumer_data.pdf)を参照。

20〉small but significant and non-transitory increase in costs; 価格の変化に代えて、ユーザーが負担する「費用」の上昇を仮定する方法。「費用」として「関心（ユーザ時間）」を指摘するものと、「プライバシー」を指摘するものがある。

21〉濫用だけでなく、ビッグデータやＡＩの活用によって競合他社に追随した自動価格設定が容易となるため、デジタルカルテルが新たな問題となりうる。

22〉欧州では、１９９０年代にエッセンシャル・ファシリティ論を積極的に採用したが、後に裁判所により同理論が補正された。その知見は、支配的地位の濫用となりうる行為の一類型となる供給拒絶として市場支配的地位濫用規制に融合された。欧州マギル事件（１９９８年）では、テレビプログラムの著作権のライセンスの拒否について①潜在的需要があった新商品の登場を妨げ、②客観的にみて取引を拒否する理由がなく、③この権利者はライセンスを付与しないことにより市場の競争者を排除することによって週刊テレビ番組表の市場において支配的地位を得ることができると裁判所により判断された。欧州ＩＭＳヘルス事件（２００３年）では、著作権で保護された情報を束ねるシステム（集積データ）のライセンス要求への拒絶について、①ライセンスを要求した事業者が、当該データの供給市場において著作権者によって供給されていないものの消費者に潜在的需要がある新製品データ）を提供しようという意図があること、②ライセンス拒絶が客観的な正当化理由を有しないこと、③ライセンス拒絶が、当該市場におけるすべての競争を排除することによって、当該加盟国における医薬品のデータの供給市場を著作権者のもとにおくためのものであること、という要件を満たせば、支配的地位の濫用を構成しうるとされた。また、欧州マイクロソフト事件（２００７年）では、ウィンドウズワークグループネットワークを構成する互換性のある顧客のパソコンとサーバ、サーバとサーバのプロトコル（ソースコードではない）の供給拒絶について、例外的事情の場合、①拒絶が隣接市場での特定の活動の実行に必要であって、不可欠な商品・サービスに関連する場合、②拒絶が隣接市場での効果的な競争を排除しそうなとき、③拒絶が潜在的に消費者の需要のある新しい商品の出現を妨げる場合には、所有者による排他的な権利（知的財産権）の行使は、濫用的行為を構成しうるとされ、ワークグループ・サーバ・ソフトウェアの流通開発のための互換情報の公開および合理的かつ非差別の条件での使用の許可が命じられている。

23）独仏競争当局が合同で２０１６年５月に公表した「Competition Law and Data」(http://www.autoritedelaconcurrence.fr/doc/reportcompetitionlawanddatafinal.pdf)を参照。

24）データが「エッセンシャル・ファシリティ」に該当する場合には、アクセスを拒否することが反競争行為となりうる。ただし当該データが①きわめてユニークであり②不可欠であり③複製不可能であることを証明する必要がある。

25）米国ＦＴＣ（Federal Trade Commission)が２０１６年１月に公表した「Big Data: A Tool for Inclusion or Exclusion?」(https://www.ftc.gov/system/files/documents/reports/big-data-tool-inclusion-orexclusion-understanding-issues/160106big-data-rpt.pdf)を参照。

26）In the matter of Google/DoubleClick, F.T.C. File No. 071-0170.

27）Case No COMP/M.7217 - FACEBOOK/ WHATSAPP.

28）ここで標準とは、与えられた状況において最適な秩序を達成することを目的に、共通的に繰り返して使用するために、活動またはその結果に関する規則、指針または特性を規定する文書であって、合意によって確立し、一般に認められている団体によって承認されているものをいう。

29）ＦＲＡＮＤ条件でライセンスを受ける意思を有する者であるか否かは、ライセンス交渉における両当事者の対応状況（たとえば、具体的な標準規格必須特許の侵害の事実および態様の提示の有無、ライセンス条件およびその合理的根拠の提示の有無、当該提示に対する合理的な対案の速やかな提示等の応答状況、商慣習に照らして誠実に対応しているか否か）等に照らして、個別事案に即して判断される。

30）公正取引委員会「知的財産の利用に関する独占禁止法上の指針」の一部改正について（２０１６年１月21日――http://www.jftc.go.jp/houdou/pressrelease/h28/jan/160121.html)。

31）たとえば、接続要求は、セキュリティが確保された事業者からの要求に限定したり、スケーラビリティのきくオンライン上の要求に限定したり、利用者の権利確保のために重要なデータに限定したりすることなどである。

AIネットワーク化と知的財産権

弁護士（骨董通り法律事務所）・ニューヨーク州弁護士、
日本大学芸術学部／神戸大学大学院客員教授
福井健策

SCENARIO

2030年代、音楽の売上はAI作曲によってほぼ占められている。それらは過去のヒット曲を機械学習で学んで自動創出され、内容は著作権侵害判例の分析により「かなり似ているがギリギリで侵害にはあたらないレベル」にとどめられている。演奏するのは生身のアイドルやバンドもまだ根強いが、管理・展開が容易で圧倒的な生産スピードを誇る「バーチャル実演家」の比率は確実に上がってきている。音楽はリスナーの過去の視聴歴や流行に基づいてアグリゲートされ、IoTによって探知されたリスナーのその時の環境・気分・体調に応じて配信される。同じ現象は、新聞・雑誌・ネット記事、写真・イラスト、ゲーム・映画・ＴＶ、学習教材などほとんどの「コンテンツ分野」で起きており、長編小説と現代アート、アンドロイドがまだ高価な舞台・ダンス分野の実演で人間中心が続いている程度である。これに伴いプロの作詞家・作曲家、ミュージシャン、編集者、写真家、イラストレーター、ゲームクリエイター、映像スタッフ、映像俳優は徐々にその収入を失い、アマチュアとしての情報発信やその分野の教師の職に居場所を求めた。ビジネスとしてのコンテンツ発信は、少数のＩＴ系企業に寡占されつつある。

これは情報の豊富化か、知の縮小再生産か。拡大するＡＩネットワーク化によるコンテンツ生成は、我々の社会にどのようなメリットとリスクを生じさせ、知的財産制度にどのような解釈や対応を求めるか。

Ⅰ　拡大するＡＩコンテンツ

以上は編集部要望による想定シナリオであるが、言うまでもなく「あり得るひとつのシナリオ」にすぎず現実化の可能性はまったく不透明だ。だが、確かに現実にはこうした連想を促すような「ＡＩによるコンテンツ」の拡大は続いている。

ＡＩネットワーク化が生み出す「コンテンツ」の定義は広い。顔認証などの認証結果や、ナビ

	一次創作系	加工・二次創作系	対話・サポート系
文章	星新一プロジェクト、「コンピュータが小説を書く日」、日経「決算サマリー」、AP通信の野球短報記事	自動翻訳、自動字幕化、リライトツール	Siriなど対話型アプリ、女子高生ボット「りんな」
音楽	エミー、Iamus、Magenta Jukedeck、オルフェウス	オルフェウス、ujam	リヒテル・ボット
画像・動画	ストリート・ビュー、レンブラント・プロジェクト、Deep Dream、Magenta	Tailor Brands、DeepDream、マチス風スター・ウォーズ、自動着色、自動手話映像、超解像拡大	

図表1：AIコンテンツの分類

システムがはじき出す目的地への最短ルート、あるいは検索結果ランキングやおすすめの商品といった情報はすべて、広義ではAIが生み出す「コンテンツ」である。それらはおそらく年々、世界で数兆以上の規模で量産されているし、我々の社会のありようを大きく変えつつあることはいまさら指摘するまでもないだろう。

では、よりフォーカスして我々が通常思い浮かべる「狭義のAIによる創作」はどうだろうか。本稿で紹介するものを中心に、広がるAIコンテンツをタイプ別に強引に分類してみよう（図表1）。あくまで頭の整理として便宜上分類しただけだが、膨大に広がり続けるAIコンテンツの一端が見えそうではないか。

まずは文章だ。一次創作系で象徴的なのは星新一プロジェクトなどの「小説の自動執筆」だが、報道された内容を見る限り、十分鑑賞に耐えるレ

> 伊藤園が1日に発表した2016年5～1月期の連結決算は、純利益が前年同期比68.4%増の115億円となった。売上高は前年同期比2.5%増の3646億円、経常利益は前年同期比51.4%増の175億円、営業利益は前年同期比45.6%増の173億円だった。

図表2：自動生成記事の例――日本経済新聞・決算サマリー「伊藤園の16年5～1月期、純利益68.4%増115億円」(2017年3月1日)（一部）

ベルに達するまでにはあと一歩だろう。他方、時事的な短報記事の自動配信はすでに広く実用化されている分野だ。大手国際通信社のＡＰは、野球のマイナーリーグの試合記事を自動生成で配信しているし、日経新聞は２０１７年、「決算サマリー」と銘打って企業の決算情報などの自動生成された記事の配信を開始している（図表２）。

一方、既存文章の加工・二次創作系のＡＩ活用としては、グーグル翻訳が代表的な成功例だろう。本稿執筆時点では日本語についてはなお難を感じるものの、前掲「決算サマリー」のような定型文ならほぼ完璧に訳せるし、他の多くの言語ではすでにビジネスユースが広がっている。また、ユーチューブではもはや音声の自動認識による字幕機能は当たり前の存在で、再現度も英語では十分高いレベルだ。瞬時に自動翻訳で世界中の言語で字幕表示することもできる。

最後に対話・サポート系ともいえるＡＩでは、マイクロソフトが開発する女子高生ボット「りんな」はツイッター・ＬＩＮＥなど５４０万人以上のユーザがいて、日々対話を楽しむ人気サービスであるし[1]、より大規模には、アップルのＳＲＩ人工知能センターが誇る音声認識秘書アプリ「Siri」が挙げられるだろう。映画「Her」で主人公であるユーザと恋に落ちた対話型OS「サマンサ」を想起する読者もいるかもしれない（ネットワーク上に遍在できる〝彼女〟は、主人公と同時に他の641名のユーザとも恋に落ちていた。実に642股の真剣愛である）。

音楽の自動生成システム（一次創作系）では、1980年代の「エミー」が著名なほか、BGMの分野ではすでに商用実用化済みだ。人気の高い「Jukedeck」では、誰でもアクセスしてジャンル・曲調・長さなどを指定すると、30秒ほどでBGM音源を自動生成してくれる。曲は実際に聴いてみていただきたいが、同じパラメータを指定してもそのつどユニークな曲が生成され、少なくとも映像やイベントのBGMとしては十分に使えると感じる。しかも個人や従業員10名以下の企業ならば、出典を明示するだけで無料でダウンロードし自由に使える「ロイヤルティ・フリー」である。すでに世界でも活用例は多いだろう。その生成量はすさまじい。1曲が30秒ならば、仮に同時に1曲しか作曲できなくても1年間稼働を続ければ100万曲以上作曲できる。JASRACが管理する世界中のプロの楽曲総数[2]の実に3割だ。これまでとは創作のスピード・物量の桁が違う。

2016年には、東京藝大の奏楽堂で20世紀最大のピアニスト、スヴャトスラフ・リヒテル（1997年没）がベルリン・フィルの精鋭たちと共演するというコンサートがあった[3]。ステージ上にはヤマハの最新鋭の自動ピアノがあってリヒテルの過去の演奏を学んだAIに接続されており、カメラとマイクで共演する演奏家たちの間合いや音色を感じ取ることができる。そして彼らに合わせて演奏を変えていくのだ。会場を包む万雷の拍手を聞きつつ、筆者は「これならばカラ

図表3：「DeepDream」上のAnonymaViktor氏作品（オリジナルはカラー）

オケ名人を量産できる」と感じた。これからは機械が歌い手に合わせて音の高低、テンポやタイミングまで変えてくれるとしたら、レパートリー数万曲の完璧な伴奏者とも言える。その潜在需要は（バンドの機械的失業の可能性とともに）計り知れないだろう。

画像・映像はどうか。一次創作では、レンブラントの作風を学んだＡＩに彼の新作を描かせた「レンブラント・プロジェクト」は著名だし、半自動撮影の写真を大量活用したグーグルの「ストリート・ビュー」のようなサービスは、すでに完全に商用化され広く流布している。そして、画像の加工・変換など「二次創作系」も活用が広がるジャンルだ。図表3は、写真の自動加工で生成された画像の例である。

使われているのはグーグルの公開するＡＩ「DeepDream」で、ある画像（ここでは炎）を与えてその特徴をＡＩに学ばせる。すると、その後に与えた任意の写真（ここではキツネ）を、自動でその作風に変換して「炎のキツネ」を描いてくれるのだ。作業はほんの数十秒であり、やはり無料サービスである。同じことはホームビデオなど、動画でも可能だ。さらに画像の自動着色は、より急速に普及するかもしれない。

この楽しさが、鍵だ。ＡＩ創作物というと、少し以前には「機械に人間

社会的影響（主にメリット面）	リスク・ファクター
大量化・低コスト化による知の豊富化・民主化	価格破壊による創造サイクルの混乱
侵害発見・権利執行の容易化によるフリーライド（ただ乗り）の抑制	侵害・フリーライドの多発・プロセス複雑化による権利関係の混乱
新たな体験・感動・革新	コピーの連鎖による知の縮小再生産

図表4：AIによるコンテンツ生成に伴って考えられるメリットおよびリスク要因

並みの創作ができるか」という点に関心が集まった。しかし、一流作家クラスの創造をＡＩが独力でおこなえるか以前に、自動翻訳はもちろん、作曲支援にせよ画像変換にせよ、「すぐ発注できる町の身近なクリエイター」、あるいは我々が使いこなせるツールとしての役割ならすでに十分果たせる状態にある。しかも、こうした参加型・体験型のコンテンツのほうが、ビジネス市場としては広がってさえいる。

II　予想される社会的影響

ＡＩコンテンツの社会的影響はきわめて広範に及ぶと考えられ、詳しくは筆者も加わった総務省「ＡＩネットワーク化検討会議」やその後継である「ＡＩネットワーク社会推進会議」の各種報告などを参照されたい[4]。ここでは、主に既存のコンテンツビジネスや文化の営みとの関連に注目して、発生しうる社会的影響をいくつか列挙してみよう。

1　大量化・低コスト化

まず、前述したとおりコンテンツの大量化が挙げられよう。[5] 何せ機械は疲れない。すでにJukedeckでの新規楽曲は50万曲とされ、ストリート・ビューの写真数はそれをはるかにしのぐだろう。今後そのスピードは加速化することが当然予想される。そもそもＡＩに限らず、ＩＴネットワーク革命の特徴は「万人の発信によるコンテンツ流通量の圧倒的増大」である。ＡＩ化でさらにそれが加速すれば、狭義の娯楽コンテンツに限らず調査研究から教育教養まで、あらゆる情報資源に万人がアクセスしやすくなる「知の民主化」が進む可能性は高い。

他方、裏返しのリスク・ファクターは「価格破壊による創造サイクルの混乱」である。コンテンツが低価格化すれば通常、それを作り出すクリエイターは容易に生計が立たなくなる。格好の例として、本稿執筆中に世間を騒がせた「キュレーションメディアの大量閉鎖問題」がある。社会のさまざまな情報を組み合わせて作られた記事が集まる「まとめサイト」の一種として、一時隆盛した。しかし、そこに集まる大量の記事には、時にきわめて質の低いものやネット上の他の記事のコピペ・寄せ集めにすぎないものが少なくないと指摘され、事業者側が謝罪、閉鎖に追い込まれた。[6]

背景のひとつに、前述のコンテンツの価格破壊があった。価格が下がれば、ますます個別のコンテンツ制作に多額のコストはかけられない。キュレーションメディアでは、しばしば極端なディスカウントで学生などのアルバイトに記事制作が発注されたという。当然、粗製乱造の内容の怪しい記事が増えることになり、コピペも横行した、と考えられている。ＡＩによる情報のさらなる過剰化は、こうした創造のエコシステムと呼ぶべきものの混乱や破壊を（一時的にせよ）招くかも、しれない。

2　権利侵害・フリーライドのおそれ

次いで、ＡＩの進化によるリスク要因としては、権利侵害・フリーライドの多発が挙がるだろう。キュレーションメディア問題の際に、しばしば利用されたと言われるのが「リライトツール」と言われるソフトである。既存のテキストなどを読み込ませると、自動で単語などを置き換えて「一見違う文章を作る」ツールだ。仮に、これをも「ＡＩ」と呼ぶならば[7]、いわばＡＩの助けも借りて著作権侵害の記事が大量生産されていたことになる。

他方、侵害容易性の裏返しのメリットとして、侵害発見や権利執行の容易化も挙げられるかもしれない。実際、キュレーションメディア問題の事後検証の際には、いわゆる「コピペ発見ツール」などが活用されていたし、かつての小保方晴子氏の論文不正疑惑の際にも、そうしたツールでコピペが指摘されたことが発端だった。

確かにごく単純な言葉の言い換え程度では摘発もされやすいうえ、著作権侵害の責任は免れないだろう。しかし、裁判所の著作権侵害の基準は、実は一般の方の想像より高い。ほとんどコピぺに近い文章の借用が複数おこなわれつつ、そのあいだに別な文がはさまっていたケースで非侵害と認定した裁判例もある。[8] そうであればかいくぐることもそう困難ではない。リライトツールがいま以上に進化し、判例傾向も学んでギリギリ許されるリライト記事を堂々と大量生産する「適法パクリライター」に変貌したとき、既存のメディアや学術界・出版界はどういう影響を受けるだろう。

加えて、仮に違法のレベルの借用が見つかって、権利執行をしようとしても、上で挙げたような二次利用・加工ツールはそのプロセス自体が第三者にはわかりにくい。その結果、侵害に対して誰が責任を負うべきなのか、ツールを使ったユーザかツールを開発した企業か、といった問題を生じることにもなろう。厳密にツールのなかで何が起こっていたかの証明を原告が求められるとすれば、責任追及は事実上ますます困難にもなるし、逆にどこで責任追及されるかわからないとなれば開発者やユーザが萎縮する可能性もある。前述のＡＩネットワーク化検討会議の指摘した「不透明化のリスク」だろう。[9]

3　新たな体験・感動・革新

他方、こうした知の生産と流通の抜本的変化によって、新たな体験、発見や感動、さらには革新が生み出される可能性は、もはや指摘するまでもないだろう。ＡＩと人間との協働作業は、まったく異なる「知の創造」を生む無限の可能性を秘めている。

もちろん、負のシナリオを思い浮かべることもそう困難ではない。確かにＡＩやアンドロイドは膨大な素晴らしいコンテンツを生み出しつつある。が、それはいまのところ概ね、人間が過去に作った作品を学び、それをアレンジする域は出ていない。そして、ビジネスの現場で最も起こりそうな展開は、それらが我々の過去の視聴履歴や購入履歴に基づいて我々が喜びそうな（あるいは財布のヒモを緩めそうな）セレクションで個々人に届けられることだろう。出会いも、ミスマッチも、衝突もない。それは、どこまで行っても劣化コピーの縮小再生産ではないのか。知のサイクルを機械にゆだねることで、我々は自ら学び、山ほど間違え、まれに奇跡のような進化を手に入れるチャンスを減らすことになるのかもしれない。前述のＡＩネットワーク化検討会議の指摘で言えば、「人間の尊厳と個人の自律に関するリスク」に相当しようか。

ＡＩコンテンツは進化への鍵か、停滞の入り口か。その答えはまだもたらされていない。だが確実に言えるのは、その流れは止まらないということだろう。

III　ＡＩをめぐる知的財産権のゆくえ

1　検討の視点

以上の社会的影響をふまえて、ＡＩをめぐる知的財産権の現状と課題を検討してみよう。検討の視座としては、次の3点が挙げられる。

①ＡＩコンテンツによる便益を最大化しつつ、いかにそのリスク面を抑えるか
②イノベーションのための投資の保護と、一方で成果物への自由なアクセスを守ることによるイノベーション促進をいかにバランスさせるか
③現実の変化のスピードといかに並走するか

①はゴールである。②はそのために知的財産制度を考える際の伝統的な視点であり、③は新しい課題である。これまでのような法的制度の議論スピードではすべてがあまりに遅すぎて、技術と社会への法制度の周回遅れの度合いは増すばかりに思える。それに代わって浮上しつつある情報のルールメーカーこそ、巨大プラットフォームたちと彼らのアルゴリズムではないのか。ＡＩネットワーク化をめぐるスピードを考えるとき、制度論も常に「永遠のベータ版」とならざるを得ない。走りながら考え、暫定解を与え、そして手直しを繰り返す、ルール自身のなかに軌道修正の余地をビルトインすることが、否応なく必要になるだろう。

次項から、筆者も加わった内閣府知財本部やＡＩネットワーク化検討会議の議論に即して、検討を進めたい[10]。特に、完全なるＡＩによるコンテンツ・サービスの自動生成（computer generated works：ＣＧＷ）においては次頁の図表5のような過程を想定するが、前述のとおり、現実には完

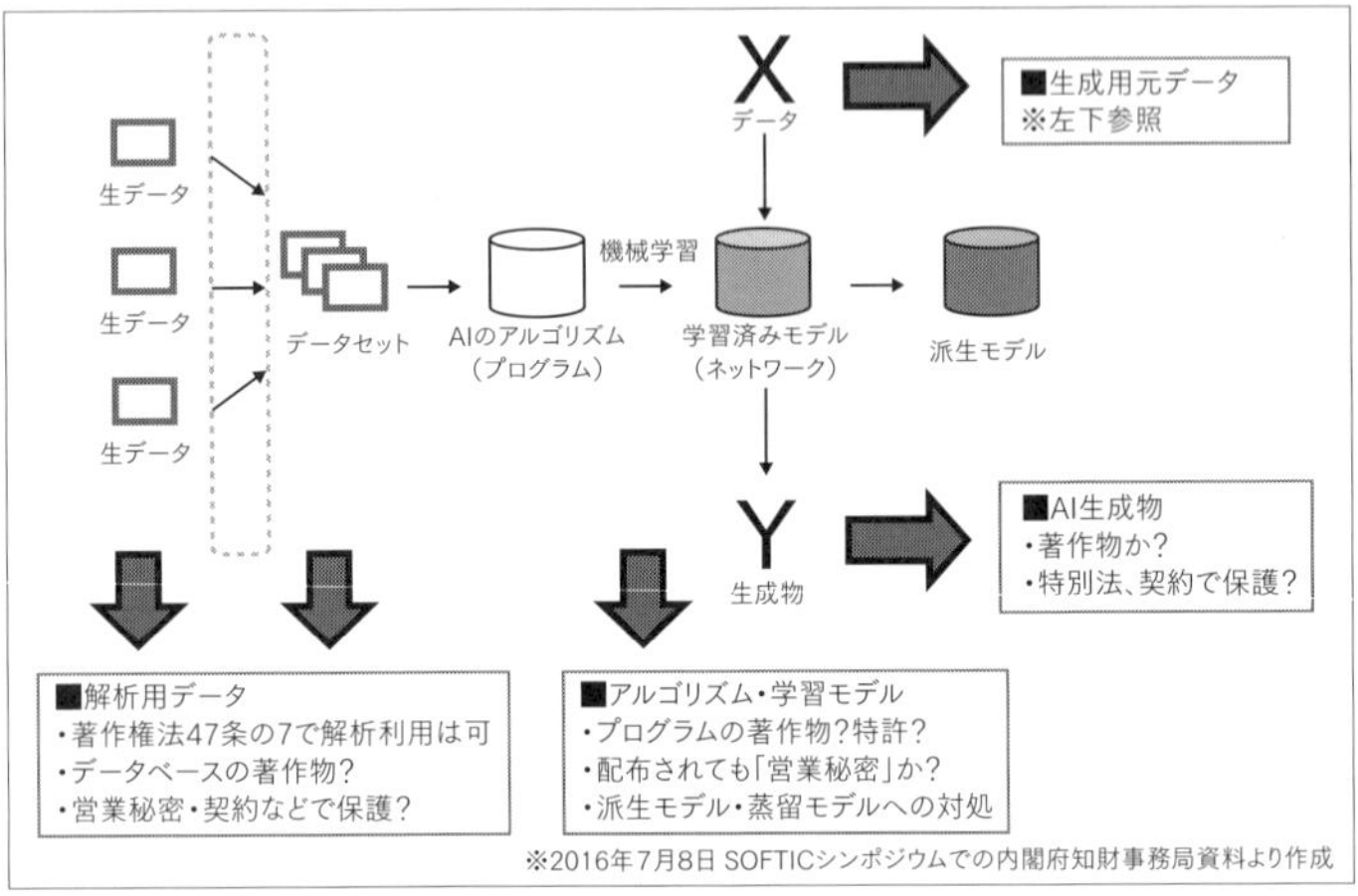

図表5：AIをめぐる知的財産権の論点

全な自動生成だけでなく、AIが人間の活動をサポートする半自動生成的なサービスが先に隆盛しつつある。機械が人間の創作や作品発信を助ける（machine supported works：MSW）をも適宜念頭に置きつつ、進めることにしよう。

2 学習用データ

（1）個別の生データ　まずは図の一番左、個別の生データの保護である。AIは多くの場合、大量の文章・画像・音楽その他各種のデータを学習して成長を遂げる。この文章・画像・音楽などは多くのケースでは著作物である。ソーシャルメディア上のつぶやきなども同様だ。よってそれらが保護期間中であれば、原則として他人は勝手に複製・改変などをおこなうことはできない。特に業務的・組織的利用の場合はそうだ（著作物としての保護）。

しかし、ロボット・ＡＩが学習対象とするデータのなかには、人々の閲覧履歴・購入履歴・移動履歴や各種のパーソナル・データ、さらには気象情報などのノンパーソナル・データといった、著作物にあたらない多くの情報が含まれている。これらは個人情報保護法で無断の収集や第三者提供が禁じられるケースもある（個人情報としての保護）。無論、個人を識別できない情報などはその対象でもない。

いずれの場合も、データが秘密として管理などされていれば、その無断での取得や利用は不正競争防止法などによって禁じられる（営業秘密としての保護）。いずれにも該当しなければ、原則として収集も利用も自由だ。

（2）集積されたビッグデータ　しかし、こうしたデータは少数では通常必ずしも役立たない。大量に必要になるケースが多く、そうなると大量のデータを収集し、管理し、場合によっては系統づけてデータベース化しているものの保護はどうなるか、が次に浮上する。この点は、個別のデータが著作物であろうがそうでなかろうが、データの選択と配列に独創性（創作性）があればその総体は「編集著作物」として保護される。また、データベース化して検索可能にしている場合、選択と構成に独創性があれば「データベースの著作物」として保護される。

よって、いずれの場合も、その創作性のあるかたまりを無断でコピーなどすれば、個別の要素に対する侵害の有無とは別に、全体を収集・構築した事業者の編集著作物やデータベース著作物に対する侵害が成立する。ただし、ここには「創作性」という留保がつく。これは通常は多くの選択肢がありうるなかから、あえてひとつの選択肢を選ぶことを言う。選択肢がごく限定されているデータの組み合わせの場合、その組み合わせは「必然」であるので創作性は認められにくい。ところが、最近のビッグデータの収集は機械的、あるいは網羅的である。そして機械的・網羅的であればあるほど、収集するデータに「選択の幅はなかった」ことになり、かたまりとしてのデータ群の編集著作物性やデータベース著作物性は否定されやすいという逆説的な状況が生まれる。

さて、現代においてビッグデータの持ち手とは誰か。あるいは通信事業者や交通機関や通販業者だろうが、最大の保有者はおそらくグーグル、アマゾン、フェイスブックといった巨大プラットフォームだ。つまり以上は、彼らのビッグデータはどこまで独占されうるか、という議論でもある。

では著作権の保護のほか、集積されたビッグデータを独占する手段は存在しないか。個人情報としての保護、営業秘密としての保護に加えて、アクセスガードなどの「アーキテクチャ」や契約による保護がある。技術的にコピーを困難にしたり、利用規約で商用利用を禁ずる方法だ。

これは後述の、他の諸相におけるAI保護の議論にも通底するが、何らかの情報（知的財産）の法的保護を考えるとき、そこでは単に「権利があるかないか」の二分法ではなく、複数の手段の組み合わせが重要になる。一方の端には、たとえば特別法を作ってビッグデータの無断利用を禁止してしまうとか、その総体を著作物と認めて著作権で独占させるといった、法的権利がある。「法制度による保護」だ。そのメリットは、特段相手の合意や権利者側の投資がなくても一律に保護が与えられることであり、デメリットは、効力が国内に限られ、また硬直的で必ずしも最新の社会の動きに対応できないことだ。他方の端には、「契約やアーキテクチャによる保護」がある。メリットは、柔軟であり、たとえ相手が海外の事業者でも制約なく保護を効かせられることだろう。デメリットは、アーキテクチャはコストがかかるうえに破られるかもしれず、また契約は合意した相手しか拘束できない点にある。

目的に応じた両者の使い分けや、両者の協調領域が重要になるだろう。

（3）利活用促進とのバランス　以上は主に、ビッグデータの事業者による囲い込みがどう法的に担保されるかという視点から述べた。しかし同時に、ビッグデータは囲い込むことだけが社会善とは限らない。それはロボット・ＡＩの「食事」であり、広く共有利用されたほうが技術開発は活発化しやすいし、囲い込みが強すぎれば国際的な開発競争で後れをとりかねないからだ。

この利活用の促進の方策として、第一に、著作権法の例外規定がある。著作権法には47条の7という制限規定があり、大量の著作物をコンピュータで解析利用することは認められている。これは文字どおりビッグデータ解析を指すので、ロボット・ＡＩのためのビッグデータ学習は認められている。

第二に、契約やアーキテクチャによる過度な独占や規制へのセーフガードとして、あまりに一方的な利用規約が独占禁止法違反とされたり、消費者保護法制によって無効とされることも考えられる。逆の意味での法制度と契約の協調と言えるだろう。

第三に、解析用データベースのインフラ整備も進められるべきである。そこでは、利用規約によって解析の用途を限定したり、解析結果が商用利用された場合には権利者側への一定の補償金の後払いを事業者に義務づけるなど、工夫もされてよいだろう。

3　AI本体／アルゴリズムと学習済みモデル

次に、データを学ぶＡＩ本体（アルゴリズム）は、特許としての保護を受けうる。もっとも出願と登録が要件となり、国ごとでの保護となるので、より世界的な保護を指向するならば著作権の適用がベターとなる。ＡＩその他のプログラムは、著作物としても保護される場合が多数だろう。

またＡＩに特有の要素として、学習によって生まれた「学習済みモデル」が挙げられる。つまり前述の「炎ボット」であり、通常は特定のＡＩと、パラメータ（重みづけ）として表現された関数からなる、とされる。ざっくりと言えば、一定のデータを有するプログラムである。

これは著作物だろうか。ここでの問題は、元のＡＩを離れて、「データ＋ＡＩ」という新しい著作物が生まれたと考えるかどうかであり、その著作権はどこまで及ぶか、である。[11] これは現在の通説的解釈からはあたらなそうだ。著作権法は、それ自体が創作的表現とは言えないデータは保護しない。よって、学習済みモデルを誰かが適法な手段で学び、そこからパラメータ部分だけを抜き取って利用するとしても、著作権侵害にはあたらない。

これに対して特許はアイディアも保護する。また、特許法が対象とする「プログラム等」にはプログラムのほか、「電子計算機による処理の用に供する情報であってプログラムに準ずるもの」も含まれる（2条4項）。よって、AIとパラメータが結びついている全体を特許として登録し、その保護をAIとパラメータの結びつき自体にも及ぼすなら、パラメータの無断利用を防止できるかもしれない。もっとも、特許による保護には前述のような生来的な限界がある。[12]

では営業秘密としての保護はどうか。仮にAIや学習済みモデルが何らかの商品に組み込まれて流通されたときに、それでも秘密と言えるのかが論点だが、たとえば販売の際の規約で転用を禁じたり、あるいは暗号などのセキュリティで中身を見られない状態を作っていれば、秘密管理性を充たすため無断流用は不正競争防止法で制約できるように思う。この関連で、利用規約のような契約自体での保護も当然有効であり、むしろ柔軟で簡易な手段でもあるだろう。

AI本体においても、保護と並んで利活用促進の側面が重要であることは言うまでもない。しばしば、開発者であるプラットフォーム企業などは技術をオープンソースとして公開し、人々による自由な改良・二次的な創作を認める。著名なものとしてはグーグルが無償公開する「TensorFlow」があるだろう。他の事業者や研究者たちは営利目的を含め、これを自由に活用してAIを作成できる。つまり個別のAIを囲い込むよりも、むしろ社会全体でのAIの開発を促進する戦略といえる。

4　生成コンテンツ

最後に、ロボット・AIが生成する大量のコンテンツはどうだろうか。コンテンツといっても、たとえば機械学習したAIに目的地までの最短ルートを表示してもらったり、AIが将棋の必勝法を編み出した場合、生成物は「ルート」や「必勝法」であり、それらはアイディアである。たとえ人間が考案したとしても著作物にあたらないし、AIが生成しても同様だろう。おそらくこうした種類の多くの生成物は、いかなる知的財産権でも保護されない。

では、もっと作品的なもの、たとえばボーカロイドの歌唱やロボット俳優の演技はどうだろう。自動生成の記事はどうか。あるいはAIが出力した「炎のキツネ」は、元のキツネ写真に対する二次的著作物となって、そこには新たな著作権が生まれるのだろうか。

特にAIの生成物については、1970年代にはすでに米国CONTUというレポートで論じられており、その後ユネスコや、日本の著作権審議会（当時）でも1993年に議論されている。[13] 結論は本質的には一緒だ。MSW、つまりコンピュータをまさにツールとして生身の人間が生成したものは著作物だろうが、CGW、つまり人間は直接的にはボタンを押すだけの完全自動生成のコンテンツは、創作とは言えず著作権の保護は受けない、である。

唯一の例外は1988年の英国改正著作権法で、そこでは完全なるCGWを著作物と認めている。[14] が、いまもって他国による追随例は目立たないし、我が国でも、知財本部「次世代知財システム検討委員会」等では、「現行法上は著作権の保護を受けないだろう」という点で委員間に異論は少なかった。

では、日本も著作権法の解釈を改めたり、特別法を作るなどしてロボット・AI生成物に保護を与えるべきか。筆者は現時点ではややネガティブだ。

生成物を無断コピーから守るメリットとは何か。通常は投資された開発コストの保護である。では、生成物の無断コピーを禁じられないと投下資本の回収はできないのか。確かにそうした場面もあろう。たとえばBGM生成サイトのなかには、そのBGMを商用利用する際に使用料を徴収するところがある。著作権がなく、人々が無断でBGMを転用流用できるならばお金を払うユーザはいなくなり、開発や運用を続けられなくなるおそれがあろう（これは多くのコンテンツのビジネスモデルと同様だ）。ただ、デメリットも同時に気にかかる。まず、AI生成物はその生成ペースが常軌を逸している。数百万以上もの莫大な著作物が生み出され一事業者が全世界で独占利用権を長期掌握するという事態を、現行著作権制度はまったく想定していない。理論上は、それらの生成物と似た新たなコンテンツの生成は（そのAIコンテンツに依拠したものであれば）著作権侵害となり、時には刑事罰すら伴う結果を招く。新創造への萎縮が、当然懸念されるべき事態だ。

また、生成物が仮に知的財産権にあたるとする場合、その莫大な権利を握る最有力候補は誰だろうか。言うまでもなく、ビッグデータを握りAI開発で先行する巨大プラットフォームである。仮に知的財産権を与えるとしても、それも少数事業者に寡占されそうである。では翻って、生成物を無断コピーから守ることが彼らの現在のビジネスモデルに直結しているかといえば、疑問もわいてくる。彼らの主要なビジネスモデルはコンテンツの有料販売ではないからだ。

AI生成物について法的独占を認めるかは、こうしたバランスの視点から論ぜられるべき問題だろう。

Ⅳ 小括

急激に拡大を続けるAIコンテンツの現状を俯瞰するとともに、それが文化や知的財産権の面で及ぼす影響、および「ビッグデータ」「学習済みモデルを含むAI」、そして「生成物」のそれぞれについて現行制度での保護の可能性と、利活用促進とのバランス策について私見を述べた。ビッグデータ、AI自体については現行知的財産権法でも一定の保護が及び、他方、生成物は無保護になる可能性が高かった。しかし、いずれの要素についても新法などでの追加的保護の必要性と有効性はなお十分示されていないように思える。むしろオープン・クローズ戦略を活かせる契約や情報流通インフラの一層の洗練こそが、実効性のある対応策であるようにも思える。

〈注〉

1〉読売新聞2017年3月23日夕刊。

2〉2016年3月現在で約350万曲（同協会HP「JASRACの概要」（http://www.jasrac.or.jp/profile/outline/index.html）より）。

3〉東京藝術大学主催「音舞の調べ～超越する時間と空間～」2016年5月19日上演。

4〉総務省・AIネットワーク化検討会議「報告書2016 AIネットワーク化の影響とリスク―智連社会（WINS《ウィンズ》）の実現に向けた課題―」（2016年6月20日――http://www.soumu.go.jp/main_content/000425289.pdf）ほか参照。

5〉福井健策＝石山洸「AIネットワーク化の近未来予測と知的財産権」年報知的財産法2016－2017・1頁以下。

6〉同社が2017年3月13日に公表した第三者委員会報告書によれば、同社10サイトの合計37万超の過去記事中、1・9～5・6％について著作権侵害の可能性があり、また、全記事の472万超の画像中74万点以上についても権利者の許可が確認できず著作権侵害の可能性があるとされた。

7〉「人工知能」の概念は広く、その裾野には含まれるだろう。現に、このレベルのものをAIと呼ぶのは（研究者の反発にもかかわらず）みられる用語法である。

8〉東京高裁平成14年10月29日判決（最高裁ホームページ：ホテル・ジャンキーズ事件）。DeNA第三者委報告書もこれと似た認定をおこなっている。

9〉以下、総務省・AIネットワーク化検討会議・前掲注（4）37頁以下。

10〉以下、個別に参照頁は示さないが、詳細は内閣府知財本部「次世代知財システム検討委員会報告書～デジタル・ネットワーク化に対応する次世代知財システム構築に向けて～」（2016年4月――http://www.kantei.go.jp/jp/singi/titeki2/tyousakai/kensho_hyoka_kikaku/2016/jisedai_tizai/hokokusho.pdf）および「新たな情報財検討委員会報告書―データ・人工知能（AI）の利活用促進による産業競争力強化の基盤となる知財システムの構築に向けて―」（2017年3月――http://www.kantei.go.jp/jp/singi/titeki2/tyousakai/kensho_hyoka_kikaku/2017/johozai/houkokusho.pdf）を参照。また、基本の視座は総務省・AIネットワーク化検討会議・前掲注（4）56頁以下にある。

11〉このほか、AIへの学習のさせ方（いわゆる「調教法」）の保護問題もあり重要だが、別の機会に譲る。

12〉さらに、「派生」「蒸留」と言われる既存の学習モデルの利用法の課題もあるが、ここでは詳論しない。

13〉文化庁「著作権審議会第9小委員会（コンピュータ創作物関係）報告書」（1993年11月――http://www.cric.or.jp/db/report/h5_11_2/h5_11_2_main.html）。

14〉同法178条。

第Ⅳ部

プライバシーとセキュリティ

第Ⅳ部では、AI ネットワーク化がプライバシーやセキュリティに及ぼす影響について論ずる。想定される AI ネットワーク化の影響のなかでも、ここで紹介するものがまずは喫緊の問題であるかもしれない。最初に、AI ネットワーク化が「ひとりにしておかれる権利」など伝統的なプライバシー理論に及ぼす影響を明らかにする（石井論文）。そして AI の学習・入出力するデータのなかに含まれる個人情報の保護と利活用のあり方など AI ネットワーク化が個人情報保護制度に提起する課題を明らかにしたうえで（新保論文）、セキュリティをめぐる課題とその対処のあり方についても検討する（板倉論文）。

伝統的プライバシー理論へのインパクト

中央大学国際情報学部教授
石井夏生利

SCENARIO

日本は未曾有の高齢化社会に突入している。若年層の労働力を維持し、人間が人間らしい生活を送るには、生活支援ロボットが必要である。たとえば、外形が人間に類似したロボットが生活全般を支援し、炊事、洗濯等の家事全般を担う場面が想像される。物理的な支援に限らず、ロボットが人間の悩みを聞いてアドバイスをする場面も考えられる。人間が生活支援ロボットとともに暮らし、コミュニケーションをとるようになると、そうしたロボットを執事、家族や親しい友人のように扱うこともありうる。また、一歩外に出ると、自動運転ロボット、ドローン等、ありとあらゆるところでロボットが活動しており、人間はロボットがなくては生きていけなくなる社会が到来するかもしれない。

しかし、ロボットが家庭内に深く浸透すると、人のプライバシー・個人情報のすべてがロボットに把握されるようになり、人はそのことに気づかないかもしれない。なぜなら、人は人間類似のロボットと対話することにより、ロボットへの警戒心を失う傾向にあるからだ。

人間が人間らしさを保つためには、私的に隔離された領域を守られるべきではないか。自己に関する情報の決定権を維持できるようにすべきではないか。そのことを改めて考える必要がある。

Ⅰ　はじめに

本稿では、人工知能すなわちＡＩが個人の私生活に過度に介入し、機微な情報を収集・分析するリスクを想定し、それが伝統的プライバシー権へ与える影響を論じる。

情報通信技術の高度化に伴うプライバシーの問題は、ライフログ、クラウドコンピューティング、ビッグデータ、ＩｏＴなどの文脈で論じられてきた。ライフログは人間の生活履歴の蓄積、クラウドコンピューティングはインターネット経由での個人情報管理、ビッグデータは散在情報を含む大量情報の分析、ＩｏＴはセンサーを通じた情報収集が主な論点となってきた。ＡＩ

はこれらの問題の先にある議論と捉えることができる。AIに定まった定義はないが、人工知能学会によると「知能のある機械」と定義され、そのホームページにはさまざまな人工知能研究が紹介されている[1]。そのなかでも、AIの成長を促す技術であって、IoTまでの議論では明示的には登場しなかったものに、機械学習、ディープラーニング、ニューラルネットワーク等がある[2]。特に、機械学習は、人工知能プログラム自身が学習するという点で、AIのもたらす便益やリスクを予測不可能なものにさせている。

総務省「インテリジェント化が加速するICTの未来像に関する研究会報告書2015」(2015年6月)では、「3－4．人間とインテリジェントICTが共存する社会へ」のなかで、「インテリジェントICTが人間を包むように存在し、かつ、インテリジェントICTと人間がシームレスに連携する世界が実現する。このとき、ほとんど全ての人間にとってインテリジェントICTは日常生活に不可欠な存在となる。それは常に周囲に存在する空気のようなものとして様々な自動調整・自動調和を実現すると同時に、有能な執事のように自らを支える存在となり、また、相談や苦楽を分かち合う家族や友人のような存在となるとも考えられる。すなわち、人間とインテリジェントICTが共存する社会となっていく」、「今後、急速に高まるインテリジェントICTの能力をあくまで『人間が使いこなすもの』と位置づけ、インテリジェントICTをそのように『作りこんでいく』ことが重要である」と述べている。報告書によると、「ICTインテリジェント化」とは、「コンピュータや通信に関する様々な技術の同時並行的かつ加速度的な進展によってもたらされる、人間を取り巻くＩＣＴにおける知性の大幅な向上と、そのＩＣＴと人間の連携の進展という、巨大かつ急速な変化である」と定義づけられており、その要素として「人工知能の高度化」や「人間（の脳）と人工知能等との連携、意識の通信」が挙げられている。総務省は、その後もＡＩネットワーク化検討会議「報告書２０１６　ＡＩネットワーク化の影響とリスク―智連社会（ＷＩＮＳ《ウィンズ》）の実現に向けた課題―」（２０１６年６月20日）を発表し、２０１６年10月からは、ＡＩネットワーク社会推進会議を開催してきた。２０１７年７月28日には、同会議から「報告書２０１７―ＡＩネットワーク化に関する国際的な議論の推進に向けて―」が公表された。

確かに、人間がＡＩを使いこなせると、人間にとっての利便性を格段に高める形で社会の変革を起こすことができる。しかし、ＡＩが人間に物理的に近づくということは、人間の生活空間に介入し、人間の持つあらゆる情報を収集し、分析するリスクを伴う。本稿では、伝統的プライバシー権保護の観点から、こうした場面がもたらすかかる権利への影響を考察し、人間がＡＩと共存できるようにするための方向性を述べることとする。

II 伝統的プライバシー権

1 プライバシー権の提唱と発展

プライバシー権は、1890年に、サミュエル・D・ウォーレン氏とルイス・D・ブランダイス氏が、『ハーバード・ロー・レビュー』誌に「プライバシーの権利」(以下「ウォーレン&ブランダイス論文」という)[3]を発表し、「ひとりにしておかれる権利」を提唱したことから始まった。これが執筆されなかったならば、プライバシーの権利という考え方は、承認されることにならなかったかもしれないし、仮にそうでないとしても、かなり遅れて認められることになったであろうと言われている。[4] この権利は、伝統的プライバシー権とも言われる。

ウォーレン&ブランダイス論文は、「ひとりにしておかれる権利」を多義的に理解し、さまざまな形で説明した。それを二つのカテゴリに分類すると、第一は、「秘密を守る権利、孤独を守る権利、思想・信条・感情をあらゆる形式における公開から保護される権利」であり、不可侵権として位置づけられる。第二は、「各個人が通常、自己の思想や心情、感情をどの程度他人に伝えるべきかを決定する権利」または「公開の行為を完全にコントロールする」権利である。この説明は、不可侵権というよりは、個人に公開の決定権を与えるという意味で、後述する現代的プライバシー権(自己情報コントロール権、情報プライバシー権等とも言われる)に親和性を持つ。

その後、カリフォルニア大学バークレー校で学部長を務めたウィリアム・L・プロッサー教授は、1960年8月、『カリフォルニア・ロー・レビュー』誌に、「プライバシー」と題する論文を発表した。[5] これは、ウォーレン&ブランダイス論文が発表された後に、アメリカで提起された多くのプライバシー侵害訴訟を不法行為の観点から整理・分類し直した論文である。プロッサー教授の分類した4類型――不法侵入、私的事実の公開、公衆の誤認、盗用――は、判例法を法典化した第二次不法行為リステイトメントに取り入れられた。[6]

2　現代的プライバシー権に見られる伝統的プライバシー権の萌芽

1960年代中葉になると、特にコンピュータ化との関係で、監視社会への懸念という、新たなプライバシー問題へと関心が寄せられるようになった。かかる事態への対応に大きな影響を与えたのは、現代的プライバシー権の提唱である。この権利を論じた著書として世界的に有名なものは、コロンビア大学のアラン・F・ウエスティン名誉教授が1967年に発表した『プライバシーと自由』[7]、ニューヨーク大学法科大学院のアーサー・R・ミラー教授が1971年に発表した『プライバシーへの攻撃』[8]である。

ウエスティン教授の『プライバシーと自由』は、「プライバシーとは、個人、グループまたは組織が、自己に関する情報を、いつ、どのように、また、どの程度他人に伝えるかを自ら決定できる権利である」[9]と定義し、日本でも数多くの文献で引用されてきた。同教授は、この著書のなかで、「自己に関する情報」を保護対象にする一方、プライバシーの基本的状態を「孤独」、「親密さ」、「匿名性」、および「沈黙」であると論じている。とりわけ、「沈黙」が最も繊細なプライバシーの状態であり、望まない侵入に対して心理的な障壁を作ることであると説明されている。あわせて、同教授は、これらの状態を保護することによって得られるプライバシーの効果を、個人の自律、感情的自由、自己評価、および、通信の制限および保護の四つに分類した。[10] 個人の自律に関しては、次のように述べられている。

個人の自律　民主主義社会では、個人の独自性、個人の基本的尊厳、ならびに、神の産物および人間としての価値、そして、本人の神聖な個性を保護する社会的過程を維持する必要性において、基本的な信念がある。心理学者および社会学者は、個人に関するこの意味の展開と維持を自律性を求める人間の欲求——他者から完全に操作されまたは支配されることを避けるための欲望——と結びつけてきた。[11]

ウエスティン教授の論じるプライバシー権は、基本的には私的な状態を保護するものであり、個人に対し、自律性、自己実現、精神的安定を与えるために、自らに関する情報をどの程度提供するかについて、自ら決定できる権利であると理解することができる。

ところで、ウエスティン教授の定義は、プライバシーの権利主体に、個人のみならずグループまたは組織を含んでいる。しかし、ミラー教授の『プライバシーへの攻撃』によって、プライバシー権は、個人を権利主体とするものとして捉えられ、かつ、情報の流通規制を含む形で理解されるようになった。ミラー教授は、「最近、法律家や社会学者は、効果的なプライバシー権の基本的特質は、自己に関する情報の流れをコントロールする個人の能力――社会関係や個人の自由を維持するのにしばしば不可欠な力――であるという結論に達するようになった。これと相関的に、個人が自己に関する情報の流れを統制する栓のコントロールを奪われるならば、ある程度までその者は栓を操作することができる人々や機関に屈従することになる」と論じている。[12] ここでは、プライバシー権は、情報の流れをコントロールする能力であると説明されており、日本で理解されてきた「自己情報コントロール権」（後述）は、この定義の影響を受けて発展したと考えられる。

前述のとおり、プライバシー権は、1890年にマスメディアに対抗する形で伝統的プライバシー権が提唱され、それが判例法を通じて発展し、1960年代半ばに政府の監視に対抗する形で現代的プライバシー権が提唱された。こうした流れは、日本の議論にも取り入れられてきた。両者の権利概念について、伝統的プライバシー権は消極的、現代的プライバシー権は積極的とみられているが、相対的な概念である。ウエスティン教授のプライバシー権は、自らに関する何らかの情報を他人に伝える行為について、自分で決定することを内容とする。これは、ウォーレン&ブランダイス論文が、伝統的プライバシー権が提唱された段階から、個人に公開の決定権を与えることを述べていた点と親和性を持っており、そこに現代的プライバシー権の萌芽をみることができる。また、現代的プライバシー権は「自己情報コントロール権」とも言われており、「コントロール」という言葉からすると、「管理」や「統制」という文脈で捉えられることもある。しかし、現代的権利は、個人に対して積極的に個人情報を管理統制する権利を与えるという意味ではなく、情報技術の発展によって情報が勝手に流出するようになったことに対して歯止めをかけよう、という文脈で使われている[13]。したがって、両者は別個の権利ではなく、それらを包摂したものがプライバシー権であると理解すべきである。

とはいえ、伝統的プライバシー権は、私的領域や私的情報に焦点を当てているため、現代的プライバシー権がその対象に含めない領域を保護している。そこで、次のⅢでは、私的な領域や私的な情報がＡＩによって侵害されうる場面を検討する。

Ⅲ　伝統的プライバシー権とＡＩ

ＡＩが人間に物理的に近づく例のひとつに、冒頭で述べた生活支援ロボットがある。日本は世界に類を見ない超高齢化社会に突入しており、国立社会保障・人口問題研究所の「日本の将来推計人口（平成29年推計）」によると、老年人口割合（高齢化率）は、２０１５年の26・6％から２０６５年には38・4％へと上昇し、２０４２年に老齢人口（高齢者数）がピーク（約３９３５万人）を迎えると推計されている。それに伴い、要介護者の割合が増え、結果として生産年齢人口の生活が逼迫する可能性があることから、それを解消するための手段として、生活支援ロボットへの期待が寄せられている。

「日本再興戦略 -JAPAN is BACK-」（２０１３年6月14日閣議決定）では、「ロボット介護機器開発５ヵ年計画」の実施が謳われている。[14] 経済産業省および厚生労働省は、２０１４年11月22日に「ロボット技術の介護利用における重点分野」を策定し、開発支援を進めてきた。[15] その重点分野には、移乗介助、移動支援、排泄支援、認知症者の見守り、入浴支援が挙げられている。これらのほかには、歩行支援、リハビリ、食事や読書などの被介護者の自立支援、介護者を癒すコミュニケーション型ロボットなどがある。これらのロボットの主眼とするのは、介助者の負担を軽減し、被介護者の自立支援を促すことであり、自律型ＡＩが生活に介入して機微情報を収集・分析し、他の目的に利用することとは意図していない。

しかし、生活支援ロボットの範囲が拡大し、仮にＡＩの搭載されたロボットが執事、家族や友人のような使われ方をするようになった場合、人は「ひとりで放っておいてもらう」ことができなくなり、伝統的プライバシー権侵害の問題が生じうる。

ワシントン大学法学部のライアン・カロ助教[16]は、２０１４年に発表した「ロボットとプライバシー」のなかで、次のように、ロボットがプライバシーに与える三つの影響を分析している。

第一は、直接的監視により個人の予測を超えた利用をおこなえるようになるという点である。

公的部門では、軍事や法執行目的のロボット、家庭用ロボットが自宅内の詳細な情報を収集できるようになると、捜査機関は令状を取得すればそれらの情報を容易に得られること、民間部門では、財産の監視、敷地の安全確保や従業員監視、有名人の覗き見（ロボットパパラッチ）、マーケティング目的に個人の情報が使われてしまうことが問題とされている。ここでいう監視は、「ビッグブラザー」が個人の私生活の隅々まで監視する未来社会を描いたジョージ・オーウェル『1984年』のような監視社会ではなく、個人が自らの情報の収集や利用の状況を知らないままに不利に利用されることを意味する。[17]

第二は、歴史的に保護されていた領域へのアクセスを増大させるという点である。ここでは、特に、カメラ、臭気検出器、加速度センサー、GPS等を備えた家庭用ロボットによって、政府、民事訴訟の当事者、ハッカーが居住空間の内部にアクセスする新たな機会を作り出す点が問題とされる。

第三は、社会的意味からもたらされる問題である。ロボットがより人間類似となり、社会的な対話をおこなえるように設計されることで、エンドユーザおよびより大きなコミュニティとの関わり等を持つようになることに伴う懸念である。多くの調査によれば、人々は、ロボットのような高度に擬人化された技術に対して、あたかも人が現実に存在するかのように生来的に反応する傾向があり、観察され評価されているとの感覚を持つ。この社会的側面を持つロボットは、次の3種類のプライバシーへの危険を与える。カロ氏の論文では概ね次のことが述べられている。

一つめは、従来は孤独が守られていた生活および他の空間に社会的ロボットが介入することに伴う、内面・内省の減少である。二つめは、社会的ロボットが人々から情報を引き出す特殊な立場に立つことである。ロボットは、情報収集における人間の長所（恐怖、称賛等）のほとんどを利用するが、人間よりも優位性を持つ。ロボットが尋問をおこなう時は、おだて、羞恥、恐怖またはその他一般に用いられている説得技術を採用するが、人間と異なり、ロボット自身はこれらの技術の影響を受けない。ロボットは、完全な記憶を持ち、現存するエネルギー源を推定し、中断や休憩を必要としないという点で、人間の説得者よりも優位性が組み込まれている。そして人々は、少なくとも情報源として、コンピュータに大きな信頼を寄せる傾向を持つ。三つめは、「プライバシーの設定」と呼ばれうるものと関係する、新種のきわめて機微な個人情報を生み出すかもしれないことである。個人用ロボットの「交流プログラム」によって、ロボットは高度に操られ個々人向けのものとなる。つまり、人がロボットを自分用に調整し交流することは、心理学者と面会するようなものである。消費者は最終的には、特定の時間に作動しまたは特定の仕事を達成することに限らず、所有者およびコミュニティにとっての独立の社会的意味を伴う、ほぼ無限の種類の個性および筋書きを採用しまたは実行するために、ロボットをプログラムできるようになる。プログラム可能な社会的ロボットと交流する際に、我々は、その最も機微な心理的態度の表層に立つ。我々が潜在意識にある内的感情を明らかにすることで、ロボットは人間の心理的態度を変換し、記録する。ロボットは、人に類似するロボットを人間が用いる方法を記録する。ロボットは、心理療法士がうらやむような我々の情報を明らかにするであろう。この高度に個人的な新種の情報は、他の種類の情報とともに、盗まれ、売られ、令状により収集されるかもしれない。

カロ氏の論文は、第一と第二の問題に対する法的対応は可能であるが、第三の問題については、潜在意識の被害は変動しやすく評価が困難であり、家庭内ロボットは主人によって招待されているがために、個人情報の取扱いについての本人への通知と同意がプライバシーの主張を封じてしまうと述べている。同氏は、第三の問題について、法的または技術的手段に頼るよりむしろ、何年もかけて人間とロボットの対話を複数の学問領域で深く検証することが求められると述べている。

擬人化したロボットに対して心理的障壁が下がるという点は、他の論者からも指摘されている。たとえば、ブリュッセル自由大学のミレイル・ヒルデブラント教授は、擬人化したロボットは、その外観によって人々の認識を変え、機微情報を開示させられること、人々は危険な方法でロボットを信じるようになるかもしれないことを述べている。[18] トリノ大学教授のユーゴ・パガロ教授も、人々は心理的に「従属、愛着、信頼等の感情」を抱き、「これらの機械が我々の私生活についての多くの事柄を知る可能性が高い」と指摘している。[19]

Ⅳ　ＡＩの進展とプライバシー保護

自律型ＡＩの発展可能性は予測不可能であるが、ここでは、その可能性がありうることを前提に、伝統的プライバシー権へのリスクおよびそれに対する対策を検討する。

プライバシーを保護することで得られる利益は、個人の心理的・精神的安定や自律性である。ＡＩは人間の役に立てるために開発されたものであり、それによって精神的安寧が奪われることがあってはならない。自己学習するＡＩが人の生活に物理的に近づき、人の情報を無断で集めて分析するようになると、伝統的プライバシー権が保護する不可侵権も、公開の行為をコントロールする権利も奪われてしまう。特に、人間が、コミュニケーション型ロボットをあたかも人と同じもののように錯覚してしまうと、プライバシーを侵害されていることすら気づかず、問題が顕在化しないという懸念が生じる。擬人化ロボットに対する人間の心理的障壁が下がるという論点は、法的には検討されておらず、かつ、法的な対応が困難なものでもある。

しかし、法的対応を考えるとしても、プライバシー侵害に基づく不法行為、人格権侵害に基づく差止請求、個人情報保護法制による規律といった従来型の手法では実効性を伴わないように思われる。なぜなら、進化するＡＩに対しては損害賠償や差止請求のような事後的救済策ではなく、事前の予防策が必要であること、法律による規制を及ぼす際には、その責任主体を明確にしなければならないことなどの問題が生じるからである。

自律型AＩとプライバシー保護を調和させるためには、従来の法的手法にとらわれない方策を考える必要がある。この点、総務省の前記AＩネットワーク化検討会議の報告書では、研究開発の原則・指針のなかで、プライバシー保護の設計および実装（プライバシー・バイ・デザイン）に触れている。

プライバシー・バイ・デザイン（Privacy by Design：ＰbＤ）は、カナダ・オンタリオ州の前情報プライバシー・コミッショナーである、アン・カブキアン博士が、１９９０年代から提唱してきた考え方であり、ヨーロッパやアメリカなど、国際的に幅広く受け入れられるようになってきている。ＰbＤは、さまざまな技術に関する設計仕様のなかにプライバシーを組み込むという考え方およびアプローチをいう。これは、「公正情報実務」（Fair Information Practices）に関する諸原則を、情報処理技術およびシステムの設計、運用および管理のなかで確立させることによって達成することができる。ＰbＤは、（1）情報技術、（2）事業活動、ならびに、（3）物理的設計およびインフラに適用される。[20]

ＰbＤの目的は、次の基本7原則[21]を遵守することで、プライバシーと個人の情報へのコントロールを保障し、組織が持続的に競争上の優位を得ることにある。

1　事後的ではなく事前的、救済的ではなく予防的であること

2　初期設定としてのプライバシー

3　設計に組み込まれるプライバシー
4　全機能性――ゼロサムではなくポジティブサム
5　生成から廃棄までの安全性――ライフサイクル全般の保護
6　可視性と透明性――継続的開示
7　利用者のプライバシーを最大限に尊重すること――利用者中心の維持

カブキアン博士が強調するのは、ＰｂＤによってプライバシーとセキュリティ、プライバシーと事業プロセスの「両者」を実現すること、ＰｂＤはゼロサムではなくポジティブサムを目指していることである。

ＰｂＤは、必ずしも法的措置[22]によって実現する必要はない。ＥＵは、２０１６年4月27日に成立した一般データ保護規則のなかで、「データ保護バイ・デザインおよびバイ・デフォルト」（25条）という規定を設けたが、自主的な認証制度によってＰｂＤを推進する動きもある。[23]

本稿との関係で着目すべきは、ＰｂＤの第2原則である。この原則は、「自己のプライバシーを保護するために個人の側で求められることは何もない――それはシステムに初期設定で組み込まれている」と説明されている。自己学習をおこなうＡＩに対処するためには、自動的にプライバシーを組み込む手法が有効と考えられる。これが実現すれば、本人がプライバシー侵害に気づかなかったとしても、自動的に保護を受けることが可能となる。

ＡＩに適用できるＰｂＤの技術として、SmartDataが提案されている。[24] これは、データ自体をスマートにするという発想であって、人間のクローンを作るように、サイバー空間での「代理人」を作り出し、個人の選好および状況に応じて本人の情報を開示するか否かを管理することを意図している。これは、ＰｂＤ２・０と位置づけられている。①個人データの安全保護を実施、②データのアクセスルールを「代理人」のなかに設定する、③そのルールを条件に情報へのアクセス要請に応じるという方法で実施すると説明されている。しかし、その技術自体の実現可能性や、変動する状況をいかにして代理人に組み込み、個人の選好に適合した保護を実装できるのか、という点が課題となる。

ＰｂＤは、従来型の法的手法にとらわれず、かつ、個人の側の努力なくして保護を実現できることから、その点で優れた発想である。問題は、ＡＩの発展を阻害しないようにしつつ、プライバシーを保護するための技術をいかにして開発するかという点である。SmartDataはそのなかのひとつであるが、２０１２年頃以降の展開がみられないようであるため、より有望なプライバシー保護技術の開発に期待したい。

ＡＩネットワーク化とはやや文脈を異にするが、２０１７年2月に、米国グーグルがプライバシーを保護する「ドローン飛行経路」設定技術を特許登録したと報じられている。[25] これは主に外からの監視を避けることでプライバシー侵害を低減するための試みであるが、ＰｂＤを実装する技術とみることもできると考えられる。

グーグルは、２０１６年6月10日、強力な人工知能システムの暴走を防止するため、「キル・スイッチ（Kill Switch）」を開発していることも報じられている。[26] 伝統的プライバシー権の問題は、自律型ＡＩが引き起こすひとつの論点にすぎず、また、キル・スイッチはＰｂＤの実装技術とも言い難いが、他の権利利益の侵害を含め、暴走した場合の最終手段を設ける必要はあるかもしれない。２０１７年1月27日、ＥＵの欧州議会の法務委員会が「ロボットに関する民事法についての欧州委員会への勧告提案」[27] という報告書を公表した。この報告書はＰｂＤなどにも触れているが、明らかなオプトアウトの仕組み（キル・スイッチ）を合理的な設計目的に沿う形で統合すべきであるとの立場を明らかにしている。

いずれにせよ、ＡＩの進展は、プライバシー以外にもさまざまな社会的影響を与えるものであり、すでにその便益とリスクに関する検討は国内でも始まっている。ＡＩと人間の尊厳のバランスを図るためには、学際的な分析が不可欠である。

Ｖ　おわりに

本稿では、主に伝統的プライバシー権の観点から、自律型ＡＩの進展に伴うリスクに関する検討をおこなった。前記のとおり、今後、自律型ＡＩの技術がどの程度進展し、人間社会に浸透するようになるかは定かではない。また、伝統的プライバシー権は、ネットワーク化のことは想定していないため、ＡＩシステムが情報通信ネットワークを通じて他のＡＩシステムその他のシステムと連携して機能することを直接にカバーするものではない。

しかし、仮に伝統的プライバシー権の考え方をＡＩネットワークに当てはめて考えると、ＡＩロボットが個人の私的領域に深く入り込み、個々人向けのプライバシー設定を利用して機微な情報を吸い出し、他のＡＩシステムと共有し、最終的にはあらゆるＡＩロボットがあらゆる個人を管理できるようになるかもしれない。そのような事態は、ＡＩによる監視社会への扉を開く契機を与えるようなものである。

いまのところ、このようなリスクが現実化する兆しは見られないが、今後起こりうるあらゆる可能性を視野に入れ、ＡＩネットワーク化の進展に関しては、ＡＩと人間の尊厳とのバランスを図り、人間によるコントロールを崩さない形での社会設計を検討していく必要がある。

〈注〉

1〉人工知能学会「人工知能研究」(http://www.ai-gakkai.or.jp/whatsai/AIresearch.html)。

2〉松尾豊『人工知能は人間を超えるか―ディープラーニングの先にあるもの』(ＫＡＤＯＫＡＷＡ／中経出版・２０１５年)参照。

3〉Samuel D. Warren & Louis D. Brandeis, *The Right to Privacy*, 4 Harv. L. Rev. 193 (1890).

4〉堀部政男『現代のプライバシー』(岩波書店・１９８０年)25頁。

5〉William L. Prosser, *Privacy*, 48 Cal. L. Rev. 383 (1960).

6〉判例法上のプライバシー権の発展経緯は、石井夏生利『個人情報保護法の理念と現代的課題―プライバシー権の歴史と国際的視点』(勁草書房・２００８年)１２１頁以下。

7〉Alan F. Westin, Privacy And Freedom (1967).

8〉Arthur R. Miller, The Assault on Privacy (1971).

9〉Westin, *supra* note 7, at 7.

10〉*Id.* at 31-39.

11〉*Id.* at 33.
12〉Miller, *supra* note 8, at 25.
13〉石井・前掲注（６）終章。
14〉「日本再興戦略 -JAPAN is BACK-」（２０１３年６月14日閣議決定—— http://www.kantei.go.jp/jp/singi/keizaisaisei/pdf/saikou_jpn.pdf）。
15〉経済産業省＝厚生労働省「ロボット技術の介護利用における重点分野」（２０１４年11月22日—— http://www.meti.go.jp/press/2013/02/20140203003/20140203003.html）。
16〉Ryan Calo, *Robots and Privacy, in* Robot Ethics: The Ethical and Social Implications of Robotics 187-202 (Patrick Lin, George Bekey, & Keith Abney eds., 2014).
17〉Daniel J. Solove, The Digital Person: Technology and Privacy In The Information Age 36-41 (2006).
18〉Marcus Woo, *Robots: Can we trust them with our privacy?,* BBC Future (Jun. 5, 2014 —— http://www.bbc.com/future/story/20140605-the-greatest-threat-of-robots).
19〉Ugo Pagallo, *Robot in the cloud with privacy: A new threat to data protection?,* 29 Computer Law & Security Rev. 501-508, 502 (2013).
20〉Ann Cavoukian, *Privacy by Design: The 7 Foundational Principles* (Jan. 2011 —— https://www.ipc.on.ca/wp-content/uploads/Resources/7foundationalprinciples.pdf).
21〉Information & Privacy Commissioner, Ontario, Canada, *Privacy by Design, The 7 Foundational Principles* (http://www.privacybydesign.ca/index.php/about-pbd/7-foundational-principles/). 邦訳は、堀部政男＝ＪＩＰＤＥＣ編『プライバシー・バイ・デザイン—プライバシー情報を守るための世界的新潮流』（日経ＢＰ社・２０１２年）参照。
22〉Parliament and Council Regulation 2016/679, 2016 O.J. (L 119) 1-88 (EU).
23〉Ryerson University, Privacy and Big Data Institute (http://www.ryerson.ca/pbdi/privacy-by-design/certification/).
24〉George Tomko, *SmartData: The Need, the Goal and the Challenge, in* Smart Data: Privacy Meets Evolutionary Robotics 11-25 (Inman Harvey, Ann Cavoukian, George Tomko, Don Borrett, Hon Kwan, & Dimitrios Hatzinakos eds., 2014).
25〉ロボティア編集部「プライバシーを保護する『ドローン飛行経路』設定技術を特許登録…米 Google」（２０１７年２月６日—— https://roboteer-tokyo.com/archives/7843）。
26〉ロボティア編集部「Google がＡＩを緊急停止させる〝キル・スイッチ〟を開発」（２０１６年６月10日 —— https://roboteer-tokyo.com/archives/4539）。
27〉European Parliament, *REPORT with Recommendations to the Commission on Civil Law Rules on Robotics* (Jan. 27, 2017 —— http://www.europarl.europa.eu/sides/getDoc.do?pubRef=-//EP//NONSGML+REPORT+A8-2017-0005+0+DOC+PDF+V0//EN).

ＡＩの利用と個人情報保護制度における課題

慶應義塾大学総合政策学部教授
新保史生

ＳＣＥＮＡＲＩＯ

対人コミュニケーション支援ツールとして、面前の人物の顔を識別し当該人物の氏名のみならず思想・信条などの情報をも表示する眼鏡が販売された。カメラ画像やネットワーク上で公開されている画像を地引網的に取得するとともに、対象となる顔識別情報に紐づけられる個人情報を探索し、その情報をＡＩで分析することで、対象者がどのような人物なのかを瞬時に把握できる。日常生活のみならず、採用面接、接客業、各種窓口などで個人情報やその人物特性を把握したうえでの対応が可能である。

取得対象の画像データは、固定カメラなどの画像のみならず、ドローンや自動走行車の搭載カメラが撮影した画像、ＳＮＳをはじめ個人がネット上で公開しているデータをロボット（クローラ）が収集した画像などである。顔認識技術を用い、特定の個人の顔画像を識別するとともに、当該画像によって識別される特定の個人に関する情報と紐づけるために、インターネットや各種データベースで一般に公開されている情報と照合。さらに、入手可能な匿名加工情報をＡＩによって分析することで、匿名加工情報の作成に用いられた個人情報にかかる本人を識別。ディープラーニングを用いた学習によって得られた情報により、当該サービスの利用者は任意の出力結果を指定することができる。ある利用者による出力結果は、①顔の特徴から人種ごとに分類、②画像に記録された位置情報から自宅住所を特定、③新聞記事データベースから犯罪経歴を有する人物を特定、④デモの参加者という情報から特定の信条を推知した情報を出力するよう設定されていた。

初対面の人から差別的な取扱いを受けたのを不審に思った本人が、そのような対応をした人物に理由を尋ねたところ眼鏡に過去の犯罪経歴や信条などの情報が表示されていることが判明。そこで当該本人から、ＡＩを利用して当該個人情報の取扱いを実施している事業者が個人情報の不正利用により個人の権利利益を侵害しているとして、保有個人データの利用停止を求めるとともに、当該事業者がその対象事業者となっている認定個人情報保護団体に本人から苦情の申出がなされた。個人情報保護委員会は個人情報保護法（以下「法」という）40条に基づき、当該個人情報取扱事業者に報告徴収を要請した。

I　個人情報保護制度における課題

ＡＩの研究開発および利用と個人情報保護制度における課題は、ディープラーニング（深層学習）に代表される機械学習手法の高度化と、それを実現するためのビッグデータの取扱いにあたって、取得対象となる情報の個人情報への該当性およびその適正な取扱いと保護について検討が必要なことにある。ＡＩとの関係における個人情報の取扱いにかかる問題は、個人情報保護法における個人情報の取扱いと保護のみならず、プライバシーの権利の保障、肖像や名誉などの人格的利益保護をめぐる問題についての検討が求められる。

ＡＩと個人情報保護をめぐっては、ＡＩが自律的に個人情報を取得し利用するに伴って個人情報の取扱いに関して問題が生ずるというよりは、むしろ、ＡＩを利用する個人情報取扱事業者が、ＡＩの利用に伴い適正な個人情報の取扱いをおこなうことができるのか否かという点が問題の本質と言えよう。また、ＡＩを利用してサービスを提供する事業者側においても、ＡＩシステムがインターネット等情報通信ネットワークと接続されることにより、他のシステムとの連携（特に複数のＡＩシステム相互間の連携）が進展してネットワークが形成されるようになることにより、事業者が意図する利用目的では想定していない個人情報の取扱いがなされる可能性もある。

その点を、個人情報保護委員会の報告徴収に対する個人情報取扱事業者の想定回答をもとに考えてみたい。

Ⅱ　事業者による想定回答

個人情報保護委員会の報告徴収の要請に対し、当該眼鏡ツールの提供にあたっての個人情報の適正な取扱いと保護に関する主たる事項として、当該事業者は以下のような回答をおこなったとしよう。

a）利用目的の特定及び制限（法15条・16条）

・ＡＩを活用した新たな情報サービスに利用するという利用目的を公表している。なお、取得対象の個人情報は直接書面取得によらない情報であって取得に際しての利用目的の明示は不要である。

・どのような目的で当該サービスを利用するのかは利用者の判断にゆだねられているとともに、ＡＩによる自律的な判断に個人情報の取扱いをゆだねた出力結果について当該事業者は一切関知していない。

b）適正な取得（法17条）

・アクセス制御機能を有さないカメラや一般にネットワーク上で公表されているデータを取得しており、適正な個人情報の取得にあたる。

・営業秘密など不正競争防止法において不正取得が禁止されている情報が取得対象とな

る場合、提供先の事業者による不十分な安全管理措置等に起因して一般に公開されている情報であって秘密管理性を喪失しており、当該情報の取得は営業秘密を侵害する行為には該当しないことから不正取得にはあたらない。

・人種にかかる情報は、法2条3項が定める要配慮個人情報に該当する。しかし、当該情報はAIを用いた分析結果として事後的に明らかになったものであり、法17条2項が定める要配慮個人情報の「取得」には該当しない。よって、同条の取得制限には抵触せず、AIによる分析の結果として事後的に明らかになった要配慮個人情報は当該制限の対象外である。

c）正確性の確保（法19条）

・当該サービスを提供するにあたって取得し個人データとして管理している個人情報についいては正確性の確保義務を負うが、機械学習においてAIが取得したビッグデータに誤った情報が混在している場合、取得対象となる情報の正確性の確保義務はない。

・取得対象の情報が個人情報であって個人データではない場合は、正確性の確保義務がないとともに、保有している情報が個人データに該当しない場合も同様である。

d）第三者提供の制限（法23条）

・個人データの第三者提供にあたっては、オプトアウトの措置を講じている。

・AIが非構造化データ（検索性・体系性を有しない個人情報）を分析して出力した個人情

報であって個人データには該当しない場合、当該個人情報は第三者提供の制限を受けない。

e）利用停止等（法30条）

・保有個人データとして取り扱われている個人情報の利用停止等の申出については、手続違反（目的外利用、不正取得、無断提供）による個人情報の取扱いはおこなわれていないため、利用停止等の請求に応ずる義務はない。

f）匿名加工情報の識別行為の禁止（法38条）

・匿名加工情報の作成に用いられた個人情報にかかる本人の識別は、ＡＩによる意図しない再識別化にすぎず当該事業者は関知していない。

個人情報保護委員会の報告徴収の要請に対する事業者によるこの想定回答は、ＡＩを用いた個人情報の取扱いについて、当該情報サービスを提供している事業者側においても個人情報がどのような利用目的で利用され、ＡＩによってどのような分析や判断結果が示されるのか把握できないことに乗じて、個人情報の取扱いについて極力責任を負わないという無責任な言い訳を想定してみたものである。とはいえＡＩを利用したサービスにおける個人情報の適正な取扱いと保護についいて、ＡＩの自律的判断にゆだねた結果生じた問題についてはさまざまな問題があるものの、このような回答はあながち荒唐無稽な言い訳とは言い切れない。

III　個人情報保護制度

1　改正個人情報保護法はAI時代に対応しているか

ＡＩを用いた個人情報の取扱いをめぐる問題は、２０１７年5月30日施行の改正法では想定していない問題がすでに生じつつあることを予見するものである。法改正は、２００３年に個人情報保護法が制定されてから10年を経た改正であり、その背景にはＳＮＳやスマートフォンをはじめとする新たな情報通信技術の利用に伴い飛躍的に増加した多種多様かつ膨大なデータ、いわゆるビッグデータの収集・分析が可能となることに伴い生ずるようになった問題への対応が、主たる課題であった。個人の行動・状態等に関する情報に代表される個人に関する情報（パーソナルデータ）が、高度な情報通信技術を用いた方法により、本人の利益のみならず公益のために利活用することが可能となったことが大きい。しかし、これらの情報について自由な利活用が許容されるのかが不明確な「グレーゾーン」が発生・拡大し、パーソナルデータの取扱いに躊躇する場面や、逆に安易な匿名化によって個人情報に該当しない情報と誤解して利活用を試みることへの対応が、法改正における主な検討事項であった。よって、プロファイリングをはじめとしてＡＩ時代における重要な課題は法改正には含まれていない。

あくまで、保護されるべきパーソナルデータが適正に取り扱われることを明らかにし、消費者の安心感を生む制度の構築が望まれていることを受けて、個人情報保護法の改正はおこなわれた。[1]

2　個人情報保護法体系

法改正による法整備は、「個人情報の保護に関する法律及び行政手続における特定の個人を識別するための番号の利用等に関する法律の一部を改正する法律」（平成27年法律第65号）が、2015年9月3日に成立し同年9月9日に公布され、2016年1月1日に一部が施行された。行政機関、独立行政法人等については、「行政機関等の保有する個人情報の適正かつ効果的な活用による新たな産業の創出並びに活力ある経済社会及び豊かな国民生活の実現に資するための関係法律の整備に関する法律」（平成28年法律第51号）が2016年5月20日に成立し、5月27日に公布されている。両法ともに2017年5月30日に施行された。

個人情報保護法が番号利用法とともに改正されることになった理由のひとつは、マイナンバー制度を監督する機関として2014年1月1日に設置された「特定個人情報保護委員会」を改組し、個人情報の取扱い全般にわたって監督する機関として新たに「個人情報保護委員会」を設置するためである。行政サービスの効率化におけるAIの利用と個人番号（マイナンバー）の取扱いについては本稿では考察の対象としていない。しかし、行政におけるAIの利用に伴い問題が生じた際に、本章の想定事例のような事例において、個人情報保護委員会は行政機関等における個人情報の取扱いについて報告徴収をおこなうことはできない。その際に、行政事務において個人番号が取り扱われている場合や「非識別加工情報」（個人情報保護法では匿名加工情報）の取扱いに関しては、個人情報保護委員会による法執行の対象になることを付言しておきたい。

Ⅳ　改正法をふまえた検討事項

1　改正法における新たな論点

改正個人情報保護法では、①個人情報の定義の明確化、②適切な規律のもとで個人情報等の有用性を確保するための規定の整備、③個人情報の保護を強化するための規定の整備、④個人情報保護委員会の新設およびその権限に関する規定の整備、⑤個人情報の取扱いのグローバル化に対応するための規定の整備がなされた。

個人情報取扱事業者の義務にかかる改正事項は、①利用目的の制限の緩和（15条2項）、②要配慮個人情報に関する規定（2条3項、17条2項、23条2項）、③個人データの消去の努力義務の追加（19条）、④個人データの外国にある第三者への提供の制限（24条）、⑤第三者提供にかかる確認および記録の作成の義務づけ（25条・26条）、⑥本人同意を得ない第三者提供への関与（オプトアウト規定の見直し）（23条2～4項）、⑦開示等請求権の明確化（28条～34条）、⑧匿名加工情報の取扱い

（36～39条）である。これらをふまえて、以下、ＡＩを用いた個人情報の取扱いに伴う問題について検討する。

2　カメラ画像と個人識別符号

法改正により個人情報の範囲は変更されていないが、定義の明確化のために新たな定義が追加されている。追加された定義は、個人識別符号、要配慮個人情報、匿名加工情報（匿名加工情報取扱事業者、匿名加工情報データベース）である[2]。

定義にかかる改正事項は、①個人情報の定義（2条1項・2項）、②匿名加工情報に関する規定（同条9項・10項）、③情報の利用方法からみた規制対象の縮小（同条4項）、④要配慮個人情報に関する規定（同条3項）、⑤小規模事業者の適用除外（同条5項旧5号削除）である。

カメラで撮影された画像から、顔の骨格および皮膚の色ならびに目、鼻、口その他の顔の部位の位置および形状によって定まる容貌を数値化し、その「特徴点のデータ（テンプレート）」を作成・登録する情報を取得する場合、当該情報単体から特定の個人を識別できるものとして、その情報は法2条2項が定める「個人識別符号」に該当する。この情報を用いることで、特定個人を識別するための「一対一の個人識別」のみならず、不特定多数の者から特定個人を識別（抽出）する「一対nの確認」にも利用することができる。個人識別符号を取得することができる顔貌認識カメラが、従来の単なる画像を記録するだけのカメラと異なる点は、撮影した画像の、①識別性、②照合性、③検索性、④自動処理などを確保することができる点にある。

①識別性については、特定の個人の肖像にとどまらず、当該個人の生体情報としての特徴点を取得することができることに伴う特性である。つまり、生のデータとしての個人の肖像については、撮影方法や光の加減など、さまざまな要素や条件によって写り方が異なることから、同一人物であっても撮影された画像によっては別人のように映ることさえありうる。一方、顔貌認識カメラは、顔の特徴点を抽出したテンプレートを作成することによって、当該個人の特徴点を数値化することで、特定個人をより正確かつ迅速に識別することが可能であることから識別性が飛躍的に高まる。個人識別符号として当該情報を明確化した理由でもある。

②照合性については、撮影した画像からテンプレートを作成し、データベースに登録されている情報（あらかじめ登録されているテンプレート）と照合することに伴う問題がある。また、照合の結果得られた特定の個人情報を、さらに別のデータベースと瞬時に照合することも可能である。

③検索性については、個人識別符号として取り扱われる画像は検索が容易である。

④自動処理については、撮影した画像の自動処理によって、検索性を確保するために必要なデータと不要なデータを選別することをはじめとして、自動的に特定の人物の活動を記録し確認することが可能となる。

3　バイオメトリクスと個人情報保護

法改正によりコンピュータ処理される身体の特徴量が個人識別符号として明記されたが、バイオメトリクスの利用に伴う問題は長年にわたって検討がなされてきた。その端緒としては、OECD（経済協力開発機構）によるバイオメトリクスの利用にあたっての諸問題を検討した報告書[3]が挙げられる。同報告書では、バイオメトリクスの利用に伴う問題として、a）予測不能な目的での利用（Function Creep）の問題、b）監視手段としての利用に関する問題、c）同意原則に基づく利用と透明性の確保の問題を挙げている。そして、これらの問題について必要と考えられる検討事項として、①法制度（バイオメトリクスの利用にかかる法整備の問題）、②指針や課題解決のための枠組みの方向性（バイオメトリクスの利用にかかる基本的な枠組みや指針の策定、諸課題への対応のあり方）、③技術的検討課題（耐タンパ性やPETsの利用など）を挙げている。

バイオメトリクスの新たな利用局面に応じて具体的な検討をおこなったものとして、EU個人データ保護指令29条に基づいて設置されている作業部会の報告書[4]が挙げられる。2003年8月1日に、同作業部会がバイオメトリクスの利用に伴うプライバシー問題について意見書をまとめたのをきっかけに、2005年9月30日には、加盟国が発給するIC旅券のセキュリティとバイオメトリクスの利用にかかる基準[5]、2004年11月8日には、在留許可証およびビザ情報システム（European information system on visas：VIS）においてバイオメトリクスを用いるにあたって検討すべき課題[6]に関して意見書が公表されている。

国内においても、法的側面に焦点を当てた最初の検討は、経済産業省「生体情報による個人識別技術（バイオメトリクス）を利用した社会基盤構築に関する標準化[7]」における検討、ISO/IEC JTC1 SC37 WG6 SC37 WG6[8]における検討、基準認証に関する調査研究や、バイオメトリクス・セキュリティ・コンソーシアム（ＢＳＣ[9]）のリーガルＷＧにおける検討など[10]がおこなわれた。

その後もさまざまな検討がなされてきたが、大阪駅ビルにおける顔認証実験をめぐる問題に関する独立行政法人情報通信研究機構「映像センサー使用大規模実証実験検討委員会」報告書（２０１４年10月20日）、経済産業省「カメラ画像利活用ガイドブック ver. 1.0」（２０１７年１月31日）における検討が挙げられる。

Ｖ　ＡＩと個人情報取扱事業者の義務

１　利用目的の特定および制限

機械学習の対象情報に個人情報が含まれている場合またはその分析によって特定の個人を識別することができる場合、個人情報取扱事業者は取得した個人情報について利用目的の明示や通知・公表をおこなわなければならない。しかし、法が定める利用目的にかかる義務は、当該事業者における個人情報の取扱いに関する利用目的に関するものであって、その事業者が提供するサービスを利用する者や、個人データの提供先における利用目的を制限することはできない。

利用目的の特定については、改正前の法15条2項の「変更前の利用目的と相当の関連性を有すると合理的に認められる範囲」という条文から「相当の」という文言が削除されている。これに伴い、若干の利用目的の制限が緩和されたと言えるが、ＡＩを用いたサービスにおいて具体的にどのように有意な利用目的制限の緩和が期待できるのかは定かではない。

2　適正な取得

ビッグデータの収集において個人情報の取得が主たる目的ではない場合であっても、結果的に個人情報の取得を伴う場合は個人情報の適正取得義務が課される。

不適正な取得に該当する場合としては、サイト管理者がクローリングを拒否する設定にしていたにもかかわらず、サイト内の情報をすべて取得し結果的に個人情報が取得されてしまうような場合や、本人が同意していないにもかかわらずライフログを取得したり、本人が同意した範囲を超えて個人に関する情報を取得することなどが挙げられる。

3　要配慮個人情報

要配慮個人情報は、本人の人種、信条、社会的身分、病歴、犯罪の経歴、犯罪により害を被った事実その他本人に対する不当な差別、偏見その他の不利益が生じないようにその取扱いに特に配慮を要するものとして政令で定める記述等（身体障害、知的障害、精神障害や健康診断等の情報）が含まれる個人情報をいう。要配慮個人情報は、差別等の要因となる情報に限定して規定されている点に注意が必要である。とりわけ、人種、信条、社会的身分、病歴については本稿冒頭のシナリオのようにその取得を制限している趣旨を誤解した対応が懸念されるため、どのような情報が該当するのかについては、個人情報保護法ガイドライン（通則編）12頁から13頁の記載を参照されたい。ガイドラインでは、（1）人種（人種、世系または民族的もしくは種族的出身を広く意味する。なお、単純な国籍や「外国人」という情報は法的地位であり、それだけでは人種には含まない。また、肌の色は、人種を推知させる情報にすぎないため、人種には含まない）、（2）信条（個人の基本的なものの見方、考え方を意味し、思想と信仰の双方を含むものである）、（3）社会的身分（ある個人にその境遇として固着していて、一生のあいだ、自らの力によって容易にそれから簡単に脱しえないような地位を意味し、単なる職業的地位や学歴は含まない）、（4）病歴（病気に罹患した経歴を意味するもので、特定の病歴を示した部分（例：特定の個人ががんに罹患している、統合失調症を患っている等））としている。

顔貌認識を利用するにあたって取得したサンプルからは、本人を識別するための情報以外に、本来は利用を予定していない副次的な情報が取得されることがある。たとえば、顔画像から皮膚の色が判別できる場合や虹彩から特定の疾病に関する情報がわかる場合などである。公衆衛生の向上を目的として実施される疫学調査などにおいて、このような情報を認証装置利用者から取得することも考えられるが、これらの情報はきわめて機微性が高い情報であるため、それらの情報を意図的に取得していない場合であっても、結果的に要配慮個人情報の「取得」にあたると考えるべきかもしれない。しかしながら、法が定める取得制限は、「積極的知得（取得）行為」を禁止しているのであって、意図しない取得まで対象にするものではないと解すべきであると考えられる。[11]

たとえば、機械学習を用いてＡＩに判断をゆだねるサービスを開発する際に、個人に関する情報を含む大量のデータを可能な限り網羅的に取得し、個人に関する情報を学習したとする。たとえば、顔認証技術では、ファンクションクリープの問題として、本来、特定の個人を識別し認証することで情報セキュリティを確保するためのセキュリティ対策の認証ツールとして利用することが考えられる。ところが、本人を識別し認証するにあたって、当初の目的以外の目的での利用がなされることによる権利侵害が従来から指摘されてきたところである。その典型としては、たとえば、顔認証においてエラーが発生した原因を特定しまたはそのエラーの原因により、皮膚の色によってそのエラーが生じているような場合、本来の目的とは無関係の人種に関する情報が取得されることになる。これらの情報は、法が取得を制限する要配慮個人情報に該当する。ただし、エラー原因の事後的な検証結果により判明した要配慮個人情報は、その情報の取得時点においては要配慮個人情報には該当していないため取得制限の対象にはならないと考えるべきであろう。なお、プロファイリングとの関係における問題は、今後の課題として重要な問題であることに異論はなく、その点については後述する。

4 正確性の確保

ＡＩが取得したビッグデータに、誤ったデータ、あるいは不適切な情報が混在しており、その結果、意図しない目的外利用が発生することによって個人の権利利益が侵害される可能性がある。とりわけ、学習データに差別的な情報が含まれていた結果、ＡＩが差別発言をしたマイクロソフトの機械学習ＡＩ「Tay」の事例は記憶に新しい。

データ内容の正確性の確保について、個人情報保護法ガイドライン（通則編）では、「利用目的の達成に必要な範囲内において、個人情報データベース等への個人情報の入力時の照合・確認の手続の整備、誤り等を発見した場合の訂正等の手続の整備、記録事項の更新、保存期間の設定等を行うことにより、個人データを正確かつ最新の内容に保つよう努めなければならない。なお、保有する個人データを一律に又は常に最新化する必要はなく、それぞれの利用目的に応じて、その必要な範囲内で正確性・最新性を確保すれば足りる」としている。

したがって、個人情報を個人情報データベース等に入力した時に照合・確認するという手続によって正確性を確保することが努力義務として定められているが、「個人情報」の取得時や個人情報データベース等には入力しない「個人データ」の取扱いについては当該義務の適用はない。

5　第三者提供の制限

機械学習において取得した情報に個人情報が含まれ、かつ、当該個人情報をコンピュータ処理により検索性・体系性を有する個人情報データベース等を構成する個人データとして取り扱う場合、それを第三者に提供したり一般に公開することは、個人データの第三者提供にあたり、原則として本人同意を取得することが義務づけられている。

ただし、ビッグデータは、「特定のデータがデータベース等を用いて体系的に構成されているのではなく、大量の情報が散在したままの状態の非構造化データ」である場合も考えられる。[12] つまり、非構造化データの状態のままで取扱いがなされている場合、個人情報データベース等を構成する個人データに該当しないと解されるため、第三者提供の制限を受けず、提供に際しての本人同意は不要であり、オプトアウトの措置を講ずる必要もない。

なお、ＡＩを用いて提供するサービスにおいて取り扱われるデータについては、個人情報が記録された検索サービスを利用することは個人情報の取扱いにあたり、それを事業の用に供している場合は、個人情報取扱事業者として「個人データ」の取扱いに関する義務（データ内容の正確性の確保、安全管理措置、第三者提供の制限など：法19条以下）が課され、半年以上利用を継続する場合には、「保有個人データ」にかかる義務（開示、訂正、利用停止等：法27条以下）も課されることになる。

この問題については、2003年に成立した個人情報保護法案の審議段階における答弁で、検索サービスが個人情報データベース等に該当するか否かという点に関して、否定的な見解が表明されている[13]。

答弁では、個人情報データベース等への該当性を判断するにあたっては、検索サービス全体としての機能についての評価ではなく、あくまで検索用のソフトそのものがデータベース等という概念にあたるかどうかという考え方に基づき、検索サービスについては特定の個人を識別可能な個人情報が体系的に整理されて記録されているものではないことから、検索サービスは個人情報データベース等にはあたらないとしている。また、インターネットの電子掲示板も、書き込み内容を単に氏名等の文字列で検索しうるだけの場合は、検索サービス同様に個人情報データベース等にあたらないとしている。

この解釈では、検索サービスでは個人情報以外の情報も含まれていることから、個人情報が体系的に構成されているものではないため、個人情報データベース等にはあたらないとしているが、意図的に個人情報以外の情報を混在させることによって、個人データの取扱いにかかる個人情報取扱事業者の義務を容易に僭脱しうることになるとの指摘もなされている[14]。

6　利用停止等

本人から、記録されている保有個人データの利用停止等（消去・利用停止、第三者提供の停止）の請求がなされた場合、法は手続違反（目的外利用、不正取得、無断提供）による個人情報の取扱いがおこなわれていない限り、それらの要求に応ずることは義務づけていない。

一方、手続違反による取扱いにあたる場合は、本人からの請求に応じなければならない。たとえば、前述のクローラによる読み込み拒否設定をサイト側で設定していたにもかかわらず、クローラがそのウェブサイト内の情報を取得して個人情報が検索サービスに記録されているような場合は適正な取得とは言えないであろう。

そのほか、プロバイダ責任制限法3条に基づいて、データベースに記録されている個人情報の削除要求がなされた場合には、他法令の手続規定が優先適用されるため、個人情報保護法ではなくプロバイダ責任制限法の規定に基づいて対応することが義務づけられる。

7　匿名加工情報

匿名加工情報とは、特定の個人を識別することができないように個人情報を加工して得られる個人に関する情報であって、当該個人情報を復元することができないようにしたものである。匿名加工情報が新たに設けられた理由は、本人の同意なく第三者への提供をおこなうことができ、かつ事業者内部における目的外での利用も可能にすることにある。氏名を単に削除したりＩＤに置き換えるだけの安易な匿名化が跋扈してきた状況の改善と、匿名化された情報利用に伴う非難のおそれによる情報の利活用の躊躇を解消するために導入されたものである。完全な匿名化が困難であることを前提に、匿名加工情報として情報の取扱い手続を示すことにより、個人の特定性を低減させることによって個人の権利利益侵害の可能性を低減することを目指している。

入手可能な匿名加工情報をＡＩによって分析することで、匿名加工情報の作成に用いられた個人情報にかかる本人を識別する行為は、法が定める再識別化の禁止に抵触するであろうか。

匿名加工情報の作成に用いられた個人情報にかかる本人を識別するために、当該個人情報から削除された記述等、個人識別符号、匿名加工情報の作成にかかる加工の方法に関する情報を取得し、または当該匿名加工情報を他の情報と照合してはならないとされているが、個人情報保護委員会のＱ＆Ａでは、「（Ａ11―21）法第36条第5項又は第38条に定めるように、匿名加工情報の作成の元となった個人情報の本人を識別するために他の情報と照合しているとはいえない場合は、ただちに識別行為の禁止義務に違反するものではないと考えられます[15]」としている。

Ⅵ　残された課題――プロファイリング

２０１７年施行の改正個人情報保護法では、ビッグデータの取扱いに伴う個人に関する情報（パーソナルデータ）の適正な取扱いと保護にあたり、グレーゾーンの解消と利活用推進に必要な検討をおこなうことが主たる目的であった。ＡＩを用いたさまざまなサービスの出現に伴って、個人に関する情報の取扱いを伴う機会が増えるにつれ、今回の法改正において継続的な検討課題とされた問題であるプロファイリングをめぐる問題が、喫緊の課題と認識すべき状況になりつつある。

「パーソナルデータの利活用に関する制度改正大綱」（2014年6月24日）では、①新たな紛争処理体制のあり方、②いわゆるプロファイリング、③プライバシー影響評価（PIA）、④いわゆる名簿屋、について継続的な検討課題とされ、大規模個人データ漏洩事件を受けて④の名簿屋対策のみ急遽骨子案に組み込まれた。つまり、プロファイリングは今後の法改正における検討事項とされ法改正には反映されていない。

適正な取得については、一定の場合を除き、あらかじめ本人の同意を得ないで要配慮個人情報を取得することが禁止されている。しかし、要配慮個人情報については、プロファイリングによる要配慮個人情報に該当するデータの事後的な生成可能性について、プロファイリングによる要配慮個人情報の「取得」に該当するものと解釈できる可能性を指摘する説[16]や、「一定のプロファイリングを要配慮個人情報の取得と同視しなければ、プロファイリングによる迂回的取得を通じて本人の同意なくその私生活が丸裸にされ得る」[17]として、事後的に個人情報の分析によって要配慮個人情報が明らかになる問題も取得と同様に捉える「取得同視説」が提唱されている。このような指摘にも見られるとおり、個人の権利利益保護の観点から、今後、プロファイリングの問題を検討する必要があることは明らかである。

しかし、立法過程における議論と要配慮個人情報の取得禁止が定められた趣旨からすると、法改正では取扱いの過程で要配慮個人情報が事後的に明らかになることを取得禁止の対象には含めていない。プロファイリングについては法改正の検討過程で議論の俎上にはのぼったものの、大綱では今後の検討課題とし、取得の時点で差別の要因となる情報を明規することで、当該情報の文字どおりの取得を禁止することを規律対象としたからである。要配慮個人情報がビッグデータ解析等によって明らかになるような場合を念頭に、取得の解釈を事後的な取得にまで拡張するとなると、要配慮個人情報の取扱いにおける「事後取得の予見可能性」を事前に認識することが困難であること、プロファイリングによる要配慮個人情報の取扱いは個人のプライバシー保護の観点から検討すべき問題でもあることなども理由として考えられる。

個人のプライバシー保護の観点からは、プロファイリング結果が差別の要因となるなど個人の権利を侵害するおそれがあるため、EUではプロファイリングの制限とともに、「忘れられる権利」としてデータ保護の枠組みにおいて事後救済の仕組みを導入することで対応している。アメリカにおいても、プロッサーの4類型[18]における「誤認を生ずる表現としてのプライバシー侵害」として不法行為法上のプライバシー侵害との関係において検討がなされてきた。プロファイリングへの対応は国際的にもプライバシー保護の観点からのデータ保護制度における重要な課題であり、その規律のための制度の導入も国際的趨勢であることに鑑みると、次の個人情報保護法改正の際には、プロファイリングへの対応とともに、プライバシー保護との関係における要配慮個人情報の取扱い制限に関する検討は避けて通ることができない課題である。

本稿で取り上げたＡＩ時代における個人情報の取扱いをめぐる問題は、次の法改正に向けて検討が必要になると思料される課題を明らかにするうえでも、重要な検討課題であると言えよう。

〈注〉

1〉改正の趣旨および背景については、瓜生和久「個人情報の保護に関する法律（個人情報保護法）の改正について」法律時報88巻1号（２０１６年）62頁以下、同「個人情報の保護に関する法律（個人情報保護法）の改正について」行政&情報システム51号（２０１５年）21頁以下、日置巴美「改正個人情報保護法の概要―変容するパーソナルデータの取扱い環境下における個人情報の保護と利活用について」ジュリスト１４８９号（２０１６年）30頁以下、同「改正個人情報保護法の概要」金融法務事情２０３２号（２０１５年）50頁以下。

2〉個人情報・要配慮個人情報・匿名加工情報の定義については、宇賀克也「個人情報・匿名加工情報・個人情報取扱事業者」ジュリスト１４８９号（２０１６年）36頁以下。

3〉OECD Directorate for Science, Technology and Industry, Committee for Information, Computer and Communications Policy, Biometric-Based Technologies (30 June 2004).

4〉Working document on biometrics, MARKT/10595/03/EN, WP 80.

5〉Opinion on Implementing the Council Regulation (EC) No 2252/2004 of 13 December 2004 on standards for security features and biometrics in passports and travel documents issued by Member States, WP 112.

6〉Opinion 7/2004 on the inclusion of biometric elements in residence permits and visas taking account of the establishment of the European information system on visas (VIS), Markt/11487/04/EN, WP 96.

7〉社団法人日本自動認識システム協会「平成15年度基準認証研究開発事業　生体情報による個人識別技術（バイオメトリクス）を利用した社会基盤構築に関する標準化」（２００４年３月―― http://www.jaisa.or.jp/action/group/bio/ho_20050708.html）。

8〉ISO/IEC JTC1 SC37 WG6 SC37 WG6 (http://www.bsc-japan.com/sc37/wg6.pdf).

9〉BSC (http://www.bsc-japan.com).

10〉バイオメトリクス・セキュリティ・コンソーシアム・リーガルＷＧ「バイオメトリクスの法的課題に関する基礎的研究」（２００５年―― http://www.bsc-japan.com/report/report-legal-2004.pdf）。

11〉新保史生「改正個人情報保護法の概要と改正事項の評価」Law & Technology 74号（２０１７年）17頁以下。

12〉新保史生「クリシェとしてのビッグ・データ」電子化知的財産・社会基盤（ＥＩＰ）55巻7号（２０１２年）1頁以下。

13〉衆議院個人情報保護特別委員会平成15年4月18日会議録の細田博之国務大臣の答弁および参議院個人情報保護特別委

員会平成15年5月13日会議録の藤井昭夫政府参考人の答弁。

14）岡村久道『個人情報保護法〔第3版〕』（商事法務・2017年）100頁。

15）個人情報保護委員会「個人情報の保護に関する法律についてのガイドライン」および「個人データの漏えい等の事案が発生した場合等の対応について」に関するQ&A、A11—21。

16）菅原貴与志「改正個人情報保護法の課題—企業法務の視点から」慶應法学34号（2016年）27頁以下。

17）山本龍彦「ビッグデータ社会とプロファイリング」論究ジュリスト18号（2016年）39頁。

18）William L. Prosser, *Privacy*, 48 Cal. L. Rev. 383 (1960).

AIネットワーク社会におけるセキュリティの諸相

弁護士（ひかり総合法律事務所）
板倉陽一郎

SCENARIO

パオ君は、２０２X年に大人気となった家庭用ロボットである。ボディはふわふわしており、下半身は車輪で動作する。[1] 音声認識デバイスと顔識別デバイスを備え、家族の音声や顔を覚えて、表情と音声で反応してくれる。ネットワーク化されており、常に利用者の反応をフィードバックしているので、おなかには小型のモニター――タッチパネルにもなっている――もついており、子供をあやすときには絵本の画像や動画を、料理のお供としてはレシピを表示してくれる。パオ君は専用のアプリケーションをインストールすることによって、家族が好きな歌を歌ったり、踊りを踊ったりしてくれる。認知症の家族がいる場合には、セラピーの役割も果たしてくれる。アプリケーションは自分で選んでインストールすることもできるが、気になるカテゴリを登録しておくとか、そうでなくとも、家族の音声や表情を認識しておくことで、パオ君のほうからおすすめしてくれることもある。これに答えて音声でインストールをお願いすれば、パオ君が学習した家族の嗜好等を他のアプリケーションでも共有して、さまざまなサービスを受けることができる。

こうして一家に一台、欠かせないパートナーとなったパオ君だが、あるとき、大規模なサイバー攻撃にさらされ、多くが乗っ取られてしまった。パオ君が管理していた膨大な個人情報や、クレジットカード番号等が流出し、利用者のところには不審な連絡がくるようになったほか、クレジットカードへの不正請求も相次いでいる。パオ君を踏み台に、海外のウェブサイト等に攻撃が仕掛けられたようで、利用者のなかには、被害者ではなく被疑者として警察の捜査を受けた人も出てきた。パオ君のデータも改ざんされたため、パオ君と連動して動いていたサービスもおかしくなってしまい、別のサービスで薦められるものも、外国の不健康そうな健康食品など、変なものになってしまっている。ついには、乗っ取られていることに気づかずそのまま使っていた利用者が、急スピードでぶつかってきたパオ君によって怪我をするという事態まで生じた。最近では、パオ君の家出が相次いでいるとの報道や、山の中でたくさんのパオ君を見たという目撃情報が寄せられている。

Ⅰ　ＡＩネットワーク化時代のセキュリティと法

1　「セキュリティ」の定義と本稿の範囲

セキュリティについては、サイバーセキュリティ基本法が「サイバーセキュリティ」を定義しており、「電子的方式、磁気的方式その他人の知覚によっては認識することができない方式（以下この条において「電磁的方式」という。）により記録され、又は発信され、伝送され、若しくは受信される情報の漏えい、滅失又は毀損の防止その他の当該情報の安全管理のために必要な措置並びに情報システム及び情報通信ネットワークの安全性及び信頼性の確保のために必要な措置（情報通信ネットワーク又は電磁的方式で作られた記録に係る記録媒体（以下「電磁的記録媒体」という。）を通じた電子計算機に対する不正な活動による被害の防止のために必要な措置を含む。）が講じられ、その状態が適切に維持管理されていることをいう」としている（2条）。ここでは「電磁的方式」により記録等された情報のみが対象とされており、情報セキュリティであるとか単にセキュリティといった場合、アナログ情報を含むという点で違いが生じることが考えられるが、本稿はＡＩのネットワーク化を前提としていることもあり、とりあえずは同法の定義する「サイバーセキュリティ」が対象であると考えても支障はないと思われる。[2] ここでは、本書における他の論稿との関係で、主としてサイバーセキュリティを念頭に置き、ＡＩネットワーク化とセキュリティに関する検討および現行法の状況をみたうえで、冒頭のシナリオを前提として、AIネットワーク化がセキュリティに与える影響を考察する。本書収録の諸論稿で正面から扱われるプライバシーや個人情報保護制度との関係は最小限の記述にとどめる。また、製品安全等の物理的な安全性に関する問題は、本書第V部において取り扱われる。

2　AIネットワーク化とセキュリティに関する検討

(1) 報告書2016における検討　AIネットワーク化検討会議「報告書2016　AIネットワーク化の影響とリスク―智連社会（WINS《ウィンズ》）の実現に向けた課題―」（2016年6月20日。以下「報告書2016」という）において、セキュリティについては、「第5章　今後の課題」のうち、「1　研究開発の原則・指針の策定」のなかで、「④　セキュリティ確保の原則」が取り上げられ、その内容として、以下の項目が挙げられている。

AIネットワークシステムの頑健性及び信頼性を確保すること。

ア　セキュリティに関するリスク評価

(ア)　AIネットワークシステムの機密性、完全性、可用性に対するリスクの評価

(イ)　AIネットワークシステムのセキュリティが損なわれることにより、利用者及び第三者の生命・身体の安全に危害が及ぶリスクの評価

イ　セキュリティの設計及び実装（セキュリティ・バイ・デザイン）

（ア）情報セキュリティの3要素（機密性、完全性、可用性）の確保

（イ）利用者及び第三者の生命・身体の安全に危害を及ぼす可能性のあるセキュリティ上の脅威・脆弱性への対処

（ウ）攻撃耐性の確保

1．対攻撃強度の在り方の検討

2．サイバー攻撃やセンサー攪乱攻撃等に対する耐性の確保

3．現実空間での物理的攻撃への耐性の確保

ウ　セキュリティ・マネジメント（予防、検出、対応、システムの復旧、継続的な保守、レビュー及び監査等）

また、同章の「7．AIネットワークシステムに関するセキュリティの確保」について、「問題意識」として「情報セキュリティの概念及び要素（①機密性、②完全性、③可用性[3]）は、情報システム及び情報通信ネットワークによる情報の蓄積、処理、伝送等を念頭に生成・発展してきたものである。このことに鑑みると、情報セキュリティの概念及び要素については、AIネットワーク化による情報通信ネットワークを通じたヒト・モノ・コト相互間の協調の進展を見据えた見直しが必要となるのではないか。このような問題意識を踏まえ、AIネットワークシステムの

研究開発及び利活用の各段階におけるセキュリティ上のリスクへの対処の在り方について検討することが必要と考えられる」とされ、「主な意見」として、「ロボットがハッキングされることにより人の生命・身体に危害が及ぶなど、AIネットワークシステムのセキュリティの確保が、情報の機密性・完全性・可用性のみならず、人の生命・身体の安全に関わる場面が増えていくことが予想される」とし、「今後の課題」としては、情報セキュリティの概念および要素（①機密性、②完全性、③可用性）のAIネットワークシステムへの実装のあり方の検討、ロボットやドローン等の制御システムのセキュリティの確保のあり方の検討、インシデント情報およびベストプラクティスの共有のあり方の検討および演習・訓練（テストベッド等）のあり方の検討が挙げられている。

（2）報告書2017およびAI開発ガイドライン案における検討　AIネットワーク化社会推進会議「報告書2017（案）―AIネットワーク化に関する国際的な議論の推進に向けて」（2017年7月28日）（以下「報告書2017」という）においては、「第4章　今後の課題」において「AIネットワーク上を流通する情報・データに関する事項」のひとつとして「（7）セキュリティ対策」が挙げられ、AI開発原則の第5原則に「セキュリティの原則」が掲げられていること、シナリオ分析において、各ユースケースに共通して想定されるリスクとして、セキュリティに関するリスク（ハッキング、偽装・なりすまし等）があることが指摘されたうえで、「AIシステムへのセキュリティの実装の在り方の検討」「AIシステムの学習等による利活用の過程を通じた変化に起因するセキュリティ上の問題への対処の在り方の検討」「偽装・なりすまし等によりＡＩシステムが犯罪等に悪用されるリスクへの対処の在り方の検討」が整理されている。そして、ＡＩネットワーク社会推進会議「国際的な議論のためのＡＩ開発ガイドライン案」（２０１７年7月28日）（以下「ＡＩ開発ガイドライン案」という）では、第5原則として「セキュリティの原則」が挙げられ、「開発者は、ＯＥＣＤセキュリティガイドラインなどセキュリティに関する国際的な指針を踏まえるほか、ＡＩシステムが学習等によって出力やプログラムが変化する可能性があることを踏まえ、以下の事項について留意することが望ましい」とし、「ＡＩシステムの情報セキュリティについては、通常、情報の機密性、完全性及び可用性が確保されることが求められるが、必要に応じて、ＡＩシステムの信頼性（意図したとおりに動作が行われ、権限を有しない第三者による操作を受けないこと）や頑健性（物理的な攻撃や事故への耐性）にも留意すること」「ＡＩシステムのセキュリティに関するリスクを評価・抑制するため、あらかじめ検証や妥当性確認を行うよう努めること」「ＡＩシステムの開発の過程を通じて、採用する技術の特性に照らし可能な範囲でセキュリティ対策を講ずるよう努めること（セキュリティ・バイ・デザイン）」と整理されている。

（3）報告書２０１６と報告書２０１７の差分についての整理　報告書２０１６と報告書２０１７の差分はどう理解すべきか。両者で共通しているのは、情報の機密性、完全性、可用性および頑健性（報告書２０１６では「現実空間での物理的攻撃への耐性」）の確保、ＡＩシステムの学習等による利活用の過程を通じた変化（報告書2016では「AIネットワーク化による情報通信ネットワークを通じたヒト・モノ・コト相互間の協調の進展」としている）に起因するセキュリティ上の問題への対処のあり方の検討が必要という点および、セキュリティ・バイ・デザインの導入である。また報告書2017で新たに追加されたのは、「信頼性」への留意が付け加えられた点と、「リスクを評価・抑制するため、あらかじめ検証や妥当性確認を行うよう努める」とされた点である。後者については、報告書2016では「……演習・訓練（テストベッド等）の在り方の検討」とされていたところ、テストベッド等が手段的な表現であることから、報告書2017ではこれら自体を目的とする旨の表現に書き換えられたと読むのが妥当であろう。「インシデント情報及びベストプラクティスの共有の在り方の検討」については、AI開発ガイドライン案の「【別添】関係するステークホルダに期待される役割」において、関係する産官民学のステークホルダの役割として、「本ガイドラインに適うベストプラクティスを共有し、AIをめぐる議論の多様性を確保しつつ、AIの便益及びリスクについての認識の共有が図られるよう努めることが期待される」（2.）とされており、このなかに取り込まれたとみることができよう。

こうしてみると、総じて、セキュリティに関する記載には大きな変化はない。すなわち、報告書2017が冒頭指摘するように、セキュリティは、どのようなシナリオを描いても「共通して想定されるリスク」である。AIと言わずとも、あらゆる情報システムには常にセキュリティのリスクがあり、これがネットワーク化されたときに特に生じる問題は何か、ということを考察しておくことが必要となる。

3　現行法の状況

(1) セキュリティ全般に関する規定　AIネットワーク化がセキュリティに与える影響を考察する前提として、セキュリティに関する我が国の現行法の状況を概観しておく。サイバーセキュリティ基本法が、サイバーセキュリティを定義していることは前述した。同法は、総則（第1章）、サイバーセキュリティ戦略（第2章）、基本的施策（第3章）およびサイバーセキュリティ戦略本部（第4章）、罰則（第5章）からなり、基本理念（3条）、国の責務（4条）、政府によるサイバーセキュリティ戦略の策定（12条）等、一般抽象的な規定や国・政府等、公共機関の責務を定める規定が多く含まれているが、民間事業者に関しても、重要社会基盤事業者は、[4]「基本理念にのっとり、そのサービスを安定的かつ適切に提供するため、サイバーセキュリティの重要性に関する関心と理解を深め、自主的かつ積極的にサイバーセキュリティの確保に努めるとともに、国又は地方公共団体が実施するサイバーセキュリティに関する施策に協力するよう努める」義務を負い（6条）、サイバー関連事業者その他の事業者も、「基本理念にのっとり、その事業活動に関し、自主的かつ積極的にサイバーセキュリティの確保に努めるとともに、国又は地方公共団体が実施するサイバーセキュリティに関する施策に協力するよう努める」義務を負う（7条）。大学その他の教育研究機関も、「基本理念にのっとり、自主的かつ積極的にサイバーセキュリティの確保、サイバーセキュリティに係る人材の育成並びにサイバーセキュリティに関する研究及びその成果の普及に努めるとともに、国又は地方公共団体が実施するサイバーセキュリティに関する施策に協力するよう努める」義務を負っている（8条）。さらに、国民についても「基本理念にのっとり、サイバーセキュリティの重要性に関する関心と理解を深め、サイバーセキュリティの確保に必要な注意を払うよう努める」義務を負っている（9条）。これらの義務は努力義務にすぎず、しかも、不遵守等に関して特段の効果が定められていない公法上の義務であるが、民間事業者や国民に対してもサイバーセキュリティの確保に関して義務が定められているという点が特徴的である。さらに、重要社会基盤事業者等におけるサイバーセキュリティの確保の促進（14条）、民間事業者および教育研究機関等の自発的な取り組みの促進（15条）、多様な主体の連携等（16条）、研究開発の推進等（20条）、人材の確保等（21条）など、民間事業者や研究機関が密接に関わる施策も盛り込まれている。

さらに、官民データ活用推進基本法は「人工知能関連技術」を「人工的な方法による学習、推論、判断等の知的な機能の実現及び人工的な方法により実現した当該機能の活用に関する技術」と定義し（2条2項）[5]、官民データ活用の推進にあたって、人工知能関連技術等の先端的な技術の活用が促進されなければならないことを定め（3条8項）、国に人工知能関連技術等の先端的な技術に関する研究開発および実証の推進ならびにその成果の普及を図るために必要な措置を講ずることを義務づけている（16条）。これらの前提として、「官民データ活用の推進」は、高度情報通信ネットワーク社会形成基本法およびサイバーセキュリティ基本法、個人情報保護法、番号利用法その他の関係法律による施策と相まって、個人および法人の権利利益を保護しつつ情報の円滑な流通の確保を図ることを旨として、おこなわれなければならないことを定めている（3条1項）。官民データの利活用に関して人工知能関連技術を活用するとしても、サイバーセキュリティ基本法におけるサイバーセキュリティの確保、それによる「個人及び法人の権利利益の保護」が前提であるということになっている。

このように、サイバーセキュリティ基本法は、国・政府のみならず、民間事業者や国民に対して、サイバーセキュリティの確保に関して義務を定めており、それは、官民データの利活用に関し、人工知能関連技術を活用し、また、同技術の研究開発や実証を推進するにあたっても前提となっている。あらゆる情報システムにはセキュリティのリスクがあり、AIも例外ではないということは、基本法レベルですでに想定されているということになる。

（2）具体的にセキュリティを保護するための規範の設定方法　サイバーセキュリティ基本法に従い、法的にサイバーセキュリティの確保を求めるにあたっては、①情報システムを運用する者にセキュリティの保護義務を課す方法と、②情報システムを攻撃する者に罰則を科す方法がある。参考のために我が国の現行法の例を挙げておくと、①としては、個人データに関する個人情報保護法上の安全管理措置義務（20条）、行政機関個人情報保護法上の安全確保措置義務（6条）、電気通信事業者に課せられる、通信の秘密の保護義務（電気通信事業法4条）、会社法上の、情報保存管理体制を含めた内部統制システム構築義務（会社法348条3項4号、362条4項6号、416条1項1号ホ）などが挙げられる。他方、②としては、個人情報保護法上の個人情報データベース等提供罪（83条）、行政機関個人情報保護法上の個人の秘密にかかる個人情報ファイル提供罪および保有個人情報提供罪（53条・54条）、不正競争防止法上の営業秘密にかかる一連の罰則（21条1項各号）、不正アクセス禁止法における不正アクセス行為に関する罪（11条・3条）、刑法上の、電磁的記録不正作出及び供用罪（161条の2）、不正指令電磁的記録に関する罪（168条の2ないし3。コンピュータウイルスに関する罪）などが挙げられる。

このように、サイバーセキュリティに関して、具体的な行動規範はさまざまな法令に分散して規定されており、現時点では体系的な整理は困難である。[6] その状況は、AIが情報システムに導入されても、変わることはない。

II　AIネットワーク化がセキュリティに与える影響

ここまで、現行法におけるサイバーセキュリティに関する規定を示し、AIの導入でも基本的に適用関係は変わらないということを確認してきた。以下では、冒頭のシナリオをふまえて、いよいよ、AIネットワーク化がセキュリティに与える影響を考察してみよう。

1　AI開発ガイドライン案におけるセキュリティの原則への先行的な評価

ＡＩ開発ガイドライン案にセキュリティの原則が含まれていることについて、報告書２０１６の段階への評価であるが、鳥海不二夫准教授は、「セキュリティに関しては、今後議論すればいいと思うので、あまり言うことはない」としている。[7] これは、セキュリティがＡＩネットワーク化をめぐるいかなるシナリオにおいても「共通して想定されるリスク」であることを前提とすると、ひとつのありうる態度である。他方、本書の執筆にも参加している新保史生教授は、自動車のイモビライザーの入れ替えによる盗難被害を挙げ、電子的に高度なセキュリティ対策であっても物理的な入れ替えが脅威となること、目の前のロボットのプログラムの不正な書き換え行為や不正アクセス後の犯罪行為が不正アクセス禁止法の対象となっていないこと、ロボットがマルウェアに感染することによる「ロボット・ボット・ネットワーク」による、物理的なロボットによる攻撃（新保教授はＤＤｏＳ攻撃[8]のコロラリーと捉えている）などを新たな課題として挙げている。[9] 新保教授が挙げている課題は、ＡＩネットワーク化がロボットにおけるＡＩの搭載を前提としていることから生じるものであり、特に報告書２０１７が頑健性への配慮を挙げていることと整合的である。本稿冒頭のシナリオで「パオ君の家出が相次いでいるとの報道や、山の中でたくさんのパオ君を見たという目撃情報が寄せられている」のは、パオ君がマルウェアに感染し、ロボット・ボット・ネットワークを形成して、集団的・物理的な攻撃に使われる準備であるのかもしれない。

2　標準化とセキュリティのトレードオフ

では、パオ君が「大規模なサイバー攻撃にさらされ、多くが乗っ取られてしまった」のはなぜであろうか。ここでは、標準化とセキュリティのトレードオフの問題がある。ＡＩ開発ガイドライン案は第一に「連携の原則」を挙げており、ＡＩシステムの相互接続性と相互運用性が重視されている。ＡＩのネットワーク化が想定され、開発者においても関連情報の共有、国際的な標準や規格への準拠、データ形式の標準化、インターフェースやプロトコルのオープン化への対応、標準必須特許の取扱いなどが重視されるというわけである。[10]

他方で、標準化が進めば進むほど、サイバー攻撃をおこなう側のスケールメリットは大きくなる。「相互接続される性質上、脆弱性の影響は大きくなる」[11]ことは自明であり、現時点でのコンピュータウイルスによる攻撃対象は圧倒的にWindows OSである（99％以上）[12]。これは、デスクトップOSにおいてなおもWindows OSが90％以上のシェアを有していること[13]と符合している。サイバー攻撃が効率を追求しておこなわれる以上、ＡＩネットワーク化の標準化の進展は、サイバー攻撃の対象の転換と同時に起こるのである。これに対抗する方法としては、セキュリティ方策も標準化するということが挙げられよう[14]が、いずれにせよ、標準化とセキュリティのトレードオフを意識しておく必要がある。

3　ゲートキーパーとしてのＡＩ

パオ君が大規模なサイバー攻撃にさらされ、乗っ取られてしまった結果、「パオ君が管理していた膨大な個人情報や、クレジットカード番号等が流出し、利用者のところには不審な連絡がくるようになったほか、クレジットカードへの不正請求も相次いで」しまった。このようなことが想定されるのは、パオ君が、膨大な個人情報やクレジットカード番号等のゲートキーパーになっていたからである。それではなぜ、パオ君を信用して、どのような個人情報を用いるかをあまり確認せずにアプリケーションをどんどんインストールするようなことが起きてしまっていたのであろうか。これは、ＡＩネットワーク化の進展、および大量の情報を扱うサービスの氾濫により、自己の情報のコントロールに限界が生じるからである。利用者としては利用規約をすべて読んでいるわけにもいかず、ある程度の条件を設定して判断をＡＩに任せるということが合理的であるような場面が生じてくる。このようなことを検討する枠組みのひとつが情報銀行（情報利用信用銀行）であり、政府の検討[15]では、「情報銀行（情報利用信用銀行）とは、個人とのデータ活用に関する契約等に基づき、ＰＤＳ等のシステムを活用して個人のデータを管理するとともに、個人の指示又は予め指定した条件に基づき個人に代わり妥当性を判断の上、データを第三者（他の事業者）に提供する事業。（データの提供・活用に関する便益は、データ受領事業者から直接的又は間接的に本人に還元される。）」と定義されている[16]。「個人の指示又は予め指定した条件に基づき個人に代わり妥当性を判断」することはＡＩの得意分野であり、健全に機能している限りにおいて、本人への便益が期待される。ところが、ゲートキーパーたる情報銀行（情報利用信用銀行）の機能がサイバー攻撃によって破られれば、たちまち、大規模な情報流出へとつながる。ＡＩネットワーク化が進み、ゲートキーパーの（潜在的）権限が大きければ大きいほど、被害は大きくなり、しかも、流出先のバリエーションもより広範かつ多様になる。

4　ＡＩがロボットを含むモノに搭載されることによる問題

新保教授の指摘は主として物理的な実態を持つことから生じる、セキュリティに関する派生的な問題についてであったが、そもそもロボット等の、通常のコンピュータではないモノ（ＩｏＴデバイス）にＡＩが搭載されることによる問題がある。ＩｏＴデバイスがコンピュータに比べてセキュリティに関する脆弱性を多く抱えざるを得ない理由として、①ＩｏＴデバイスの製造者、特に消費財メーカーは、（通常のコンピュータの）ソフトウェア企業やハードウェア企業に比べて、相対的にセキュリティに関して経験が不足していること、②ＩｏＴデバイスは小さくて、電力（計算量）も少ないため、暗号化のようなセキュリティの手法がとれないこと、③ファームウェア等のアップデートに困難があること、④ＩｏＴのエコシステムは相互運用性についてもステークホルダ間の協力が欠けているが、これはセキュリティについても同様であること、が挙げられている[17]。また、吉岡克成准教授の研究によれば、２０１５年４月から７月のあいだに約１００個の

ＩＰアドレスを持つハニーポットを用意したところ、攻撃を仕掛けてきたマルウェア感染機器やシステムは15万台、90万回に及ぶ。攻撃を仕掛けてきたデバイスはデジタルビデオレコーダー、ルーター、ネットワークカメラ、ウェブカメラ、セットトップボックス等の家庭用機器、駐車場管理システム、ＬＥＤディスプレイ制御システム等の業務用機器に至るまで、型番が特定できただけで361種類に及んだという。[18] このように、通常のコンピュータではないモノに搭載されたＡＩ、情報システムは、社会的・物理的な構造上、セキュリティの措置を施しづらいうえに、すでに、サイバー攻撃の攻撃側の踏み台として使われている。パオ君は踏み台になってしまい、「海外のウェブサイト等に攻撃が仕掛けられたようで、利用者のなかには、被害者ではなく被疑者として警察の捜査を受けた人も出てきた」。ＡＩネットワーク化の進展は、知らないうちにセキュリティ被害を受ける事態を増加させるが、踏み台とされたデバイス等を媒介として、その所有者や管理者がサイバー攻撃の加害者（不作為ではあるが）になってしまうことをも生じさせる。

Ⅲ　おわりに

以上、リスク・シナリオを意識しつつ、ＡＩネットワーク化とセキュリティをめぐる法と政策について論じてきた。サイバーセキュリティに関する法制度自体が未成熟であり、まして、ＡＩネットワーク化を見すえてどのような問題が生じるのかというのは、予測し難い面が大きいが、すでにデータの取扱いやIoTに関して生じている問題が、スケーラブルに生じてくるというところまでは、決してSF的な予言ではなく、予測がつく問題と言ってよいであろう。これらをふまえつつセキュリティを技術的、制度的にあらかじめ組み込んでいくことこそが、報告書2017でも取り上げられているセキュリティ・バイ・デザインということになる。セキュリティはAIネットワーク化のすべての場面での共通したリスクである。現在すでに、具体的なデザインの議論を進展させていくフェーズに入っていると考えるべきであろう。

〈注〉

1〉Wada, Kazuyoshi, et al., *Psychological and Social Effects of One Year Robot Assisted Activity on Elderly People at a Health Service Facility for the Aged*, Proceedings of the 2005 IEEE International Conference on Robotics and Automation (April 2005); Sashanka Kumar Pramanik et al., *A voice controlled robot for continuous patient assistance*, 2016 International Conference on Medical Engineering, Health Informatics and Technology (MediTec) (17-18 Dec. 2016); 藤子・F・不二雄「マイロボット」『藤子・F・不二雄SF短篇集（2）メフィスト惨歌』（中央公論社・1994年、初出1978年）91～122頁等を参考にして作成している。

2〉たとえば、個人情報保護法において安全管理措置（同法20条）の対象となる個人データ（同法2条6項）が構成するところの「個人情報データベース等」には、索引付きの名簿といったアナログデータベースも含まれている（同条4項2号、同法施行令3条2項）。

3〉機密性（Confidentiality）、完全性（Integrity）、可用性（Availability）は情報セキュリティの3要素と呼ばれており、頭文字を取ってCIAと呼称されることも多い。

4〉「国民生活及び経済活動の基盤であって、その機能が停止し、又は低下した場合に国民生活又は経済活動に多大な影響を及ぼすおそれが生ずるものに関する事業を行う者」（サイバーセキュリティ基本法3条1項）。

5〉AI開発ガイドライン案では、「3－1 用語の定義」において、「AIソフト」を、「データ・情報・知識の学習等により、利活用の過程を通じて自らの出力やプログラムを変化させるソフトウェア」とし、「AIシステム」を、「AIソフトを構成要素として含むシステムをいうものとし、AIソフトを実装したロボットやクラウドシステムはこれに含まれる」としている（報告書2017第2章をも参照）。この定義は、「現在すでに実用化されている特化型ＡＩを主たる対象として想定している」ものであり、官民データ活用推進基本法における「人工知能関連技術」の定義に比すれば狭いものとなっているが、ＡＩ開発ガイドライン案が（非拘束的であることを前提に）具体的な行動規範を示そうとするものであるのに対し、官民データ活用推進基本法は理念的な基本法であることが影響していよう。

6〉岡村久道『情報セキュリティの法律〔改訂版〕』（商事法務・２０１１年）における試みがほぼ唯一の例外である。

7〉実積寿也＝鳥海不二夫＝宍戸常寿「〔座談会〕情報法制の可能性について―ＡＩをめぐる動向を中心に」情報法制研究１号（２０１７年）１０９～１２５頁、１２１頁〔鳥海不二夫発言〕。

8〉分散型サービス妨害攻撃。過負荷をかけたり、例外処理をおこなわせることによってサービスを妨害する（Denial Of Service：ＤＯＳ）攻撃が、分散された（Distributed）ホストによっておこなわれるもの。頭文字をとってＤＤｏＳ攻撃という。

9〉新保史生「ロボット法をめぐる法領域別課題の鳥瞰」情報法制研究１号（２０１７年）76～77頁。

10〉報告書２０１７、47頁。

11〉米国ＮＩＴＡ「Government in Fostering the Advancement of the Internet of Things」に対するConsumer Federation of Americaのコメント（内閣サイバーセキュリティセンター「安全なＩｏＴシステムのセキュリティに関する一般的枠組についての素案（今後の取組）」（２０１６年10月31日）別添「米国商務省国家通信情報管理局ＩｏＴの利益・課題・政府の役割についてパブリックコメント実施」より）。

12〉「今四半期に届出されたウイルスの種類は43種類、検出数は Windows/DOS ウイルス９２４０個、スクリプトウイルス及びマクロウイルス33個、携帯端末ウイルス９個、Macintosh およびＯＳＳ（Open Source Software）/Linux・BSD を含むウイルスは34個でした」（独立行政法人情報処理推進機構「コンピュータウイルス・不正アクセスの届出状況および相談状況［２０１７年第１四半期（１月～３月）］」（２０１７年４月24日）。

13〉Market Share Reports, Desktop Operating System Market Share, May 2017 (http://marketshare.hitslink.com/).

14〉内閣サイバーセキュリティセンター「安全なＩｏＴシステムのためのセキュリティに関する一般的枠組」（２０１６年８月26日）。

15〉Personal Data Store。他者保有データの集約を含め、個人が自らの意思で自らのデータを蓄積・管理するための仕組み（システム）であって、第三者への提供にかかる制御機能（移管を含む）を有するもの（後掲注（16）の「中間とりまとめ」の定義）。

16〉データ流通環境整備検討会ＡＩ、ＩｏＴ時代におけるデータ活用ワーキンググループ「中間とりまとめ」（２０１７年３月）９頁。

17〉Swaroop Poudel, *CYBERLAW AND VENTURE LAW: Internet of Things: Underlying Technologies, Interoperability, and Threats to Privacy and Security*, 31 Berkeley Tech. L.J. 996, 997-1169 (2016).

18〉吉岡克成「マルウェアに感染するＩｏＴデバイスが激増　ネットワーク攻撃に悪用」Provision 88号（２０１６年）12～16頁、Chun-Jung Wu et al., *IoT malware behavior analysis and classification using text mining algorithm*, コ

ンピュータセキュリティシンポジウム2016論文集2016巻2号（2016年）41～47頁。

第V部

AIネットワーク時代における社会の基本ルール

第V部では、民事法や刑事法といった社会生活に密接に関係してくる基本法制、さらには統治システムに、AIネットワーク化がどのような影響を与えるのかを論じたい。まず、自動運転車（自動走行車）の事故に関する製造者の不法行為責任や製造物責任を題材に民事法上の問題を検討する（平野論文）。次に、同じく自動運転車（自動走行車）の事故の刑事責任に関する問題を題材に、刑事法上の問題を検討する（深町論文）。実用化を見すえた研究開発が進みつつある現状において、これらの検討を通じて早急に検討しておくべき課題を提起する。そして統治システムについては、選挙制度を題材に、AIネットワーク化が国家の統治や政治に与える影響とその対処のあり方について論ずる（湯淺論文）。

AIネットワーク時代の製造物責任法

中央大学国際情報学部教授／ニューヨーク州弁護士
平野　晋

SCENARIO

事例1　派生型トロッコ問題事件

米国ハワイ州のハワイ島（通称「ビッグ・アイランド」）の火山の山間《やまあい》を貫くハイウェイ上で、日本製の完全自動運転車「オートノマス」が、対向車線から侵入してきたスクールバスと衝突。バス乗員の31名全員が死亡し、他方のオートノマスの乗員は無傷であった。なお死亡したバス乗員のうち、運転手以外の30名は皆、中高生であった。完全自動運転車オートノマスは、「①感知／認識＋②考え／判断＋③行動の循環」能力[1]がヒトよりもはるかに優れているから、急ハンドルを切ってスクールバスとの衝突を十分に回避

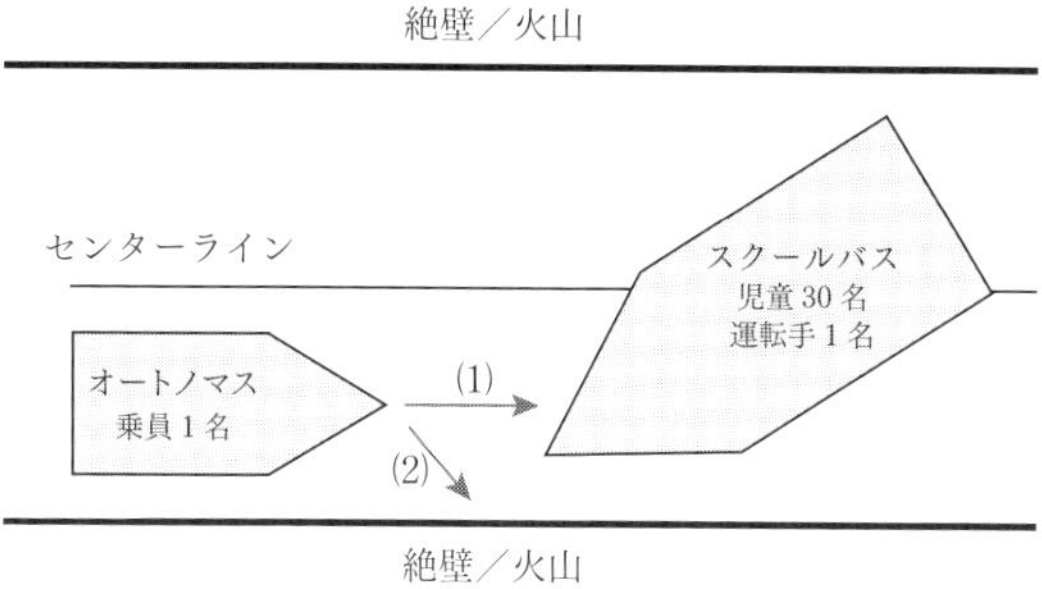

※Clive Thompson, *Relying on Algorithms and Bots Can Be Really, Really Dangerous*, Wired (Mar. 25, 2013――http://www.wired.com/2013/03/clive- thompson-2014/) の仮想事例をもとに筆者作成。

図表1：事例1の状況

することが可能であった。マスコミは、無慈悲に中高生を見殺しにしたオートノマスを非難して「殺人ロボット・カー（Killer Robot Car）」とよび、亡き中高生の両親たちが悲しみと怒りを露わにする映像をこぞって報道した。もっとも急ハンドルを右に切っていれば、道路の両側が荒い溶岩性の絶壁であったために、オートノマスの乗員の命は確実に失われていた。

　事件のショッキングな性格と批判の高まりを受けて、監督官庁である「NHTSA《ニッツァ》――国家道路交通安全局」が事故原因の解析に着手。しかしオートノマスは、搭載された人工知能網系統（AIネットワークシステム：以下、省略して単に「AI」という）[2]が完全に運行を管理していたために、なぜオートノマスが多数の中高生を死亡させる選択をしたのかの理由を解明できなかった。ニッツァが解析を依頼したNASAでさえも、解明ができない事態に陥った。マスコミは、最先端の技術力をもってしても原因解明を阻むAIへの非難キャンペーンを開始。対するAI開発者・企業たちは、AIの効用面を強調する広報戦略を積極的に展開。しかし世論は聞く耳を持たず、AI非難が高まる一方であった。

遺族たちは、損害賠償をメーカー等に求めて、ハワイ州の連邦地方裁判所に訴えを提起。陪審員を集めて集中審理がおこなわれる前に数年かけて実施される「開示手続」[3]においては、被告メーカー等々の関係者たちの証言を録取する手続がおこなわれた。事故を引き起こした車両のAIを担当していた、被告メーカーの重役ラッセル・クローズ氏に対する証言録取が、原告側弁護士ワルフ・ネーダーによって要求された。しかしメーカーは、クローズ氏がすでに退社しているとして証言録取に応じなかった。[4]

百戦錬磨のネーダー弁護士は、クローズ氏が重要な秘密を握っていると直感しクローズ氏の居場所を探し出し、同氏がAIの設計方針をめぐって会社と対立した末に退職した事実もつかんだ。ところが被告メーカーは手紙をネーダー弁護士とクローズ氏に送付し、クローズ氏がメーカー在職中に知った秘密情報は守秘義務の対象であるから、証言録取でも開示してはならない、と警告した。[5] ネーダー弁護士は、すっかり攻め手を封じられた恰好になった。

そうこうするうちに開示手続だけで4年も経過した事件は、突如クリスマス前に訴訟実務界のジンクスどおり示談で終結。集中審理に入らずＡＩ問題はうやむやなまま、闇に葬られたかに思われた。

しかし年の瀬も押し迫った12月29日、元重役のクローズ氏が突然、ＴＶ番組「報道55分」に登場。ＡＩ開発時の秘密を暴露した。曰く、この話は守秘義務対象であることを承知しているが、正義のために開示する。曰く、オートノマスに搭載していたＡＩは、常に乗員の命を最優先に選択するよう設定されていた。衝突相手車両の乗客が30名の中高生であること、および衝突すれば全員が死亡する蓋然性が高いことも、Ｖ２Ｖ通信等を用いたＡＩを通じてオートノマスは理解していたはずだ。それでも相手を見殺しにしたのである。さらに曰く、そのような反社会的かもしれない選択のＡＩであっても、その複雑性ゆえに事故後の解析で乗員優先の仕組みが判明しないこともメーカーにはわかっていた[6]。判明しないとわかっていたからこそ、意図的に他車の多大な犠牲のもとでも自車を常に最優先させる設定をしたのである。もし自車の乗員を犠牲にするような設計を選択すれば、売れなくなるからである、と。そしてクローズ氏は次のように会見を締めくくった。私は会社内で、このような究極の選択問題はきちんと社会に開示したうえで、最終的には購入時に買主が選択できるようなマーケティングを主張した。命に関わる決定を、会社が隠れて勝手に決めてしまうことに反対だった。結局は会社に疎まれて退職に追い込まれたのである、と。[7]

マスコミの反応は、やはりメーカーに批判的であった。自車を優先すべきかスクールバスを優先すべきかについては、確かに倫理的に議論が分かれる。しかしそのような設計選択を、ＡＩの複雑さゆえに隠蔽できる事実を悪用し、売上を伸ばすために短絡的に自車優先を秘密裡に選択した会社の冷血な行動が、激しく非難されたのである。翌年、被告メーカーのオートノマス系全車種売上は、対前年度比９割減となった。

事例２　ＡＩ搭載自動車の暴走

事例１と異なり、オートノマスが単独事故を起こしたと仮定する。ビッグ・アイランドの火山の山間を時速60マイル（時速96キロメートル）で運転中、突然、道路を右に逸れて火山の絶壁に激突。乗員は半年後に後遺症が原因で死亡した。死亡した乗員以外には目撃者は皆無。亡き乗員は生前、事故直前に速度が出過ぎと判断して、完全自動運転からＡＩが支援するマニュアル運転に切り替えてブレーキを踏んだにもかかわらず、オートノマスが勝手に制御不能に陥って右に逸れて絶壁に激突した、と証言していた。道路にはブレーキ痕が残っていたが、それが果たして事故車自体が付けた跡か否かは科学的に解明されないまま道路が清掃されてしまい、今では真相不明である。なぜオートノマスが右に逸れたのかの理由はやはり、搭載AIを解析しても解明できなかった。

遺族から、メーカーに対して損害賠償を請求したいとの依頼を受任したネーダー弁護士は、本件が難航すると予想していた。製造物責任法においては、原則として欠陥が何であったのかを立証しなければ、原告は勝訴できない。しかしAI搭載の機械絡みの製造物責任事件においては、AIが欠陥であるという直接的な証拠を入手できない。困ったネーダー弁護士は、欠陥を直接的に立証せずとも、状況証拠だけでも勝訴できるような都合のよい法理がないか否かを、部下のアソシエイト弁護士たちに調査させ、そのあいだに広報戦略をとって時間を稼ぐ策に出た。事件をマスコミに取り上げさせて、何をしでかすかわからないAIを搭載するオートノマスを販売したメーカーの無責任ぶりを糾弾させたのである。これに同調した消費者団体も、「ターミネーター」のようにヒトを平気で殺《あや》める殺人ロボット・カーを市場に垂れ流すメーカーは「無責任」の極みである、と主張。連邦政府も世論の不安を受けて、監督官庁のニッツァがNASAに依頼して原因究明を試みたが不発に終わり、連邦議会でも、メーカーの最高経営責任者に公聴会にて証言させるべきという声が高まった。

それまでは、AI開発ガイドラインが開発を阻害すると声高に叫んでいた起業家や一部企業も、声を潜めて頭を低くすることに必死であった。「勝利の父親はたくさん名乗りをあげるけれども、失敗は孤児である」とケネディ大統領が言ったと伝えられている[8]

ように、[9] 彼らは汚名の付いたＡＩとは無関係を装ったのである。

本件が全世界的にも悪名高くなってしまった結果として、全米中で本件同様の訴訟が多発。乗員や所有者等の意図に反してオートノマスが勝手に暴走して人身・財物に危害を加えた、と主張する訴訟の嵐が吹き荒れるに至った。この反応は、まさにネーダー弁護士が期待したものであった。なぜなら全米中の原告弁護士たちはネットワークを有して情報を交換できるから、同種事件が全米的に提起されれば原告側の弁護士同士が証人や証拠を融通しあって、互いに訴訟を有利に進められるからである。

ところで広報戦略に成功したネーダー弁護士はその頃、一定の場合にはたとえ欠陥を特定・証明できなくとも、状況証拠だけで勝訴に持ち込めるという報告を部下から得ていた。それは「[事故の発生] 自体が欠陥を物語る」(defect *ipsa loquitur*)[10] とも言われる「誤作動法理」である。そしてネーダー弁護士は、原告弁護士同士のネットワークを利用して、有利な証言をしてくれる理系の専門家証人多数に声をかけた。おかげで、ＡＩがどのような判断をするかを開発者であっても予測できない、そのようなおそれがあることは専門家ならば皆知っている事実である、等々の有利な証言を専門家証人から得ることができた。何をしでかすかわからないにもかかわらず、そのような危ない装置を、メーカーが安全性を「無謀に無視」(recklessly disregard) して搭載し、[11] その結果、本件のような誤作動が生じたという、陪審員が喜びそうなストーリーを裏付ける証言を、ネーダー弁護士は得られたのである。

対する被告メーカーの反論は、本件が亡き乗員によるアクセルとブレーキの踏み間違えで生じたというものであった。ヒューマン・エラーが事故原因であるから、ＡＩの誤作動ではないし、欠陥が原因である立証も欠けている。さらに誤作動法理によれば、誤作動以外の他の事故原因（他原因）が証拠によって否定されていなければ、欠陥による誤作動が事故原因であると推認してはならないはずである。本件ではブレーキとアクセルの踏み間違えという、欠陥以外の他原因が証拠によって否定されていないから、ＡＩの欠陥が事故原因であるとの推認は許されない、と被告メーカーは反論した。そしてもちろん被告は、たくさんの理系の専門家証人軍団を率いて、自説に有利な専門家証言を多数提出した。

陪審員による集中審理に入る前に、果たして誤作動法理の当てはめを陪審員に許すべきか否かの裁定を求められた連邦地方裁判所の判事は、原告側に有利な決定を下した。すなわち陪審員は、ＡＩの欠陥が原因で本件事故が発生したと推認しても許される、最終判断を陪審員にゆだねる、と決定したのである。

事件は集中審理に進み、陪審員は本件がブレーキ・アクセルの踏み間違えではなく、むしろＡＩの欠陥によるものと認定した。加えて陪審員は、暴走のおそれを知りながらメーカーが安全性を無謀にも無視してＡＩを搭載したと認定して、懲罰賠償に該当すると判断。[12] 賠償額として合計1000億円相当の支払いを評決した。被告は「評決無視の判決」を申し立てたけれども、[13] 裁判所はこれを却下した後に、賠償金額を減額して500億円の支払いをメーカーに命じた。

その後メーカーは、本件の控訴手続を進めると同時に示談交渉をおこない、和解が成立（示談金額は守秘契約によって非公開）。全米で継続中の他の同種の訴訟においても、メーカーは示談で解決する方針をとっていった。

I 自動運転車の「派生型トロッコ問題」——事例1の解説

事例1（以下「本件」という）は、いわゆる「トロッコ問題」の派生形である「橋問題」に着想を得ている。本件が読者に示そうとした一番重要な論点は、企業の存続さえをも危うくする「評判の悪化」であり、これは「社会的受容性の低下」と言い換えることもできる。評判の悪化は、実務上は民事法上の責任よりも大きな問題となる。しかし「評判の悪化」問題に入る前に、以下では民事責任問題を先に説明する。

1 過失責任

過失責任の法理は「過失なければ責任なし」とも言われ、被告の過失が認められなければ被告は賠償責任を負わない。過失とは、注意義務違反である。過失が認められるためには、予見可能性がなければならない。予見できない事態に対して被告は、注意を払って事故を回避することができず、回避できない事態に対して過失があったとは言えないからである。ところでＡＩの自律的な判断は予見可能か。ましてやＡＩが単独で機能するのではなく、ネットワークによってつながったＡＩの場合には、複雑さが増す。筆者が聞いているところでは、開発者でさえもＡＩの自律的な判断を事前に予測することは不可能なようである。予見不可能であれば、そのような予見不可能なＡＩの判断とその判断に基づく機械の行動に対し、開発者としても回避策を講じて事故を未然に防止することが難しい。したがって過失も認定されにくい、ということになりそうである。少なくとも、そのような主張が予想される。[14]

もっとも本件の場合は、以上の一般論とは少し事情が異なる。事件は和解で終結したので、それ以上は何を語っても仕方のないことではあるが、説明のために重要証人クローズ氏の発言が真実であると仮定してみよう。メーカーは設計時点において常に乗員の保護を優先させる設計を意図的に選択（intentional design choice）し、かつその設計どおりにオートノマスが行動して中高生等31名を死亡させている。そのような設計選択は、過失に該当するであろうか。そもそも過失ではなく、（自車の安全を守ろうとしたとはいえ）故意に他者の生命身体に危害を加えようとしたと捉えれば、「故意による不法行為」（intentional torts）も訴状に書き加えられそうである。[15] もっとも本件はいずれの進路をとっても被害発生を避けられない事例である。功利主義的に評価すれば、31

名の生命対1名の生命を比較衡量した場合に、前者を救う選択をすべきと評価されるかもしれない。しかし法的に自車乗員の保護を優先させた設計選択が、過失責任に該当するであろうか。自車の乗員の命を犠牲にしてまでも31名の中高生等の命を救う法的義務——自己犠牲を強いる義務——が存在していた、と評価すべきであろうか。そのような法的義務は、『サイエンス』誌に昨年掲載された論文によれば、[16] 多くの消費者の選好に反する。すると完全自動運転車は売れなくなり、ヒューマン・エラーが大多数の事故原因である現状を良化できず、社会的に望ましくない、という指摘もある。法的にも、正当（他者）防御や緊急避難的な法理援用の可能性が問題となりえよう。

2 製造物責任

製造物責任法では、（過失が立証できずとも）製品の欠陥が被害を生じさせたことが立証されれば、製造業者等の賠償責任が認定される。そこで重要な要素は、「欠陥」とは何か、である。欠陥は主に、次の(1)~(3)の3種類であると捉えられている。（1）たとえば大量生産品の10万個に1個の確率で、設計図面どおりではない不具合品が、工場の検査を潜り抜けて市場に流出し、これをたまたま買ってしまった消費者の手元で事故が生じて害を被った場合。これは製造過程で発生する「製造上の欠陥」で、不具合製品が図面から乖離している事実が欠陥であると認定する基準となる。（2）たとえば、他社製品では採用されている、安価で使い勝手への悪影響もない安全装置を、同一価格帯の競合する事故製品が採用し損ねていたところ、その安全装置さえ設計上で組み込まれていれば回避できた事故が発生し消費者が害を被った場合。そのような製品は、大量生産品のうちの１個が欠陥ではなく、図面そのものが欠陥であるとされるので「設計上の欠陥」とされる。（３）一見して気がつかない危険性が製品に潜む場合に、その危険性を利用者に気づかせたり、危険回避策を伝えるような警告表示や取説上の指示を欠いていた場合に、「指示警告上の欠陥」と捉えられる。「指示警告上の欠陥」は（２）に近似していて、典型的には大量生産品のうちの１個だけが問題になるわけではなく、そもそも設計段階において警告や指示を記載する義務に違反した事実（指示警告懈怠）こそが欠陥の根拠となる。

それではＡＩが搭載された機械製品が誤作動してヒトが害を被った場合には、いずれの欠陥に該当するであろうか。大量生産品の１個だけが図面から乖離して誤作動すれば（１）である。さらに（２）の設計上の欠陥に該当する場合もあるであろうか。他社が採用していたような安全装置を組み込まなかったり、設計当時に議論されていた安全装置を価格や使い勝手等に悪影響を及ぼさずに採用できたにもかかわらず採用を怠ったり、設計当時に容易に思い付く安全装置を、やはり価格や使い勝手等に悪影響を及ぼさずに採用できたにもかかわらず採用を怠ったならば、設計上の欠陥と認定されうるであろう。ＡＩはどのような判断を下すのかを開発者であっても予測できないと言われているけれども、もしこれに対する安全装置の実装が可能であれば、その採用の検討すら怠るような態度は設計上の欠陥を認定されるおそれが高まろう。もっとも安全装置の可能性は設計当時に専門家のあいだで議論されていても、その採用が、使い勝手を著しく阻害したり、価格を異常に高騰化させたりするならば、その採用が合理的とは評価できず、不採用という設計選択が必ずしも設計上の欠陥とは評価されないと考えられよう。

（3）指示警告上の欠陥については、利用者が容易には気づかない危険性を知らせ、またはその回避策を知らせる等の表示や指示を怠った場合には、指示警告上の欠陥が認定されうる。AIは予測不可能な判断をすると言われており、そのような危険性を孕んでいることが万民に知られているとは思われず、かつ消費者が使った製品にまさかAIが搭載されて思いもよらない判断や行動をとるとは気がつかれない場合が多いと想定される。すると、指示警告懈怠ゆえに指示警告上の欠陥を認定される事例も出てこよう。

ところで本件では、(1)は該当しない。本件オートノマスの行動は、設計図面を乖離した製造過程で生じた外れ玉としての異例な行動ではない。メーカーによる意図的な設計選択どおりに乗員保護を最優先させた結果の事故だからである。(2)の設計上の欠陥は該当するであろうか。スクールバス乗員の命を救うためには自車の乗員の命を失うしか選択肢が存在しない状況では、自車の乗員の保護を優先させる設計選択が設計上の欠陥とは必ずしも言えないと、過失責任の際の分析同様に評価されそうである。もっともオートノマスを市場に出す前の時点で、スクールバスの乗員の命を死に至らしめずに、かつ自車乗員の命も危険にさらさずに事故を回避できる安全策が仮に実現可能であって、かつその採用が価格や使い勝手等に悪影響も与えなかった場合には、そのような安全策を設計段階で採用しなかった事実は、設計上の欠陥を認定させうる。しかしそのような事実が本件では指摘されていない以上、設計上の欠陥も認定されえないと捉えられるかもしれない。もっとも、スクールバスまたは自動運転車のいずれかを犠牲にする設計は双方共に欠陥認定を許す裁判例があるので要注意である（Dawson v. Chrysler Corp., 630 F.2d 950 (3d Cir. 1980)）。

なお(3)については、仮に自動運転車オートノマスの乗員が犠牲になってスクールバスの31名を救うという設計がメーカーによって選択されていながらも乗員等がそれを知らされていなかった場合には、特に問題になりえよう。

3　評判の悪化――社会的受容性の低下

本件が示す重要な論点は、実は前述の民事法上の責任よりも、評判の悪化による企業存立の危機のほうにある。どのような判断・行動をするのかを開発者であっても予測できないために事前に制御不可能なＡＩを（制御可能性の欠如）、広く社会に普及させた後に、予測不可能な事故を引き起こした場合には、世論の反発が非常に大きなものとなるのではないか。さらに、予測不可能で制御不可能な判断・行動ではなく、本件のようにメーカーによる設計選択どおりの判断・行動を完全自動運転車がとった場合であっても、その設計選択が事故後の解析で判明できない（透明性の欠如）という事態に対しても、世論の反発が大きいであろう。したがって、ＡＩの開発・設計においては、制御可能性や、事故原因の解析を可能にさせるような透明性も、できるだけ実現できるような努力が、AIの社会的受容性を高めるためにも求められている。

II 「責任の空白」——事例2の解説

事例2（以下「本件」という）が読者に示そうとした論点のひとつは、「責任の空白」問題である。もうひとつは、事例1と同様に評判の悪化／社会的受容性の低下という問題も本件は示している。後者はすでに事例1の解説（I 3）において説明済みなので、以下では「責任の空白」を中心に説明する。

1 責任の空白

「責任の空白」とは、たとえば従来の（AIを使わない）事故ならば製造業者等の損害賠償責任の要件を原告が立証できるのに、AIの場合にはそれが難しく、そのために責任者が法的に不在となってしまう問題である。なぜ責任の空白が生じるのか。それは責任の認定に不可欠な、過失や欠陥や相当因果関係の立証が、AIの場合には困難だからである。以下、少し詳しく分析してみよう。

2　因果関係

まず過失責任の認定には予見可能性が求められる。しかし事例1の解説（Ⅰ-1）にて言及したように、ＡＩの場合は予見不可能で過失責任の立証が難しいために、「責任の空白」の生じることが懸念される。

さらに本件においては、そもそも事故原因が亡き乗員のブレーキとアクセルの踏み間違えか、またはＡＩによる誤作動かのいずれかが不明であるから、因果関係の不存在がまずは問題になりそうである。そもそもメーカーの過失や欠陥が事故原因であること（因果関係）が立証されなければ、損害賠償責任は肯定されえないから、本件では亡き乗員のヒューマン・エラーが原因である疑いが残る以上、過失・欠陥が事故原因であったと決めつけることが難しいかもしれない。

次に問題になるのが、「近因」（proximate cause）と呼ばれる相当因果関係の不存在である。本件が係争したアメリカでは（も）、「あれなければこれなし」という事実上の因果関係（factual causation）に加えて、法的な責任を課すことが相当か否かを問う「近因」も責任の要件とされる。近因の是非は、予見可能性の有無が決め手になり、生じた損害の一般的な種類さえをも予見できないようなまれな事件の場合にのみ不存在が認められる。そのような場合にまでも被告を有責とすることは不相当だからである。もっとも、具体的な損害や損害の程度を予見できないだけの場合には、責任を免れないと言われている。本件では、予測不可能といわれるＡＩの判断・行動が、このような衝突事故を生じさせると予見可能であったであろうか。いまだ実際に裁判例が存在しない現時点では評価が難しいけれども、大きな争点になりうることは予想できる。近因の要件は実際には予見不可能性が鍵になるところ、その予見不可能性こそがＡＩの場合には重要な危険要素なので、近因が大きな争点になりうると予想できるのである。

3　製造物責任：誤作動法理

事例2に出てきた「誤作動法理」では、問題の事故が通常は誤作動によって生じる類の事故で、かつ他原因を排除できるような事故の場合に、状況証拠のみで欠陥の存在と因果関係も推認することが許容される。通常は、問題の製品そのものが焼失や破棄処分等により滅失して、直接的な証拠による欠陥等の立証が困難な場合に認められてきた法理である。

誤作動法理の本件への当てはめにおいて障害になる要素は、被告メーカーが反論したように、他原因を排除していない点である。アクセルとブレーキの踏み間違えが事故原因であった可能性が残るから、論理的に欠陥が原因であると推認できないはずだからである。しかし裁判所は本件への誤作動法理の当てはめを陪審員に許す決定を下した。その理由は、事例2では明らかにされていないが、本件の着想を得た実際の裁判例は次のようにその理由を述べている。[17] 曰く、被告メーカーは、アクセルとブレーキの踏み間違えが事故原因か否かを解明できるような装置を設計段階で採用しなかった。もし採用していれば事故原因が判明したはずである。他方、アクセルとブレーキの踏み間違えが原因ではなかったとも認定できる状況証拠を、原告は提示している。さらに原告は、仮に陪審員によってアクセルとブレーキの踏み間違えが原因ではなかったと認定されれば、欠陥（制御不能なＡＩの判断・行動）が原因であったという推認も許される証拠（専門家証人たちの証言）を提出している。そもそもアクセルとブレーキの踏み間違えが原因ではなかったならば、残る原因は誤作動しか論理的にありえず、すると欠陥が原因で事故が生じたという推認も許されよう。したがって本件を陪審員にゆだねて、アクセルとブレーキの踏み間違えが原因か否かの事実認定を許し、もしそれが原因でなかったと認定された場合には誤作動法理の当てはめも許すと決定されたのである。

本件の教訓は、事故原因を解明できる装置の設計段階における採用をメーカーが怠ると、そのメーカーに不利に誤作動法理の適用が許容されうる点にあろう。事故原因の解明は、本件のように訴訟において重要であることはもちろんであるが、それ以上に、同様な事故の再発防止策を実施して社会における被害の拡大を予防するうえでも重要である。ＡＩの判断・行動が予測不可能であるとすでにわかっていてその危険性が懸念される現在、事故原因を解明できる工夫を開発し、かつ設計段階において組み込む努力が開発者やメーカーに求められていると言えよう。

III　まとめ

AIは、完全自動運転のみならずさまざまな分野で便益をもたらしてくれると期待されている。AIは、言われたとおりにしか行動できない従来のプログラミングにはない、自律的・創発的に判断・行動できるという特徴を有しており、それこそが便益の源泉であると言えるのかもしれない。しかし同時に、いかなる自律的・創発的な判断が下されて行動するかについては、制御が難しいと言われている。さらに判断や行動の後に、なぜそのような判断・行動をとったのかの理由も、開発者にさえわからないとも言われている。

このようなAIの特徴は、事故の危険性を孕み、予見可能性を失わせ、責任の空白を生み、社会の不安も生んでいる。そうした問題を払拭すべく、制御可能性や透明性を高め、社会が受容できるようなAIの開発がいま、求められていよう。

〈注〉

1）平野晋「『ロボット法』と自動運転の『派生型トロッコ問題』―主要論点の整理と、AIネットワークシステム『研究開発8原則』」NBL1083号（2016年）29頁。

2）V2V通信（vehicle-to-vehicle communications：車車間通信）等を用いて、他車情報や他車乗員プロファイルまでもネットワークを通じて相互に交換し、複数のAIが協働して判断するシステムを、本事例は想定している。もっとも本事例は完全自動運転車と従来型の手動運転車とが混在する状況を想定している。

3）平野晋『アメリカ不法行為法―主要概念と学際法理』（中央大学出版部・2006年）73〜74頁参照。

4）このあたりの着想は、ポール・ニューマン主演「評決」（20世紀フォックス・1982年）やマット・デイモン主演「レインメーカー」(パラマウント映画・１９９７年）参照。

5〉着想はラッセル・クロウ主演「インサイダー」(タッチストーン・ピクチャーズ・１９９９年）参照。

6〉*See* Noah J. Goodall, *Ethical Decision Making during Automated Vehicle Crashes*, 2424 J. Trans. Res. Board 58, 63 (2014).

7〉着想は「インサイダー」前掲注（５)、およびいわゆる「フォード・ピント事件」で元重役が内部告発した件である。*See* Grimshaw v. Ford Motor Co., 174 Cal.Rptr. 348, 367 (Cal.Ct.App. 1981).

8〉総務省・ＡＩネットワーク社会推進会議「国際的な議論のためのＡＩ開発ガイドライン案」(２０１７年７月28日――http://www.soumu.go.jp/main_content/000499625.pdf)参照。

9〉"Victory has a hundred of fathers and defeat is an orphan." 平野晋「イースターブルック判事の法廷意見と『法と行動科学（認知心理学)』」小島武司先生古稀祝賀『民事司法の法理と政策（下巻)』(商事法務・２００８年)２３６頁参照。

10〉David G. Owen, *Proving Negligence in Modern Products Liability Litigation*, 36 Ariz. St. L.J. 1003, 1025 n.138 (2004).

11〉懲罰賠償の認定基準は安全性等を「無謀に無視」したことである。*See, e.g.*, Victor Schwartz et al., *Toward Neutral Principles of Stare Decisions in Tort Law*, 58 S. C. L. Rev. 357 & n.252 (2006). 懲罰賠償については、後掲注（12)参照。

12〉「懲罰賠償」とは、通常の補償的損害賠償に付加して、懲らしめるために課される賠償である。平野・前掲注（３）１３６～１３７頁参照。

13〉「評決無視の判決」(judgment notwithstanding the verdict または j.n.o.v.)申立てとは、評決を退けて裁判所自身が判決を下すように求める申立てである。同前80～81頁参照。

14〉*See, e.g.*, Matthew U. Scherer, *Regulating Artificial Intelligence System: Risks, Challenges, Competencies, and Strategies*, 29 Harv. J. L. & Tech. 353 (2016).

15〉もっとも、故意による不法行為の該当性は低いという指摘がある。Jeffrey K. Gurney, *Crashing into the Unknown: An Examination of Crash-Optimization Algorithms through the Two Lanes of Ethics and Law*, 79 Alb. L. Rev. 183, 227 & n.288 (2015-2016). *See also* Restatement (Second) of Torts §§63, 65, 70, 76 (1965).

16〉Jean-Francois Bonnefon, Azim Shariff, & Iyad Rahwan, *The Social Dilemma of Autonomous Vehicles*, 352 Science 1573 (June, 2016)（自己犠牲的プログラミングを強制する法制化に反対している).

17〉平野晋「アメリカ・ビジネス判例の読み方（第20回)― *In re Toyota Motor Corp. Unintended Acceleration* ～ＡＩ・ロボット・自動運転時代の『誤作動法理』適用を示唆する事例～」国際商事法務44巻11号（２０１６年)１７３０頁参照。

AIネットワーク時代の刑事法制

立教大学大学院法務研究科教授
深町晋也

SCENARIO

事例1　自動走行車と過失犯

X1は、自動車会社Y1が製造・販売する自動走行車（レベル3）を購入し、雨天の日に一般道を時速40キロで、自動走行モードで運転していた。X1が前方不注視でいたところ、道路左側の歩道を歩いていた幼児Aが、親の手を放して車道に進入してきた。自動走行車は緊急の対応を要するとして、運転者による対応に切り替えたものの、X1は前方不注視であったため、瞬時の対応が遅れ、もはや急制動では間に合わない状況となった。そこでX1は、右にハンドルを切ってAとの衝突を回避しようとしたところ、後方から制限速度を超過したバイクが進行してきたため、これを避けきれずに接触させて転倒させ、バイクを運転していたBを死亡させた。

事例2　AIの刑事責任と生命法益のディレンマ状況

X2は、自動車会社Y2が製造・販売する自動走行車（レベル4または5）を購入し、一般道で当該自動車を時速40キロで走行させていた。本件自動走行車は、衝突回避のシステムとして、急制動をおこなうことで衝突を回避するか、急制動では間に合わないと判断した場合には、衝突を回避するためにハンドルを左右に切るように設計されていた。ただし、こうした緊急動作をおこなってもおよそ衝突自体は回避できない場合、たとえば急制動をすれば後続の自動車と、ハンドルを左に切れば歩行者と、ハンドルを右に切れば後方から進行してきたバイクとの衝突が回避できないような場合には、衝突によって生じる被害者の数が最も少なくなるような回避措置をとるように設計されていた。X2が一方通行の道を進行中に、前方から対向車が突っ込んできたため、本件自動走行車は左か右にハンドルを切らざるを得なくなったが、左側の歩道には歩行者Cが、右側の歩道には立ち止まって話をしている数人のグループがいたため、本件自動走行車は左側にハンドルを切り、対向車との衝突は免れたが、Cを轢過して死亡させた。

I　はじめに

ＡＩネットワーク時代において、短期的・中期的・長期的に問題となるテーマはそれぞれ異なりうる。そして、刑事法において問題となりうるテーマも多岐にわたる。たとえば、悪意を持った人間が、ＡＩが暴走するようなバグを仕込んでおく、あるいはハッキングするといった事例は、ＡＩネットワークにおいては深刻な脅威である。この問題は国際的にみても重要である。たとえば、ドイツの２０１４年におけるサイバークライムに関する報告書では、いわゆるＩｏＴに関する問題が採り上げられており、スマートフォンのみならず、インテリジェント家電のような端末も不正にコントロールされる危険があることに警鐘を鳴らしている〔1〕。

しかし、本稿では、こうした故意による不正なハッキングといった問題は特に扱わない〔2〕。むしろ本稿の検討対象は、社会的な利益を最大化するためのＡＩネットワークにおいて、こうした意図的な攻撃によらずに、ＡＩが問題のある作動をしてしまうことで法益侵害が生じる事例である。こうした事例として挙げられるのが、冒頭のシナリオのような自動走行車による死傷事故であり、本稿では、自動走行車を題材にしつつ、刑事法上問題となる点について検討していくことにする。

Ⅱ　自動走行車と過失犯

1　自動走行車とは何か

自動走行車あるいは自動運転車とは、運転者による操作を経ることなく、安全に一定の目的地まで移動させる（自動運転）仕組みを有する自動車のことを指す。このような自動運転は、ＡＩソフトによって実現されるものであり、自動走行車はこうしたＡＩソフトを実装した自動車と言える。自動走行車の導入は、交通事故（死傷事故）の9割以上に関連するとされる、運転者のいわゆるヒューマンエラーに基づく事故の可能性を減少させるなど[3]、社会的な便益を増大させるものであり、基本的には望ましいものである。特に、今後ますます我が国で進展していく高齢者社会のなかで、青年・中年期に比して認知・判断能力が低下した高齢者にとっては、こうした自動走行車の登場は、安全かつ快適な移動の自由の享受という観点から、大きな意義を有する[4]。

こうした自動走行車は、2014年にＳＡＥ（Society of Automotive Engineers）が提示した基準によれば、可能となる自動運転の度合いによってレベル0からレベル5まで6段階に分けられる[5]。運転環境を自動でモニタリングするシステムが導入されるのがレベル3以上であるが、レベル3（条件付自動運転）では、一定の事情（たとえば悪天候）によって自動運転システムのモニタリングに限界が生じると、人間である運転者の判断にゆだねられ、運転者が適切に対応する必要が生じることになる（これを「オーバーライド」という）。これに対して、レベル4（高度自動運転）あるいはレベル5（完全自動運転）[6]になると、こうした人間の運転者によるオーバーライドの必要性は想定されておらず、自動運転システムによる対応にゆだねられている。このように、レベル3の自動走行車とレベル4以上の自動走行車とでは、いざという時に人間の運転者による適切な対応が必要となるか否かという点で、刑事上の責任という観点から大きな差異が生じることになる。[7]

2　レベル3の自動走行車と死傷事故

次に、冒頭のシナリオについて、死亡した被害者に対する刑事上の責任を誰が負うのかについて検討する。事例1と事例2とでまず異なる点は、前者では基本的には人間である運転者自身が過失責任を負うことになるのに対して、後者では、運転者自身の過失は基本的に問題とならないという点である。[8]

事例1では、自動運転システムから運転者であるX1に自動車の操作・制御がゆだねられている。したがって、自ら操作する自動車によってBを死亡させた以上、X1には当然に過失運転致死罪（自動車運転死傷処罰法5条）が成立するようにみえる。しかし、ここで問題となるのが、果たしてX1にはいかなる点で過失が認められるかである。刑法において過失犯の成立を認めるためには、注意義務違反が必要と解されているところ、X1がどのような注意義務に反したのかが問題となる。

自動車運転者が自動車の運転中に課せられている義務のうち、最も基本的な義務は前方注視義務である。というのは、刻々と変化する道路の状況に適時に的確に対応するためには、前方を注視してさまざまな道路状況に関する情報を取得する必要があるからである。そして、レベル3の自動走行車が自動運転システムによって走行中であっても、こうした基本的義務である前方注視義務については、運転者が免除されることはないと解されることになろう。というのは、自動運転システムによる制御がなされている場合であっても、いつ運転者にオーバーライドが生じるかはわからず、運転者としてもこうしたオーバーライドに備えて自ら前方を注視して情報を取得しなければならないからである。つまり、X1は、自動走行モードによる走行中も、なお前方注視義務を免除されることはなく、前方を注視しなければならないのである。

ただし、こうした考え方に対しては、なお疑問もありうる。それを端的に言えば、運転者自身が運転する場合と同様の神経の集中を、果たして自動運転システムが作動しているあいだにも常に要求することができるのか、という点である。レベル3の自動走行車は、オーバーライドされるまでは、あらゆる運転タスクについて、自動運転システムによって処理しているのであり、運転者もこうした処理を前提にして、すなわちこうした処理が適切になされることを信頼して乗車している。こうした信頼についてはおよそ法的にみて考慮されないのであろうか。

刑法においては、行為者が他人の適切な振る舞いを信頼できる場合には、その他人の不適切な振る舞いによって法益侵害結果が生じたとしても、行為者には責任は問われないとする原則（信頼の原則）がある。[9] このような信頼の原則は、基本的には人間の行動について問題となるものであり、事例1においても、自動車会社Y1が適切に作動するAIを設計・製造していると信頼できる場合には、仮にAIの不適切な作動によって法益侵害結果が生じたとしても、行為者には責任は生じないと考えるべきであろう。しかし、事例1では、オーバーライド自体は適切になされているのであって、自動運転システムの不適切な作動によって事故が生じているわけではない。すなわち、レベル3の自動走行車はオーバーライドを前提とした設計がなされている以上、およそオーバーライドがなされてはならない局面でなされたといった例外的事情がない限り、X1の責任は否定されないことになる。

しかし、こうした信頼の原則が妥当しないとしても、前述の疑問、すなわち、そもそも自ら操縦・運転をしない運転者において、自ら運転する運転者と同程度の前方注視を期待することができるのかという点は依然として残る。自ら運転する運転者ですら、時に意識が散漫になったり、あるいは脇見運転をしたりすることは珍しくない。自ら運転しない場合にはなおさらそうであり、退屈しのぎについ携帯電話やスマートフォンの画面を注視することはむしろ当然に予期される事態である。こうした状況に鑑みれば、自ら運転をしない運転者に対しても同様の前方注視義務を課し、その違反に対しては、交通反則金や（違反点数の累積に応じた）免許停止・取消処分といった行政制裁や、（事故が発生した場合に）刑罰を科すという方策が妥当なのかは疑問の余地がある。そのような前方注視義務を課すのであれば、レベル3の自動走行車のユーザインターフェースのなかに、自ら運転をしない運転者に対して一定の前方注視をさせるような仕組みをあらかじめ実装するといった設計が重要となるであろう[10]。

また、オーバーライドされた運転者が、緊急の事態において適時に対応できるかは別論である。オーバーライドに必要な時間は最低4秒であるとされているところ[11]、前方を注視していたとしても、急制動による事故の回避が可能であったと認定できない場合は十分にありうるところである。この場合には、急制動以外の手段によって事故が回避できなかったかが問題となる。事例1においてAとの衝突を回避するためには、右にハンドルを切るしかなく、かつ、Bが速度制限を超過したことによって本件衝突が生じた場合には、運転者X1としては、Bが制限速度を遵守してバイクを走行させることについて信頼しうるとして、前述の信頼の原則が適用されうる。その結果、事例1においては、X1の過失責任が否定されるという結論に至ることになろう。

3　レベル4以上の自動走行車と死傷事故――AIの刑事責任？

事例2で問題となるレベル4以上の自動走行車においては、もはや人間が運転に関与することが想定されておらず、専ら自動運転システムに起因して本件事故が生じたと言える。しかもそもそも、日本が批准する道路交通に関する条約（いわゆるジュネーヴ条約）では、8条1項において車両には運転者がいなければならない旨を規定し、4条の定義規定によれば、運転者とは、道路において車両を運転する者を指すとされている。そこで、人間が運転に関与しないレベル4以上の自動走行車が、こうした条約の要請を充たすものであるのかが問題となる。仮に運転者が人間であることが前提とされているのであれば、ジュネーヴ条約の改正なしには、そもそもレベル4以上の自動走行車を道路に投入すること自体が許容されないことになる。[12]

それでは、こうした改正がなされて、レベル4以上の自動走行車を道路に投入することが許容されていると仮定しよう。そこで問題となるのは、このような自動走行車を設計した設計者や、自動走行車を構成するシステム（プログラム）に刑事責任を問うことの理論的可能性についてである。前者は自然人に対する責任追及であるのに対して、後者はシステムあるいはAIといった自然人ではない存在に対する責任追及であり、その性質をまったく異にする。そこで、近時議論が盛んになされている後者について、まずは検討を加える。[13]

伝統的な刑法学の立場からは、刑罰とは自然人[14]のように、一定の人格が想定される存在にのみ科すことができるものとされている。このような観点からは、自動走行車のシステム、すなわちAIに人格を認めることができるのかが問題とされる。たとえばドイツにおいては、AIに電子的人格を認めることが可能か否かが正面から論じられている。[15]また、我が国においても、伝統的刑法学の立場から、AIに行為性や責任能力を肯定することが可能か否かが論じられている。[16]

このような、AIにも人格的な側面を肯定することが可能か否かという問題設定においては、さらに二つのアプローチに分けることが可能である。それは、①自然人との類似性という観点からその人格を基礎づけようとするアプローチと、②自然人との類似性を離れて、AIに人格を認めて刑罰を科すことが可能か否かを問うアプローチである。

①のアプローチは、ＡＩがいかなる性質を有すれば人間と類似するのかを問題とする。たとえば、人間と同様の認識能力・判断能力（責任能力）などを有すれば、人間に類似した存在として、刑事責任を問うことが可能であるとされる。[17] このようなアプローチからは、人間と類似したロボットのようなＡＩ（典型的には「鉄腕アトム」や「ターミネーター」のような存在）を想定しつつ、そうした存在には人格を肯定することになろう。とはいえ、人間との類似性を強調すればするほど、刑事責任を問う前提としての「人格」の基礎づけを超えて、むしろ、人間と類似した要保護性が問題とされているように思われる。こうした理解は最終的には、人間に類似したＡＩを破壊、プログラムを消去することを「死刑」と同置し、（ドイツのように死刑を否定する国においては）そうした処分をおこなう権利すら否定する議論に至る可能性がある。[18] しかし、法人の人格（法人格）をめぐる議論においては、およそこうしたことは問題とならないことを想起すれば明らかなように、人間と類似した要保護性といった意味での「人間との類似性」は過度な要求である。人間との類似性アプローチは、「人間を人間たらしめるものは何か」といった（終わりのない）論争を招く可能性があり、[19] それゆえに慎重な対応が必要である。

他方、②のアプローチは、人間との類似性を問わず、ＡＩに人格を付与することが可能か否かを問うものである。[20] しかし、そもそも（人間と類似していないにもかかわらず、あえて）ＡＩに人格を肯定して刑罰を科すことの刑法的な意義がどこにあるのかが問題となる。法人処罰を例にとると、法人について刑罰を科すことの意義は、自然人とは別に法人に罰金刑などを科すことで、刑罰の有する抑止効果が発揮される点にある。[21]では、たとえばＡＩに罰金刑を科すことで、何らかの抑止効果が得られるのであろうか。ＡＩ自身に独自の経済的利益が帰属しており、かつ、ＡＩにそうした利益の増大を目的に行動するといった性質が存在するのであれば、罰金刑は「痛手」として受け止められることになろう。[22]しかし、通常は、ＡＩを製造・販売するなどしている自然人や企業（法人）に専らこうした経済的利益が帰属する以上、ＡＩに罰金刑を科す意義は存在しないであろう。[23]かといって、ＡＩに対して、自然人と同様の自由刑（懲役・禁錮）を科すことに意義があるとは思われないし、ましてや、ＡＩを破壊したり、プログラムを消去したりすることが、ＡＩに対する「死刑」のような生命刑としての意義を有するとは考え難いことであろう。

刑罰とは、刑罰が科される対象にとって一定の負担として感じられるものであり、かつ、国家が当該対象に一定のスティグマを付与するものである。[24]このような刑罰の性質からすれば、ＡＩにスティグマを付与すること、すなわち、ＡＩに対して[25]「お前は○○という悪い行為をした、非難すべきＡＩである」と国家が法的非難を伝達することにどのような意義があるのかが真剣に問われなければならない。そもそも、同じ人間であっても、たとえば幼児が何らかの違法行為をおこなった場合には、国家は法的非難の伝達という形でスティグマを付与することはしない。[26]それは、こうした法的非難の伝達は、あくまでも我々の社会における対等なメンバーに対してしかなされないからである。要するに、ＡＩが我々の社会における対等なメンバーとしての人格的主体であることをなぜ認める必要があるのかが問題となるのである。

なお、ＡＩに対して不利益な処分をおこなうこと、たとえばＡＩを破壊したり、プログラムを消去したりすることは、刑罰という形でなくとも可能である。[27] すなわち、そもそも人間に対してであっても、責任能力を前提としない処分（保安処分）を課すことは可能であって、ＡＩが人格的主体であるか、責任能力を有するかを論じなくとも、こうした処分を課すことは理論的に十分可能である。このように考えると、「ＡＩが刑罰適用の対象たりうるか」といった問題を論じる意義がどの程度あるのかは、なお疑問の余地がある。[28] したがって、ＡＩに独自の刑事責任を問うという方向性は、否定されるべきであろう。

4　レベル４以上の自動走行車と死傷事故――設計者の責任

ＡＩ自体に刑事責任を問うことができない場合、直ちに問題となるのは、こうしたＡＩを設計・製造した者の責任である。ＡＩの判断に瑕疵があった場合には、そのような瑕疵を有するＡＩを設計した者や製造した者に対して、刑事製造物責任が問題となる。また、こうした瑕疵を有することを知りつつ、当該ＡＩ（本件では当該自動走行車）を市場から回収しなかった者については、別途不作為犯としての責任が問われることになる。

これに対して、事例２で問題となるのは、果たして自動車会社Ｙ２[29]には、当該自動走行車の設計・製造において一定の瑕疵があったと言えるのかである。より正確には、本件事故を生じさせたような自動運転システムの判断には瑕疵があったのか、である。この点を論じるためには、そもそも、本件自動運転システムにおけるプログラミング、すなわち、一定の衝突事故の回避が不可能である場合に、被害者を最小限にするようなプログラミングをどのように評価すべきかが問題となるため、節を変えて検討することにする。

III　自動走行車と生命法益のディレンマ状況

1　生命法益のディレンマ状況

生命法益のディレンマ状況とは、近時「トロッコ問題」として知られるようになった問題状況であり、ドイツ刑法学では「転轍手事例」[30]とも呼ばれる。典型的には、以下のような事例である。すなわち、線路を走っていたトロッコが制御不能となり、このままでは線路上にいる5人の人間が逃げる間もなくひき殺される状況となった。これを見ていた転轍手の甲は、5人の命を救うためにトロッコの軌道を変えたが、その線路上にいた乙がトロッコに轢かれて死亡した。甲は、乙1人が死ぬのはやむをえないと考えていた。

この事例では、甲は自分の転轍という行為によって乙を殺したとして殺人罪が成立するようにも思われる。しかし、およそいずれかの線路にいる人間が死ぬのは回避できなかった状況下で、

5人の生命を救うために1人の生命を犠牲にする行為が殺人罪として当罰的なのであろうか。

このような生命法益のディレンマ状況において問題となるのが、緊急避難の成否である。緊急避難とは、誰の落ち度にもよらずに危険が発生した場合に、その危険を他の人に転嫁することを一定の条件下で許容するものである。特に、より大きな利益を保全するために、より小さな利益を侵害することが、緊急避難の成立には必要とされることが多い。

それでは、「転轍手事例」のような場合には、緊急避難として甲の行為は正当化されるのか。この問題を積極的に論じているドイツ刑法学においては、こうした生命法益をめぐるディレンマ状況については、およそ一切の正当化を否定する見解が通説的である。[31] こうした立場からは、甲についてはいわゆる正当化的緊急避難（違法性を阻却する緊急避難）はおよそ成立しない。[32]

これに対して、我が国の刑法37条が規定する緊急避難は、必ずしもこうした見解を必然的にもたらすものではない。というのは、我が国の緊急避難は、避難行為によって「生じた害が避けようとした害の程度を超えなかった場合」に成立するものであり、乙1人が死亡するという侵害結果は、回避しようとした5人の生命侵害という侵害結果を超えてはいないと評価することが可能だからである。このような観点からは、そもそも生命法益のディレンマ状況についても、害の最小化を志向するものである限り、我が国においては緊急避難が成立する余地があることになる。[33]

2 自動走行車のプログラミング段階での問題

これに対して、転轍手事例においては一切の正当化を否定するのが通説的見解であるドイツにおいても、自動走行車のプログラミングについては別異に解する見解が有力に主張されている。この見解によると、実際の生命侵害が生じた場合に事後的観点から正当化が可能か否かという問題と、事前的に死亡事故を回避するための方策を講じることの可否の問題とは異なるとされ、前者の問題では、生命侵害という結果を事後的に正当化することは許容されないが、後者の問題では、事前に損害の最小化を志向する義務があり、こうした損害を最小化するための方策をとることは「許された危険」として許容されるとする。[34]

仮に、我が国において、生命をめぐるディレンマ状況において、害の最小化を志向する限りは正当化されるという立場をとらない場合にも、上述したようなドイツの見解は参考になろう。すなわち、①事故の発生可能性を最小化したうえでなお生じる事故につき、②被害を最小化するようなプログラミングについては、許された危険としてそもそも殺人罪や過失運転致死罪の成立が否定される、という理解である。こうした理解からは、事例2の自動車会社Y2については、許された危険を理由として不可罰となることになる。

Ⅳ　おわりに

本稿の記述では、自動走行車が情報ネットワークを通じて他の自動走行車などと連携して機能するか否かについてはオープンのままで記述をおこなってきたが、今後のＡＩネットワーク化の進展のなかでは、レベル３以上の自動走行車については、ほかの自動走行車やＡＩとの連携のもとで効率的・機能的なオペレーションが図られることが当然に想定される。しかし、そのような効率的・機能的なＡＩネットワークにおけるシステムであっても、なお事故の可能性は存在する。本稿では、主としてそのような場合における刑事責任の帰趨に関して論じたものである。

このような広汎なネットワーク化が進行することで、自動走行車の死傷事故が発生した場合に、刑事責任が問われるべき主体が、個々の運転者のみならず、あるいは個々の運転者ではなく、ネットワークを管理する者のような「上位者」に移行していくことが予想される。このような管理責任のあり方についても、今後さらに検討を深めていく必要があろう。

〈注〉

1〉Cybercrime Bundeslagebild 2014, S. 13.

2〉刑法上も、すでに不正指令電磁的記録作成罪（刑法１６８条の２）など、一定の処罰規定が設けられている。

3〉今井猛嘉「自動車の自動運転と刑事実体法」『西田典之先生献呈論文集』（有斐閣・２０１７年）５１９頁以下および同論稿で引用されている橋本裕樹＝金子正洋＝松本幸司「運転者のヒューマンエラーに着目した交通事故発生要因の分析」（２００８年――http://library.jsce.or.jp/jsce/open/00039/200806_no37/pdf/88.pdf）の分析を参照。

4）高齢者のノーマライゼーションという点につき、ＡＩネットワーク化検討会議「報告書２０１６ ＡＩネットワーク化の影響とリスク―智連社会（ＷＩＮＳ《ウィンズ》）の実現に向けた課題―」（２０１６年６月20日―― http://www.soumu.go.jp/mAIn_content/000425289.pdf) 21頁以下も参照。

5）Summary of Levels of Driving Automation for On-Road Vehicles (https://cyberlaw.stanford.edu/files/blogimages/LevelsofDrivingAutomation.pdf).

6）両者の違いは、いわゆる「運行設計領域」の差にある。レベル4ではたとえば高速道路上の走行といった一定の条件から逸脱しない限りで、あらゆる運転タスクをシステムがコントロールするのに対して、レベル5ではあらゆる条件下で自動運転がなされることになる。内閣官房ＩＴ総合戦略室「自動運転レベルの定義を巡る動きと今後の対応（案）」（２０１６年12月7日―― http://www.kantei.go.jp/jp/singi/it2/senmon_bunka/detakatsuyokiban/dorokotsu_dAI1/siryou3.pdf) 3頁以下参照。

7）こうした分析につき、今井・前掲注（3）５２３頁参照。

8）レベル４以上の自動走行車であっても、その利用者が当該自動走行車を実際に作動させる行為（走行のために自動走行車のシステムをオンにする行為）を構成要件該当行為と捉える見解として、Armin Engländer, Das selbstfahrende Kraftfahrzeug und die Bewältigung dilemmatischer Situationen, ZIS 9/2016, S. 611 参照（本論文を紹介するものとして、冨川雅満「アルミン・エングレーダー『自動運転自動車とジレンマ状況の克服』」千葉大学法学論集32巻1・2号（２０１７年公刊予定）を参照）。

9）信頼の原則の適用を肯定した判例として、最高裁昭和42年10月13日判決（刑集21巻8号１０９７頁）参照。また、深町晋也「信頼の原則について」『神山敏雄先生古稀祝賀論文集 第1巻』（成文堂・２００６年）１１７頁以下参照。

10）こうした設計をしない場合には、運転者の過失（および過失による死傷事故）を誘発するような自動走行車を設計・販売したとして、自動車会社の設計部門担当者などの過失責任が問題となろう。

11）今井・前掲注（３）５２１頁。

12）ジュネーヴ条約の２０１５年改正については、中川由賀「運転自動化システム導入に伴う法整備に向けた取組の現状―実験段階から実用段階へ」ＣＨＵＫＹＯ ＬＡＷＹＥＲ26号（２０１７年）52頁以下、山下裕樹「スヴェン・ヘティッチュ＝エリザ・マイ「道路交通における自動化されたシステムの投入における法的な問題領域」」千葉大学法学論集32巻1・2号（２０１７年公刊予定）を参照。

13）この点を詳細に検討するものとして、今井・前掲注（３）５２４頁以下参照。

14）我が国では、自然人のほかに、法人についても両罰規定を通じて刑罰が科される。これに対して、たとえばドイツでは、法人に対する刑罰の適用が否定されている（ただし、秩序罰は科される）。

15）スザンネ・ベック（根津洸希訳）「インテリジェント・エージェントと刑法―過失、答責分配、電子的人格」千葉大学法学論集31巻3・4号（２０１７年）１１１頁。また、スザンネ・ベック（冨川雅満訳）「ロボット工学と法」比較法雑誌50巻2号（２０１６年）１１０頁以下も参照。

16）今井・前掲注（３）５２４頁以下。

17）今井・前掲注（３）５２６頁以下も参照。

18）ベック（根津訳）・前掲注（15）１１１頁。

19）こうした議論につき、大屋雄裕「外なる他者・内なる他者

―動物とＡＩの権利」論究ジュリスト22号（２０１７年）48頁以下を参照。

20）ベック（根津訳）・前掲注（15）１１１頁。とはいえ、法人処罰を否定するドイツにおいてこのようなアプローチがどこまで可能かという点は相当に疑問の余地がある。

21）通常、刑罰の有するかかる効果は、当該行為者以外の者に対する抑止効果（一般予防効果）と、当該行為者に対する抑止効果（特別予防効果）とに区分される。

22）樋口亮介『法人処罰と刑法理論』（東京大学出版会・２００９年）１５１頁以下。

23）今井・前掲注（３）５２９頁。

24）佐伯仁志『制裁論』（有斐閣・２００９年）１２８頁以下。

25）こうした非難の伝達のプロセスについては、深町晋也「路上喫煙条例・ポイ捨て禁止条例と刑罰論―刑事立法学序説」立教法学79号（２０１０年）76頁以下。

26）我が国の刑法41条は、刑事未成年者（14歳未満の者）には刑事責任を問わないとしている。

27）法人の解散命令は、刑法が定める刑罰（刑法9条）には該当しない。

28）これに対して、ＡＩに独立の人格を肯定することで、ＡＩ以外の関与者（設計者、製造者、販売者、利用者など）に法益侵害結果の帰属を否定するという、答責領域の分配という観点からの意義も考えられる。しかし、この点については、ＡＩに独立の人格を肯定しなくとも、個々の関与者の過失責任を各々問題にすれば足りる。

29）正確には、刑事責任を負うのはＹ２のなかの設計部門など特定の部門の自然人であり、具体的にどのような者に過失責任が問われるのかはきわめて重要な問題であるが、本稿ではこの問題は扱わない。この点に関しては、樋口亮介「注意義務の内容確定基準」『山口厚先生献呈論文集』（成文堂・２０１４年）１９５頁以下参照。

30）Hans Welzel, Zum Notstandsproblem, ZStW 63 (1951), S. 51.

31）Schönke/Schröder/Perron, Strafgesetzbuch Kommentar 29. Aufl. (2014), §34 Rn. 24.

32）なお、ドイツ刑法35条は、免責的緊急避難を規定するが、本条は、自己・親族や一定の近親者の利益を保全するための行為でなければ免責しないとされており、「転轍手事例」では本条も成立しない。この点については、深町晋也「刑法におけるディレンマ状況と自動運転―ドイツ刑法学の桎梏を通じて」（http://www.soumu.go.jp/iicp/chousakenkyu/shinryoiki_siryou/01_02.pdf）4頁以下を参照。

33）西田典之『刑法総論〔第２版〕』（弘文堂・２０１０年）１４３頁以下。

34）Hilgendorf, Recht und autonome Maschinen-ein Problemaufriß, in: Das Recht vor den Herausforderungen der modernen Technik (2015), S. 11ff.（紹介として、冨川雅満「エリック・ヒルゲンドルフ　法と自律的機械―問題概説」千葉大学法学論集31巻2号（２０１６年）１３５頁以下）; ders, Automatisiertes Fahren und Recht (2015), S. 55ff. また、松尾剛行「自動運転車と刑事責任に関する考察」Law & Practice No.11（２０１７年）１０８頁。こうした見解に批判的なものとして、稲谷龍彦「技術の道徳化と刑事法規制」松尾陽編『アーキテクチャと法』（弘文堂・２０１７年）１１０頁以下参照。

AIネットワークと政治参加・政策決定

情報セキュリティ大学院大学学長補佐／
情報セキュリティ研究科教授
湯淺墾道

SCENARIO

２０ＸＸ年Ｘ月Ｘ日、Ａ市の市長選挙の投票日、しばらく前に停年で教壇から退いた元・大学教授Ｙ氏は、自動運転乗用車で、投票所に出向いた。２０ＸＸ年に公職選挙法が改正されてインターネットを利用して投票することもできるようになったが、今回は買い物に出かける途中に投票所に寄ったのである。

しかし、投票所の投票台に向かっても、Ｙ氏には投票したいと思う候補者はいない。前世紀に顕著となったこの国の政治不信、政治家不信は、いっこうに解消していないのだ。むしろＡＩのほうが妥当な判断をすることが多く、人間の言動や判断は信用しないという人が多くなっている。Y氏もそのひとりで、最近は何を決めるにも、スマートフォンの自己決定支援アプリに判断してもらうことが多い。このアプリは便利で、日頃の言動や行動履歴等からその人の嗜好をサーバのAIが分析し、それに合った判断をしてくれるのである。日頃読んでいるニュースサイトや、ウェブページ、SNS上でのY氏の言動、Y氏が書き散らしているコラム類や過去に書いた論文類からY氏の政治的信条を汲みとり、政治的判断もしてくれる。

Y氏は上着の内ポケットから自己決定支援アプリに接続するAIペンを取り出して、投票用紙の上にセットした。AIペンは、自己決定支援アプリが選んだ候補者の氏名を、投票用紙に記入した。記入された結果は、Y氏には意外なものであった。まったく無名の新人候補者の名が書かれていたのである。しかし、AIが判断した結果なのだから妥当なのだろうと考え、そのまま投票用紙を投票箱に入れた。

新人候補者は、市長選で圧勝した。その原因として、自己決定支援アプリが接続するサーバがサイバー攻撃を受けてプログラムが改変され、思想信条や思考方法、嗜好などを偏向して判断するようになっていたことが判明した。このため、AIペンは使わなかったが事前に自己決定支援アプリで投票する候補者を決めた有権者も含め、相当数の有権者の判断が偏向し、本来は別の候補の名前を書くはずだったのに新人候補の名前を書いたとみられる。新市長を当選させたいグループが、このようなマルウェアをひそかに開発したという噂もあった。一部の有権者は、選挙無効の訴え[1]を裁判所に起こしている。

翌年、公職選挙法が改正され、投票所へのAIペンの持ち込みが禁止されることになり、投票所備え付けの筆記用具以外のもので記入した投票は無効とすることになった。そのニュースを聞いたY氏は、現代版の「オーストラリア式投票用紙（Australian ballot）」[2]のようなものかな、と考えた。

I　AIと統治領域との相性

人工知能（AI）やロボットとの共生を考えていくうえで、統治の領域は、AIとの「相性」があまり良好であるとは言えない。その理由は3点ある。

ひとつは、統治の領域においては、長い歴史を経て民主主義が発達したが、それによって自然人だけが平等に政治に参加すべきであり、それ以外のものが政治には参加すべきではないという考えが確立されているという点である。

自然人の思考回路と同様に、あるいはそれをこえて思考をすることができるAIが誕生し、ロボットが広く普及して社会のなかで大きな役割を果たすようになったとしても、AIによって思考するロボットに選挙権を与えるべきかという問いには、多くの自然人が反対するに違いない。

もうひとつは、自然人よりもＡＩのほうが合理的・客観的な判断がおこなえるようになったとしても、統治に関する過程から非理性的な判断を排除することはできないという点である。統治という自然人の人生に大きな影響を与える統治の領域ほど、合理的・客観的な判断とそれに基づく意思決定が望まれるものはない。しかし、実際には統治の領域ほど非合理的な判断や意思決定がまかり通る世界もないかもしれない。それは、市民社会から大衆社会への変容と選挙権の拡大によって、理性を備えた自然人だけが統治に参加することよりも、原則としてすべての自然人が平等に統治に参加することのほうが重要であると考えられるようになったことと関係している。

それでは、ＡＩによって、自然人の統治に関する判断や意思決定を支援するということについては、どうであろうか。ＡＩ自体が統治に関する判断や意思決定をすることへの反対は多いと思われるが、自然人の判断や意思決定にＡＩが関与することについても、やはり同様に抵抗があるかもしれないし、技術的な危険性も指摘されるだろう。

最後の点は、統治の領域は、外国を徹底して排除しようとしていることである。経済や社会がグローバル化した今日にあっても、国内の政治を国際社会に開放しようとすることには、反対の声が強く上がる。外国の技術によって開発されたＡＩやロボットが、日本の統治に「参入」することへの障壁は高いだろう。

もっとも、さまざまなデータがネットワークを通じて共有されることによって、客観的なデータをもとにした「データ・ドリブン」な政策決定がおこなわれるようになるという期待もある。

このような状況において、AIネットワークと統治とが共生していくことはそもそも可能なのだろうか。本章では、その可能性について検討してみることにしたい。

II AIと政治参加

1 議会制民主主義の発展

今日、先進民主主義の社会においては、統治が民主主義の原理によっておこなわれなければならないということは所与の前提である。そこでは有権者の民意が重視されなければならない。ただし、多くの国々が代表民主制を統治の基本原理に据えており、議会に送り出される国民の代表を選出する選挙が、国民の民意を政治に反映するきわめて重要な場面となっている。そして、選挙という有権者の民意を公的に表出する場面においては、多数派の民意は、最も尊重される（ただし、政党ごとの得票率を議会の議席に変換する割合は、さまざまな選挙制度によって異なる）。

ところが、ここでいう有権者について、有権者は自然人でなければならないということは、近現代の民主主義においては当然のことであるとされてきた。自然人以外のもの（たとえば法人）が政治に影響を与えるべきではないということは、なかば常識化している。そのことは、営利法人が政治献金をおこなうことを認めた八幡製鉄事件における最高裁判所の判断[3]に対して根強い批判があることからも、明らかであろう。この判決の後、会社による政治献金の是非をめぐる論争が起きたが、参政権は自然人に限定されるべきであり営利企業が政治献金をおこなうことは憲法違反であるとする説すらあったのである。[4]

このような考えがなぜ定着したのかについては、西欧の議会制民主主義の発展の歴史を参照する必要がある。西欧の議会制度の歴史は古く、最も古い議会として記録が残っているのは、1295年の「模範議会」である。この議会は、イングランドのエドワード1世が対スコットランド戦争に必要な資金を調達するために召集したもので、上級聖職者・世俗貴族・騎士・市民・下級聖職者からなっていた。中世から近代までの議会は等族会議ともよばれる身分制議会であり、そこにおける議員はある身分の選挙人または選挙区の代理人にすぎなかった。議員は選出母体の意思に拘束されていたので、選出母体と議員とのあいだのこのような関係を、強制的委任関係という。

議会制度が本格的に機能するようになるのは、西欧において、イギリスの名誉革命やフランス革命を経て、「市民」を主人公とした政治社会が実現した後のことである。「市民」とは一定の財産・教養、同質性、合理性を有し、政治社会に能動的に参加する人々のことであり、西欧では名誉革命やフランス革命以後、この人々が政治的主体となったとされている。もっとも、現実にはすべての「市民」が理性を備えて合理的に判断できるわけではなかったであろうが、具体的には制限選挙制のもとで一定の自然人だけが政治に参加していたのである。

市民社会における議会制では、議員はある身分の選挙人または選挙区の代理人であるという観念は否定され、議員は全国民の代表者であるという思想が成熟した。イギリスの保守思想家バークが1774年にブリストルでおこなった「諸君は確かに代表を選出する。しかし一旦諸君が彼を選出した瞬間から、彼はブリストルの成員ではなく王国の議会の成員となるのである」という有名な演説（ブリストル演説）は、それを表明していると言われる。フランス革命によって生まれた1791年憲法は、議員に対する強制委任の観念を否定し、議員は全国民の代表であって選挙区民の委任を受けないとする自由委任の原理を採用した。さらに、有権者である国民は直接に統治に参加すべきであり、国民と国家との中間にさまざまな団体（中間団体）が存在することは非民主的であるとされた。

これに対して、大衆社会は「大衆」が主人公となる社会のことである。大衆は、一般的に社会を占める大多数の大勢を占めるとされる人々、またはそれに属する個人を指す言葉である、「市民」と比較した場合には無産者であること、異質性・匿名性を持つこと、非合理的（判断するための十分な知識や能力を持たず、自律的に適切な決定をすることができない）であることに特色がある。政治から排除されていた無産者による政治参加への要求に応える形で、選挙権が徐々に拡大され、20世紀に入り普通選挙制が多くの先進国で導入されたことによって、市民社会から大衆社会への転換が起こった。

理性的な判断ができない自然人が政治に参加することの危険性は、大衆が政治に参加するようになった大衆社会の到来以降、特に叫ばれるようになった。その代表は、スペインの哲学者であるオルテガの『大衆の反逆』である。

オルテガは、大衆とは欲望と権利意識のみを持った凡庸な人間の集合体であり、大衆が本来はエリートの領分であるべき政治に進出するため、大衆による圧政の危機が招来されるとした。オルテガは大衆を批判したが、オルテガの批判の対象としたのは、大衆一般ではなく、社会に責任を持とうとしない「大衆人」という人間のタイプである。オルテガは、生まれながらの身分としては貴族であるがその心性が大衆であるという者が多いと批判している。オルテガが指摘したのは、少数エリートと大衆の従順性との結合の危険性であり、「貴族」（自ら進んで社会に責任をとろうとする少数派）による政治を求めたのである。

一方で、第一次世界大戦の終結によって、ドイツやロシアで帝政が崩壊するという混乱のなかで、西欧ではファシズムが勃興するようになる。このような政治情勢のなかで、ドイツの理論経済学者・社会学者レーデラーは、『大衆の国家』を著し、ファシズムの基盤を組織化された大衆の積極的な支持に求めた。レーデラーは、ファシズムが階級・階層を含めたあらゆる社会集団を破壊して「大衆」に作り変え、大衆がカリスマ的なリーダーに扇動される「大衆の国家」が出現したと主張したのである。

2　AIによる「市民」再生の可能性はあるか

冒頭のシナリオでは、「自己決定支援アプリ」に接続するＡＩが、自然人に代わって政治的判断をおこなうようになり、自然人はそれに依存するようになるという可能性を空想してみた。議会制民主主義の発展の歴史をふまえると、自己決定支援アプリのようにＡＩが自然人の判断を代行することによって議会制民主主義に関与することについては、二つの側面から理解することができる。

国民と国家との中間にさまざまな団体（中間団体）が存在することは非民主的であるとするフランス革命以降の民主主義観に立つと、ＡＩが有権者である国民と国家とのあいだに介在することは、決して好ましいことであるとは言えない。政治に参加するのは、あくまでも自然人であるべきであるので、ＡＩというものが自然人である有権者と国家とのあいだに介在することは、民主主義をゆがめるおそれがある。また、ＡＩによる判断に有権者が依存することは、市民が政治社会に能動的に参加するという市民社会の原理を否定するものになりかねない。

一方、大衆社会論の立場から考えると、ＡＩは衆愚政治や大衆迎合政治の危険を防止することができるかもしれないし、逆にそれを加速するかもしれない。理性的な判断ができない大衆が政治に参加することによって、大衆による圧政の危機が招来され、世界は実際にファシズムという「大衆の国家」を経験した。日本の天皇制ファシズムについては、必ずしも大衆の支持を前提とはしていなかったという「上からのファシズム」論もあるが、少なくともドイツやイタリアでは大衆がカリスマ的なリーダーに扇動されたことは歴史的な事実であろう。

大衆政治の危険性が、大衆が理性を有しないことによるとすれば、大衆に理性を付加すれば、その危険性は減少するはずである。大衆が政治的判断をおこなう際に、ＡＩという「理性」の助けを借りるようになれば、非合理的な判断や意思決定をおこなわないようになる可能性がある。その結果、ＡＩによって大衆は理性を備えることができ、あたかも理性を持って自律的に政治的な判断をおこなっていた市民のように政治に参加することができるようになるだろう。

自然人以外のものが、自然人の政治的判断を手助けする例は、すでに存在する。その一例は、ボートマッチである。ボートマッチとは、選挙に関するインターネット・サービスの一種であり、有権者と立候補者または政党の考え方の一致度を測定するものである。[5] 候補者に対して事前に実施したものと同じアンケートに答えることで、立候補者または政党の考え方との一致度を数値化することができ、有権者はそれを参考にして投票方向（候補者や政党）を決めることができる。冒頭のシナリオで提示した「自己決定支援アプリ」に接続するＡＩは、それをさらに進化させたものであると言ってもよいかもしれない。

他方で、オルテガによれば大衆とは欲望と権利意識のみを持った凡庸な人間の集合体であるから、せっかくＡＩが合理的・理性的な判断をしたとしても、大衆はそれには従わない可能性がある。それどころか、このような大衆の気質をＡＩが先取りして判断した結果、ＡＩは、大衆の欲望と権利意識をくすぐる判断結果ばかりを提示するようになるかもしれない。その結果、かつてのファシズムがカリスマ的なリーダーと大衆との結合によって勃興したように、ＡＩと大衆との結合は、きわめて危険な結果をもたらすおそれがある。

また、現実の統治過程においては、政策自体、必ずしも経済合理的に望ましい方向に決まるというわけではなく、あらゆる政策決定が客観的なデータに基づいてなされているというわけではない。民主主義、特に多数決民主主義の持つ病理として、多数派有権者の世論に反する政策決定をすることはきわめて難しいからである。

政権与党にとっては、多数派有権者の世論に反する意思決定は、次の選挙における敗北という結果を招きかねない。他方で野党にとっても、多数派有権者の世論に反するような政策を掲げてみても、選挙の際に多数の票を得ることはできないから、政権を獲得することには大きな意義を認めていない特性の思想信条・主義に基づく政党や宗教政党のような場合を除いて、やはり必ずしも客観的データに基づき、経済合理的に望ましい政策を掲げることはできないのである。

前述したように、ＡＩは自然人である有権者に対して理性を付加することも可能であろうし、逆に大衆迎合的な判断を提示するようになるおそれもある。客観的データに基づき、経済合理的に望ましい政策を選択するようにＡＩが促したとしても、自然人である有権者はそれに従うべきなのであろうか。それとも、欲望と権利意識に基づいた判断をすること自体も政治的自由のひとつなのだとすれば、それは否定されるべきではなく、肯定せざるを得ないのであろうか。

3　AIによる支援の可能性

民法や刑法などにおいては、理性的な判断をおこなうことができない自然人や十分に理性的ではない自然人がおこなう意思決定について、その効果に制限を加えたり場合によっては無効としたりする制度が用意されている。たとえば民法の領域には、行為能力という考え方がある。行為能力とは、単独で完全に有効な取引行為（法律行為）をすることができる能力ないし資格のことを言うが、この場合、ある自然人が単独で判断をおこなうことができるということが前提となっており、通常は成年に達すると自動的に行為能力を有することになる。しかし、精神障害などによって十分な判断能力を持たず、単独で判断をおこなうことが難しい成年者も存在する。そこで、このような成年者に対しては、成年後見という制度が設けられている。成年後見制度は、判断能力が十分でない自然人が不利益を被ることがないように、家庭裁判所に申立てをおこなって、その自然人を援助してくれる人（成年後見人）を付けることにより、法律的に支援する制度である。これに対して、統治の領域では、原則として有権者年齢に達したすべての国民が平等に参加することが重視される。このことから、理性的ではない自然人にも、政治への参加を許容しなければならない。大衆社会論との関係では理性的ではない自然人の参加は問題となるが、他方で、病気や障害などの理由があったとしても、日本国民であれば政治に参加する権利は保障されなければならないという点からの要請があることにも留意する必要がある。

実は、従来の公職選挙法は、有権者の理性的な判断という点を重視するものとなっていた。従来、公職選挙法では、11条1項で選挙権と被選挙権を有しない者として成年被後見人を挙げていた。このため、成年後見人が付くと選挙権を自動的に失うことになっていたのである。しかしこの規定は、２０１３年5月に成年被後見人の選挙権の回復等のための公職選挙法等の一部を改正する法律が成立・公布され、同年6月30日に施行されたことによって廃止された。２０１３年7月1日以後に公示・告示される選挙について、成年被後見人であっても、選挙権・被選挙権を有することになったのである。この公職選挙法改正のきっかけとなったのは、成年被後見人は選挙権を有しないとする公職選挙法の規定は憲法15条1項および3項、43条1項ならびに44条ただし書に違反し無効であるとする東京地裁の判決[6]が出たことであろう。

もっとも、選挙権は回復したものの、実際には成年被後見人は自力で投票をすることが難しい場合がある。このため、代理投票という制度が用意されている（公職選挙法48条）。これは、「心身の故障その他の事由により」本人が投票所に出向いていって自ら投票をおこなうことができない場合、代理人によって投票をおこなうことを認めるというものである。

近い将来、ＡＩが、成年被後見人のように自力で投票をすることが難しい有権者を支援するようになる可能性は十分にあると思われる。冒頭のシナリオで挙げた「ＡＩペン」のようなデバイスを持参することで、代理投票ではなく、本人が投票することができるようになるかもしれない、ただし、その場合にはサイバー攻撃によるプログラムの改変等の技術的な危険性が存在することも事実である。

4　「データ・ドリブン」への期待

先に述べたように、現実の統治過程においては、政策決定は客観的なデータに基づき経済合理的に望ましい方向に決まるというわけではなく、理念や主義主張の裏付け（エビデンス）がないまま、移ろいやすい（かつ、後述するように操作される危険性もある）時々の世論における多数決によって政策が決定されているという例は少なくない。近年、そのような政策決定のあり方について、データに基づき対象を経済学的な手法で分析し、その成果に基づいて客観的な決定をおこなおうとする動きがある。[7]

少子高齢化の進行や地域間格差の拡大、地方からの人口流出と地方経済の衰退など、日本は多くの課題を抱えており、これらの課題の解決には、客観的なデータに基づく冷静な政策判断が不可欠である。このような政策判断や決定は、近年「データ・ドリブン（data driven）」と呼ばれることもあり、新ビジネスの創出や社会的課題の解決への期待が高まっている。このうち新ビジネスの創出については、経済産業省の主要施策のひとつとしても位置づけられている。[8]

このようなデータに基づき政策決定をおこなうには、まず大量かつ多様なデータの収集が必要である。そのためには、各種のセンサーやさまざまな機器類がインターネットに接続されることによって幅広くデータが収集されるＡＩネットワークの果たす役割は大きい。

社会課題の解決が最優先の課題として位置づけられる統治の領域においてこのような期待が込められている一例として、ここでは2017年に制定された横浜市官民データ活用推進条例を挙げておきたい。

本条例は、官民データ活用推進基本法の制定を受けて、基本法では都道府県のみに官民データ活用推進基本計画の制定を義務として、市区町村には努力義務としているところ、条例で横浜市に対しても横浜市官民データ活用推進計画の制定を義務づけるなど、きわめて意欲的な内容を持つ条例である。条例自体も、議員による政策提案によるものであり、事前に条例案をインターネット上で公開してパブリックコメントを実施するなど、今後の政策的条例制定のモデルとなるようなものとなっている。

条例では、「インターネットその他の高度情報通信ネットワークを通じて流通する多様かつ大量の情報を適正かつ効果的に活用することにより、横浜市（中略）が直面する課題を官民協働で分析し、及び解決する環境をより一層整備することが重要である」ことから、「官民データ活用により得られた情報を根拠として行われる効果的かつ効率的な市政運営、市内経済の活性化及び市内企業の振興並びに市民が安全で安心して暮らせる快適な生活環境の実現に寄与することを目的とする」としている（1条）。

ここでは、データの積極的な活用にとどまらず、官民の協働による分析と解決の重要性がうたわれており、「情報を根拠として行われる効果的かつ効率的な市政運営」の実現が目的とされている。その基礎となるのは、もちろんネットワークを通じて流通する多様かつ大量の情報であるが、その分析にあたってはＡＩも大きな役割を果たすであろう。

III　国際化と技術的懸念

今日の民主主義を根幹をなす国民主権の契機のなかには、対外的独立性というものが含まれている。このことから、ある主権国家の統治からの外国勢力の排除は当然のことであり、今日の国際社会においても主権侵害や内政干渉は許されないということが常識となっている。

さらに、有権者は法律で規定された選挙権年齢に達した自然人であれば誰でもよいというわけではなく、外国人には選挙権を与えるべきではないという意見も根強い。ここでは外国人の参政権の問題に関する考察は措くとするが、ある国の政治に関する決定からは外国は排除されるべきだという考えが根強いことには、注目する必要がある。

そもそも、外国からの日本の民意への影響にも、強い警戒がある。実際に、民意への外国からの影響を阻止しようとするさまざまな制度がある。たとえば民意に大きな影響を与える放送事業に関しては、外資規制が導入されている（放送法１１６条）。あるインターネット企業が民間テレビ局をその親会社であるラジオ局の買収を通じて事実上買収しようとしたとき[9]、買収資金を外国のファンドから融資されていることすら、問題視されたほどである。また、政治資金規正法では、外国人や外国法人から政治活動に関する寄附を受けてはならないとしており（政治資金規正法22条の5）、これも外国からの政治への影響を防止しようとする趣旨であろう。なお政治資金規正法の外国人・外国法人からの寄附の受け入れの禁止は、現職の政治家だけではなく、「何人も」と対象が規定されているので、現に政治的決定権限を有する現職の政治家だけではなく、将来に政治的決定権限を有する可能性がある者も含めて、徹底して外国からの影響を排除しようとしていることがわかる。

このことからは、ＡＩが外国の技術によって開発されていたり、外国企業によってサービスが提供されたりしている場合に、それを日本の統治に関係する領域で利用することは適当かという議論が生じてくるであろう。統治の領域におけるＡＩやロボットとの共生は、「国産」に限る、という条件がつくかもしれない。ただし、それが技術的に可能なのかどうかは、本稿の守備範囲を超える問題である。

この問題については、ひとつの警鐘がある。それは、２０１６年アメリカ大統領選挙において、外国政府による選挙干渉を目的としたサイバー攻撃がおこなわれたとされていることである[10]。また近年、ＳＮＳによる世論操作を通じた投票行動への影響力行使が問題とされるようになってきているが、このような影響力行使を、ハーバード・ロースクール教授のジットレインは「デジタル・ゲリマンダー（digital gerrymandering）」と呼んで批判している[11]。

選挙戦においてトランプ候補はツイッターを最大限に活用して世論の注目を引きつけたが、インターネット選挙運動の諸手段のなかでもＳＮＳの影響力はきわめて大きくなってきている。ＳＮＳやサーチエンジンによる世論操作や有権者の投票行動への影響力行使の問題の根深さは、このような世論操作や影響力行使が、各有権者が個人としてＳＮＳにアクセスしたりサーチエンジンを使ったりする際におこなわれるものであるため、関係者以外の目には触れないところでおこなわれるということにある。

ＳＮＳですらこのように世論操作や影響力行使が問題視されているというのに、ＡＩは有権者自身の政治的判断を代行するかもしれないというのであるから、その影響力はきわめて大きい。想像したくないシナリオではあるが、政治的判断をおこなうＡＩの開発と提供を通じてある国の政治をコントロールしようとすることは実際におこなわれるかもしれない。また、政治的判断をおこなうＡＩへのサイバー攻撃を通じてある国の政治への介入をおこなおうとするという場面も考えられる。民主主義という国の根幹に関わるだけに、統治の領域におけるＡＩには透明性が要求されるし、セキュリティ対策はかなり厳重なものが要求されざるを得ないであろう。ただし、セキュリティ全般の問題として、透明性とセキュリティ対策との両立が難しいことも指摘しておかなければならない。

Ⅳ　共生の条件

本稿で検討してきたように、統治の領域におけるＡＩやロボットとの共生はかなり困難である。

しかし、それはまったく不可能かといえば、可能性がないわけではない。ひとつの可能性は、統治の領域におけるＡＩやロボットとの共生は可能か、統治の領域にＡＩやロボットを迎え入れるべきかどうかという最終的な判断は、デジタル・ゲリマンダーのような世論誘導によってゆがめられる危険性が生じているとはいえ、今のところは自然人にゆだねられているということである。統治の領域におけるＡＩやロボットとの共生は、そのこと自体を自然人が判断して決定するということ以外に、正統性を求めることはできないであろう。統治の領域にＡＩやロボットを迎え入れるとすれば、それは自然人の理性によって決定されるほかはない。それは、自然人の理性のみによって判断される最後の政治的意思決定となるかもしれない。

〈注〉

1）公職選挙法207条。

2）初期の選挙では特に定められた投票用紙がなく、有権者は自分で投票用紙を持ち込んでいたが、不正を誘発しやすく、投票の秘密のうえでも問題があった。1856年にオーストラリアのビクトリア州とサウス・ウェールズ州で初めて投票用紙の持ち込みを禁止し、統一投票用紙が導入された。

3）最高裁昭和45年6月24日大法廷判決（民集24巻6号625頁）。

4）富山康吉「最高裁の政治献金論―45・6・24最高裁大法廷判決を契機として」法学セミナー174号（1970年）

2頁以下。

5〉佐藤哲也「争点投票支援システムの提案とその評価―2001年参院選を対象として」選挙研究18号（2003年）148頁以下、上神貴佳＝堤英敬「投票支援のためのインターネット・ツール―日本版ボートマッチの作成プロセスについて」選挙学会紀要10号（2008年）27頁以下参照。

6〉東京地裁平成25年3月14日判決（判タ1388号62頁）。

7〉たとえば教育の領域で話題を呼んだものとして、中室牧子『学力の経済学』（ディスカヴァー・トゥエンティワン・2015年）がある。

8〉http://www.meti.go.jp/policy/it_policy/it_yugo/ddi.html

9〉買収事案の概要については、東京高裁平成17年3月23日決定（判タ1173号125頁）参照。

10〉詳細については、湯淺墾道「2016年アメリカ大統領選挙と電子投票・インターネット選挙運動(下)」月刊選挙2017年2月号1頁以下を参照。

11〉Jonathan Zittrain, *Facebook Could Decide an Election Without Anyone Ever Finding Out*, New Republic (https://newrepublic.com/article/117878/information-fiduciary-solution-facebook-digital-gerrymandering).

第VI部

AIネットワーク時代における人間

第VI部では、AIネットワーク時代における「人間」のあり方を探求する。AIやロボットが生活に欠かせないものになっていくことで、改めて人間とは何かを問い直す必要に迫られるかもしれない。まず、AI・ロボットの研究開発と利活用が「個人の尊重」にいかなる影響とリスクを及ぼすのかを論じる（山本論文）。次に、AIの高度化とそれを社会に迎え入れることによってもたらされうる「人格」や「責任」といった基本的価値の揺らぎを明らかにする（大屋論文）。最後に、AIネットワーク化により人間の生き方を左右する雇用環境が激変する可能性と労働法制の対応のあり方について検討する（大内論文）。

AIと「個人の尊重」

慶應義塾大学大学院法務研究科教授
山本龍彦

SCENARIO

通信事業をおこなうY社は、新卒採用に、採用希望者の適性（職務遂行能力）をＡＩに予測評価させるプロファイリングシステムを導入している。ただし、この予測評価を導くアルゴリズムは公開しておらず、希望者のどのような情報を、どのようなウェイトで考慮しているのか、外部にはわからないようにしている。

大学4年生のXは、Y社への入社を希望し、エントリーシートを送付したが、その後、不採用を知らせる連絡を受けた。Xは、エントリーシートに記入した事項以外の情報（たとえば、ＳＮＳに関する情報）も広くＡＩの予測評価に使われていることを知り、自分の何がＡＩの評価を下げたのだろうと悩み始めることになった（ＳＮＳで市民運動家のＡと「友達」になっているのが悪かったのか、数年前に外国の反政府活動家の写真に「いいね」を押したのが悪かったのか、などと諸々悩むことになった）。どうしてもＹ社に入社したいＸは、就職浪人することに決め、卒業後にファスト・フード店でアルバイトを始めた。しかし、翌年も、エントリーシートの送付後に不採用を知らせる連絡を受けた。Ｘは、ためしに、Ｙ社のプロファイリングシステムと同じシステムを導入しているＢ社やＣ社にもエントリーシートを送付したが、やはり不採用の連絡を受けた。

Ｘは、思い切って、Ｙ社に対して、ＡＩの「意思決定」プロセスを開示するよう求めたが、営業上の秘密にあたるなどとして拒否された。Ｘは、その後もＡＩに「嫌われる」理由がわからず、自己改革の方向性もわからぬまま、採用にＡＩによるプロファイリングシステムを導入していない低賃金のアルバイト職を転々とすることになった。

Ｘは、アルバイトをしながら独学でビジネスの勉強を始め、30歳を迎えた時に自ら事業を始めようと、Ｄ銀行に対してオンライン上で融資を申し込んだ。Ｄ銀行は、融資判断の際に、申込者の返済率や信用力をＡＩに予測評価させるプロファイリングシステムを導入している。Ｘは嫌な予感がしたが、案の定、オンライン上で、Ｄ銀行から融資できないとの回答を受けた。そこでも、予測評価のアルゴリズムや、融資が拒否された理由などが開示されることはなかった。そのためＸは、融資が拒否された理由が、低賃金のアルバイトを長年続けていたことにあるのか、それとも別のところにあるのかがわからず、途方に暮れることとなった。

Xは、その後数年、AIによる予測評価システムを導入しているあらゆる組織から排除され続け、自らが社会的に劣った存在であると感じるようになった。Xは、自分以外にも、明確な理由もわからずAIの予測評価によって社会的に排除され続けている者たちが多数存在し、仮想空間において「スラム」(バーチャル・スラム)を形成していることを知った。しかしXは、その者たちとSNSで交流すると、信用力などに関するAIの予測評価がさらに下がるという噂を聞いていたために、悩みを共有する相手もいないまま、孤立を深めていた。そのとき、携帯していたスマートフォンが鳴り、日々の生活記録などからユーザの健康を管理する団体から、「あなたはいま鬱状態にあるようです。気を付けてくださいね」というメッセージが届いた。Xは、そのメッセージをみて、かえって生きる気力を失った。

Ⅰ　はじめに

AIネットワーク社会とは、高度な「予測社会」であり、「個別化社会」である。簡略化して言えば、ビッグデータに基づいてAIが自動的に個人の趣味嗜好、能力、信用力、知能、健康状態、精神状態、政治的信条、行動などを予測評価し(「プロファイリング」とも呼ばれる)[1]、この予測結果に合った個別的なサービスや情報を当該個人に提供するような社会である。このような社会は、我々一人ひとりの個性や特徴が重視されるという点で、憲法の「根本規範（basic norm）」と目される「個人の尊重」原理[2]に適合的な社会とも言えそうである。周知のとおり、憲法13条前段は、「すべて国民は、個人として尊重される（All of the people shall be respected *as individuals*）」と規定する。アルゴリズムにより個々人の傾向を高い精度で予測評価し、それに見合った方向性を個別的に指示するような社会は、「一般性」が重視された――あるいは事実上・技術上の限界から「一般性」を重視せざるを得なかった――これまでの官僚制的社会よりもはるかに個人フレンドリーで、憲法13条の理念に適合的であるように見えるのである。

しかし、冒頭のシナリオから看取されるように、ＡＩネットワーク化を自然の成り行きにゆだねるならば、すなわち、憲法理念との緊張関係を真剣に受け止めることなく、この流れを経済合理性や効率性ベースで推し進めるならば、それはかえって個人の尊重原理を浸食しうる。我々国民は、複数の属性に基づきＡＩがグルーピングした「セグメント」[3]によって自動的に類型化（categorize）され、個人として（*as individuals*）尊重されることはなくなるからである。それは、個人（シナリオでいうＸ）が語る物語に耳が傾けられるというよりも、セグメントという集団――それは身分・人種・性別のようなかつての集団よりもはるかに細分化されたものではあるが――によって個人（Ｘ）のアイデンティティが短絡的に判断されることを意味する（本稿では、これを「新集団主義」ないし「セグメント主義」と呼ぶ[4]）。しかも、ＡＩの「意思決定」過程が開示されず、ブラックボックス化することになれば、本人は、何が自己の能力や信用力に関する評価の基礎にされるのかがわからず、将来の行動計画を練り上げることができなくなるため、自律的・主体的に自らの人生を歩んでいくことも難しくなる。さらに、AIの予測精度の向上という名目のもとで、評価の基礎とするデータの範囲を無制約に拡大していくことも、個人の尊重原理との関係で深刻な問題を惹起しうる。たとえば、過去の過ちを永遠にデータ上に記憶させ、評価の基礎として使い続けることは、我が国の最高裁がいう「更生を妨げられない利益[5]」を侵害しうるし、親の行動記録や遺伝情報を――それらが子の能力や信用力と相関するという理由で――評価の基礎に利用することは、かつて婚外子法定相続分差別規定事件で、「〔子が〕自ら選択ないし修正する余地のない事柄を理由としてその子に不利益を及ぼすことは許され〔ない〕」とし、「子を個人として尊重し、その権利を保障すべき」（傍点筆者）と説いた判例法理[6]とも矛盾するであろう。

このように、AIネットワーク化は、通常の楽観主義的イメージに反し、憲法上の個人の尊重原理と鋭く対立するような社会を創出する可能性がある。本稿の目的は、このリスクを具体的に明らかにしたうえ、それがどのような点で個人の尊重原理に反することになるのかについて憲法学的な考察を加えることにある。

II　集団属性に基づく差別

1　伝統的差別の再生産

近年アメリカでは、AIプロファイリングが、これまで国家的な規模でその解消に向けた取り組みがおこなわれてきた伝統的な差別を再生産し、少数派に対する社会的排除を加速させてしまうのではないか、との懸念が増大している。

特に、2016年に入って、連邦取引委員会（Federal Trade Commission：FTC）が『ビッグデータ――包摂の道具か排除の道具か？』というタイトルの報告書（以下「FTCレポート」という）[7]を、大統領府が『ビッグデータ――アルゴリズム・システム、機会、市民権に関する報告書』（以下「EOP報告書」という）[8]を立て続けに出すなど、ビッグデータに基づいて構築されたアルゴリズムが、①与信、②雇用、③高等教育、④刑事手続などの場面で伝統的な被差別集団に否定的なインパクトを与える可能性について強い懸念が表明されている。たとえば、EOP報告書は、「ビッグデータの技術は、差別の損害を発見し、防ぐという私たちの能力を高める可能性を持つが、他方で、これらの技術が慎重に利用されなければ、それらは、忌むべき差別を永続させ、悪化させ、隠蔽することにさえなる」[9]と宣言している。

では、なぜAIプロファイリングが、少数派に対する差別を助長ないし再生産することになるのか。ここでは、さしあたり①過少代表と、②既存バイアスの反映という二つの原因を挙げておきたい。

①の過少代表とは、アルゴリズム構築の基礎となるデータのプールに、ある特定のコミュニティのデータ（声）が過少に代表（represent）されることを意味する。ＦＴＣレポートは、過少代表の例として以下の二つを紹介している。[10] ひとつは、２０１２年に発生したハリケーン・サンディの例である。同レポートによれば、このときサンディについて２０００万件以上のツイートがなされたが、その多くは被害の小さかったマンハッタンから発信され、実際にハリケーンの被害を受けたエリアからの発信は、同エリアにはそもそもスマートフォン利用者やツイッター利用者の数が少なかったこともあって、わずかであったという。ＦＴＣレポートは、こうしたことから、仮にツイッターから得られたデータに基づき、救助が必要なエリアをＡＩが予測した場合、かかるデータのプールには本来救助を必要とする者のデータ（声）が過少に代表されているために、彼らへの救助が行き届かなかった可能性が高いと指摘する。もうひとつは、ボストン市のおこなった道路調査の例である。[11] ＦＴＣレポートによれば、ボストン市は、市民のスマートフォンから得られるＧＰＳデータ等を用いて、市内の道路状況（路面のくぼみなど）を調査することにしたが、この調査結果に依拠すると、道路の補修工事が高所得者の居住エリアに集中してしまうことが判明したという。高所得者と低所得者とでスマートフォンの所持率に違いがあり、市の用いたデータのプールに、低所得者の居住エリアからの情報が過少に代表されていたためである。

以上のような事例から容易に理解できるのは、ＡＩが解析の基礎にするデータのプールに、あるコミュニティからのデータ（声）が過少に代表されている場合、そのコミュニティに属する者に不利な結果がもたらされる可能性が高い、ということである。そして、現状において、データ上過少代表されるのは、端末等の所持率が低い貧困層やマイノリティであるということは想像に難くない。

②の既存バイアスの反映とは、ＡＩが、バイアスに満ちた現在の状況や構造を学習してしまうことにより、アルゴリズムのなかに既存バイアスが保存されてしまうことを意味する。ＦＴＣレポートは、もし事業者が、「良い従業員候補者（good employee candidate）を定義するために、成功した現在の従業員から集めたデータをビッグデータ解析に用いた場合、事業者は、既存の差別を新たな雇用上の決定に組み込んでしまうリスクを抱えることになる」と指摘している。[12] 実際、イギリスの聖ジョージ病院は、人種的少数派と女性に対して不利のあった過去の入学試験データに基づき、「良い医学部生」を抽出するプログラムを構築したために、プロファイリングを用いた選考によって同様のバイアスを再生産することになったという。[13]

このように、ＡＩも、最初は〈現状〉から得られるデータを「学習」してアルゴリズムを構築するために、バイアスに満ちた〈現状〉がそのままアルゴリズムに反映されてしまう可能性は決して低くない。このような、人間社会の過去のバイアスを承継したアルゴリズムをベースにしてなされたプロファイリングが、少数派に差別的な帰結をもたらしうることは多言を要しない。

以上述べてきた二つの問題は、いずれも非常に厄介である。

①の問題を解消するには、AIが解析するデータに、各コミュニティからの情報（声）が公正かつ効果的に「代表」[14]されている必要がある。しかし、これは容易なことではない。データの偏りを生むデジタル・ディバイド（情報格差）は、経済格差などの社会構造を要因としているからである（たとえば、IoTを持つ者・持たざる者のあいだで、「一票の重み」に違いが出ることになる）。したがって、①の「代表」問題を解消するには、まずは格差の要因となっている社会構造を変化させなければならない。そして、仮にこの構造を変化させることに成功したとしても、今度はプライバシー権との鋭い緊張関係が生じる。AIの適切な予測評価のためには、データが遍く収集される必要があるが、プライバシー権の行使は、このデータの収集やフローを妨げる方向で機能することになるからである。後述する**2**の問題とも絡むが、プライバシー権を主張してデータ収集を妨げたコミュニティないし個人は、ビッグデータに過少に代表されることになるため、AIの予測評価において不利益を受けることになる。過少代表による不利益を防ぐにはプライバシー権を放棄するほかなく、ここにある種のディレンマ状況が生じるわけである。こうみると、AIの適切な判断のために要求される「公正かつ効果的な代表」と、プライバシー権とのバランスをどうとるのかが、今後のAI社会においてきわめて重要で、悩ましい課題になることがわかる。比喩的に言えば、「一票の重み」問題の解消にはプライバシー・ゼロ状態が要求されるからである。

②の問題も、社会構造上の問題と関連しているために、自然に任せていては解消されないと

いった難しさを抱えている。この点、チャンダーは、現実社会に存在するバイアスをアルゴリズムの「操作」により積極的に是正する「アルゴリズム的アファーマティブ・アクション（Algorithmic Affirmative Action）」を主張しており、注目される。[15] さきに紹介したＥＯＰ報告書も、エラーやバイアスをシステムに組み込まないための積極的な技術的措置を講ずることを推奨し、これを「デザインによる平等機会（equal opportunity by design）」の原則と称している。[16] これらは、アルゴリズムに手心を加えることで、既存バイアスをクリーニングする試みと言えるが、この場合は、データの中立性が問題になる。どのような価値に従ってアルゴリズムを「操作」するのかが重要な課題となるからである（もちろん、「操作」の基準は憲法ということになるが、この憲法的基準を、誰が、どのように「コード化」するのかが問題となる）。

①・②とも、憲法学上避けて通れない論点であると言えよう。

なお、アメリカの一部の州では、刑事事件における量刑判断の際に、被告人の再犯リスクを予測評価（スコアリング）するアルゴリズムが使われている。しかし、市民団体や研究者の多くは、このアルゴリズムによって人種的少数派の再犯リスクが不当に高く見積もられることになると指摘している。[17] もしこの指摘が正しければ、アルゴリズムによる伝統的差別の再生産は裁判所においても起きることになる。黒人の被告人が、このアルゴリズムを用いた量刑判断の違憲性を主張したState v. Loomis事件[18]で、ウィスコンシン州最高裁は、結論としてその合憲性を認めたものの、裁判官に対し、ＡＩの予測評価を鵜呑みにせず、あくまで判断材料のひとつとすること、その予測評価に過誤やバイアスが含まれうることについて書面での「警告」を受けるべきことを要求した。この判決は、ブラックボックス化したアルゴリズムによって人種差別が助長される可能性をふまえ、ＡＩの予測評価に対して意思決定者が懐疑的視点を持つことを憲法手続上要求したものと考えられる。

2　「セグメント」に基づく新たな差別

これまで述べてきた問題は、その解消が困難であるとしても、絶対に不可能というわけではない。しかし、仮にこの問題が解消されたとしても、なお「集団」属性に基づく「個人」の差別は考えられる。というのも、基本的にＡＩの予測評価は、具体的に存在する「個人」を対象にしたものというより、共通の属性を持った集団、すなわち「セグメント」を対象にしたものだからである。単純化して言えば、ＡＩは、ビッグデータ解析をふまえて、**【属性Ⓐ、Ⓑ、Ⓒ、Ⓓ、Ⓔ、Ⓕを共通してもつ集団】**（セグメントα）に属する者は信用力が低い、というような形で予測評価する。しかし、このセグメントαに属する者にも、実際には色々な者がいるはずである（それは、黒人という「集団」のなかにも色々な「個人」がいるのと同様である。極端に足が速い者もいれば、大統領になる者もいる）。たとえば、セグメントαに属する者にも、追加的に属性Ⓖを持つ者もいれば、属性Ⓗを持つ者もいる。あるいは、同じ属性Ⓐ（たとえば、精神性の疾患）でも、それが遺伝に由来するものである場合と、環境に由来するものである場合があるだろう。ＡＩの予測評価のためには、さまざまな背景・経路を持つ属性を、コンピュータに入力可能な形で「丸める」必要があり、それによって個人間の具体的な差異が削ぎ落とされてしまう可能性がある。無論、使用するデータ量を増やせば、セグメントはより細分化され、より個々人の実態に近づくことになるが、具体的存在としての個人は、どこまで行っても属性の集合としての「セグメント」には還元されないように思われる[19]。

以上のように考えると、セグメントに基づくAIの類型的評価を自動的に受容することは、集団属性によって個人のアイデンティティを短絡的に判断することにつながる。たとえば、【属性Ⓐ、Ⓑ、Ⓒ、Ⓓ、Ⓔ、Ⓕを持つ人は職務遂行能力が低い】ということが確率的に言えたとしても、ほかならぬその人はそうではないかもしれない。しかし、このありうる「余剰」は、AI依存型の予測社会では切り捨てられる可能性が高い。

もちろん、我々がAIの類型的で確率的な評価に実質的に反論する機会――自らの物語を語る機会――を持てればよいのだが、以下に挙げる二つの理由から、現状ではかなり困難であるように思われる。

第一は、「自動化バイアス（automation bias）」の存在である。自動化バイアスとは、我々人間は、コンピュータによる自動化された判断を過信する認知的傾向を有しており、その判断をつい鵜呑みにしてしまう、というものである[20]。確かに、大量のデータを参照し、学習したAIが科学的に導き出した結論を覆せる人間は、この世の中にそれほど多くは存在しないだろう。先述の

State v. Loomis 判決を批評した「ハーバード・ロー・レビュー」の匿名記事も、「人がアルゴリズムの勧め（algorithmic recommendations）を拒絶することは困難で、例外的なことである」とし、たとえ州最高裁が命じるように、AIによる再犯リスクの評価を最終的なものにすべきではないと裁判官に警告したところで、結局は「被告人自身が語る物語よりも、アルゴリズムの評価を支持する方向でバイアスが形成される」と指摘している。[21]

第二は、仮にAIの予測評価に対して反論する機会が形式上与えられたとしても、我々はその予測評価の何が間違っているのかを具体的に理解することができない、ということである。そもそも、AIを使う側でさえ、AIの評価がなぜそうなったのかを説明することは難しい。特に、AIが自律的に学習し始めると、プログラマーですらそのアルゴリズムがどのように構成されているのかを理解できなくなる。そうすると、AIを使う側も、「私には何だかよくわからないけれど、AIがあなたの信用力は低いと判断したんです」としか説明できなくなる。

また、アルゴリズムの内容が説明可能なものであっても、AIを使う側がこれをどこまで告知すべきかという問題も別途存在する。たとえば、アルゴリズム構築が、それなりの投資を必要とする創造的で知的な作業であるとすれば、アルゴリズムの内容は知的財産として保護されるべきとの議論もありえよう。さらに、仮にどのような属性情報をどのようなウェイトで計算しているのかまで公表すると、評価を受ける側が、アルゴリズムを「弄ぶ」ようになるとも指摘されている。[22] たとえば、【SNSで高学歴の者と多く「友達」になっておくと信用力スコアが上がる】というようなアルゴリズムが公表されれば、多くの者がこぞって高学歴の者に「友達」申請を送ることになろう。こうした行動は、当然ＡＩプロファイリングの予測精度を下げることになる。この「弄び」問題は、予測的警察活動（predictive policing）においてより深刻なものとなる。たとえばテロ対策の一環としておこなわれるテロリスト予測のアルゴリズムが公表された場合、警察の監視から逃れたいテロリストは、予測スコアを上げるような行動を回避するだろう。

以上のように考えると、アルゴリズムが、あるいはＡＩの「意思決定」過程が、対象者が理解しうるような形で開示・公表される可能性は決して高くない。そうなれば、我々はＡＩの予測評価に実質的な反論を加えることができず、結局、セグメントという「集団」の特性に基づく類型的判断に従属せざるを得ないことになる。また、この類型的判断によって個人が不利益を被るようなことがあれば、それは、身分やジェンダーなどとは異なる新たな集団属性に基づく差別を生み出す。冒頭のシナリオにあるように、このような「劣った」セグメントに属する者たちが、具体的理由もわからぬまま排除され続け、仮想空間上にスラム（バーチャル・スラム）が形成されるようなこともあるだろう。このような新集団主義ないしセグメント主義が、個人主義ないしは個人の尊重原理と矛盾することは明らかである。

なお、アルゴリズムのブラックボックス化によって、評価対象者は何が自らの評価の基礎となるか予測できない状況に置かれる。従来は、評価の基礎をある程度予測できたために、評価対象者は相手の評価を上げるために意識的に自らのとるべき行動を選択し、変更することができた

（演技的行為の可能性）。他方、いまや自らの「意思」に基づかない無意識的行為のデータまでもが収集され、能力等の評価のために使われるようになっており、予測の予測がきわめて困難な状況が生じつつある。企業の採用活動を例に挙げれば、企業は、面接における採用希望者の意識的で演技的な言動以上に、ＡＩレコーダーが記録する声質の変化や、ＡＩカメラが記録する視線の動き、あるいは表情の無意識的な動きなどを評価の基礎にするかもしれない。このことは、社会における演技的――「人格」的――行為を無効化し（作為的空間の失効）、自律的で主体的な人生（自己決定に基づく人生）を妨げることになろう。差別とは異なるが、これも個人の尊重原理と抵触しうる重要な憲法問題のひとつである。

III　データ・スティグマと血

1　データ・スティグマ

ＡＩプロファイリングが個人の尊重原理と衝突するのは、差別の場面だけに限られない。たとえば、データ・スティグマという問題がある。周知のとおり、ＡＩプロファイリングの予測精度とデータ量は比例する。データ量が増えれば予測精度は上がり、データ量が減れば予測精度は下がる。したがって、個人の信用力や健康状態などをできる限り正確に予測評価するためには、その個人の「過去」を記憶し続け、予測評価の基礎として使い続けるべきだ、ということになる。おそらく、右の比例関係をふまえれば、この傾向は自然なものである。

しかし、このような自然的欲求をありのままに認めると、過去の過ちがデータファイル上に「スティグマ」として永遠に刻印されることになる。ホーソーンの小説『緋文字（The Scarlet Letter）』では、罪人を示す緋文字は衣服に縫い込まれ、一生他者の視線に晒され続けたが、現代の「緋文字」は、データファイルのなかに刻印され、他者からは見えないが、その人の人生を一生コントロールすることになる。

このようなデータ・スティグマは、その過ちを悔い改め、人生をやり直そうという個人の努力を無力化する点で、個人の尊重原理と抵触しうる。かつて最高裁は、メディアを通じた前科の公表がプライバシー権侵害を構成するか否かが争われた事件[23]で、過去に犯罪をおこなった者であっても、「有罪判決を受けた後あるいは服役を終えた後においては、一市民として社会に復帰することが期待されるのであるから、その者は、前科等にかかわる事実の公表によって、新しく形成している社会生活の平穏を害されその更生を妨げられない利益を有する」（傍点筆者）と述べ、前科の公表につきプライバシー権侵害を認めた。この判決をふまえると、予測精度の向上を名目に、ＡＩがいつまでも個人の「過去」を記憶し、当該個人に関する評価の基礎として使い続けることは、「更生を妨げられない利益」、言い換えれば、「人生を再構築する自由（やり直す自由）」を制約することになろう。努力して人生を「リセット」したくとも、データに彫られたスティグマがそれを妨げるからである。

2 「血」の拘束？

予測精度向上のために自己のデータファイルに刻印されるのは、自己の過ちに限られない。それが個人の能力等と相関する限り、親や祖先の過ちや遺伝的特徴までもが自己のデータファイルに刻まれ、当該個人の評価の基礎として使われることになる。しかし、これもまた個人の尊重原理と矛盾しうる。個人の人生が、自分の意思や努力によってはどうすることもできない事柄によって事前的に規定されることになるからである。本人がまったく責任を負っていない他者の行為により、人生の重要な機会が奪われるという事態も生じうる。

最近、最高裁は、嫡出でない子の遺産相続分を、嫡出子の2分の1と定めていた民法上の規定について、「子を個人として尊重〔すべき〕」（傍点筆者）という考え方から、「〔子が〕自ら選択ないし修正する余地のない事柄を理由としてその子に不利益を及ぼすことは許され〔ない〕」と述べ、同規定を違憲とした[24]。確かにこの規定は、嫡出でない子からすれば、自ら責任を負っていない親の行為によって他者と区別し、自らに不利益を課す規定と映るだろう。最高裁は、これを個人の尊重原理に反すると捉えたのである。もし、かような考え方を貫けば、たとえビッグデータ解析の結果、評価目的と相関関係にあることがわかっていても、本人が自ら選択・変更・修正できないような他者の行為等をAIプロファイリングの考慮事項とすることは許されないと解すべきことになろう。相関の認められる血縁者等の行為が個人の人生を大きく左右することになれば、それは、「生まれ」によって個人の人生を規定していた前近代への逆行をも意味しうる。

Ⅳ 「個人の尊重」原理はいかにして浸食されるのか？

これまで、ＡＩによる予測評価が、憲法上の個人の尊重原理に及ぼしうる消極的な影響について述べてきた。が、そもそもこの原理がいかなるものなのかについては具体的論及を避けてきた。最後に、この原理に関する筆者なりの理解を示したうえで、ＡＩの予測評価との関係をいま一度確認しておきたい。

先述のとおり、日本国憲法は、13条および24条2項で個人の尊重原理を規定し、ほかの近代憲法同様、これを「根本規範」にしている。個人の尊重原理こそが、憲法規範の価値秩序の頂点に君臨していると考えられているのである。また、この原理は、「憲法上の基本原理としてすべての法秩序に対して妥当する原則規範としての意味を担っている」ため、私法規定の解釈準則として「私法秩序をも支配すべきもの」と解されている。[25] その意味では、個人の尊重原理は、日本の法秩序全体の頂点に立つ「根本規範」とも考えられよう。

他方で、この原理は抽象的なものであり、それが具体的に何を意味するのかについてはいまだ定説と呼べるような見解は存在しない。[26] しかし筆者は、この原理を4層に分けて段階的・多元的に捉えることで、従来提示されてきた多様な見解を統合的に理解することができるのではないかと考えている。[27]

では、その4層とは何か。

まず、第1層は、個人は人間として尊重されなければならないという考え方である（「人間の尊厳」に関わる層）。いわば類的な尊厳にあたる層であり、人の生命の不可侵性がその主な内容を構成する。以下の各層の基盤を構成する層である。

第2層は、個人は人格的存在として平等に尊重されなければならないという考え方である（「狭義の個人の尊重」に関わる層）。これは、近代における身分制の否定と直接に結びついたもので、個人は身分のような集団的で固定的な属性によってあらかじめ自らの生き方を規定されないという解放的かつ消極的な側面を有する。比喩的に言えば、個人がその人生を描くために用意されたキャンバスは、あらかじめ下書きをされていたり、色を塗られたりしたものであってはならず、純粋無垢な白色でなければならないということである。歴史的に、身分制の時代にあっては、個人は身分ごとに、あらかじめ下書きがなされ、色が塗られたキャンバスを渡されていた。そこで個人は、そこで描かれている方向に沿って自己の人生を歩まざるを得なかったのである。そこで近代憲法は、人がすべて等しく白いキャンバスを持つことを重要視したのである。

第3層は、個人は人格的自律の存在として尊重されなければならないという考え方である（「個人の尊厳」に関わる層）。これは、個人が自律の能力を持つことを前提に、誰からも命じられることなく、主体的に自己の人生をデザインしていくことを認めさせるという積極的な側面を有する。さきの比喩を使えば、第2層の（狭義の）個人の尊重原理によって脱色化された白いキャンバスに絵を描くのは、あくまでも自分自身だということである。逆に言えば、せっかく白いキャンバスを渡されたのに、ほかの誰かに絵を描いてもらうようなことをしてはいけないという責任原理も含まれている。

第4層は、個人が自律的・主体的に決定・選択した結果を尊重しなければならないという考え方である（「多様性・個別性の尊重」に関わる層）。やはり先述の比喩を使えば、白いキャンバスに描かれた絵がそれぞれ違うことを最大限尊重しなければならないということである。第1層がいわば人間としての平等性・均一性の尊重、第2層および第3層が人格的主体としての平等性の尊重を表しているのに対して、この第4層は、それらの結果として生じる多様性の尊重を表している。

以上のように、憲法上の個人の尊重原理は、①人間の尊厳→②狭義の個人の尊重（集団からの解放）→③個人の尊厳（自律）→④多様性・個別性の尊重という4層から成り立っていると考えられる。

かかる理解を前提としたとき、ビッグデータに基づくＡＩの確率的な予測評価は、主に第2層と第3層の考え方と抵触してくる。第2層の（狭義の）個人の尊重原理は、身分や家族のような集団属性によって個人が短絡的・概括的に――ショートカットして――判断されたり、かかる属性によって生き方が事前に規定されたりするような「前近代」を否定・克服し、時間とコストをかけてでも一人ひとりの具体的事情を考慮し、尊重しなければならないという要請を含むものであった。先述のとおり、AIの予測評価は、「セグメント」という新たな「集団」によって個人を類型的・確率的に把握し、個人と直接向き合う――その人自身の語る物語に直接耳を傾ける――時間とコストをカットすることになりうる。この点で、第2層の考え方と抵触する側面を有している。また、AIが個人の人生のキャンバスにあらかじめ下絵を描く機会が増えるという点で（たとえば、このセグメントに属する人はこの仕事に向いていないとか、暴力的な犯罪をおこなう可能性が高いので注意しなさいと「アドバイス」される）、個人が自律的・主体的に自己の人生をデザインする自由（自己決定権）が妨げられる危険もある。この点で、第3層の個人の尊厳と抵触する側面もあると言えよう。

予測精度の向上を目的に、どこまでも「過去」へと遡及するAIプロファイリングが、「人生をやり直す自由」を侵害しうるという問題（データ・スティグマ）も、過去の「あなた」によって現在の「あなた」が決めつけられ、人生の再構築が強固に阻まれる点で、究極的には第2層や第3層の原理を揺るがすことになる。さらに本稿では、親や先祖の過ちが「あなた」の評価の基礎として利用されるリスクについて述べたが、これも、「生まれ」による人生の可能性の縮減と関連している点で、第2層の考え方と抵触する。親から受け継いだデータ的負債が、個人としての生き方を事前に限定してしまう側面があるからである。II 1で述べた人種的少数派への差別的インパクトの問題が、正面から第2層や第3層の考え方と衝突することは論をまたない。

Ⅴ　結語にかえて

以上、本稿は、ＡＩネットワーク社会の進展が、近代憲法の根本規範である個人の尊重原理を掘り崩す可能性について検討してきた。近年、ビッグデータとＡＩが「個人化（personalized）」されたサービスを可能にするなどと言われ、ＡＩネットワーク化が「個人」をより尊重する社会を実現するかのようなイメージが強調されている。しかし実際には、シナリオのように、セグメントをベースとしたＡＩの確率的な評価が一人歩きし、具体的に存在する「個人」が顧みられないような社会が到来するかもしれないし、かかる予測評価を導くアルゴリズムがブラックボックス化することで、個人が改善のきっかけを得ることなく社会的に排除され続けるような社会が到来するかもしれない。あるいはまた、相関関係の存在や予測精度向上を名目に、個人の無意識的行動や、親や家族の行動記録（他者データ）までもが個人の評価の基礎に使われることで、個人が自律的で主体的に自己の人生を創造していくことが難しくなる社会が到来するかもしれない。

こうした時代の動きのなかで、今後我々がとりうる選択肢は二つあるように思われる。

ひとつは、憲法原理と調和的なＡＩネットワーク社会を実現することである。この場合、効率性やＡＩの予測精度は、プライバシーや個人の尊重原理のためにある程度犠牲にならなければならない。たとえば、効率性は落ちるとしても、ＡＩプロファイリングの結果に対して本人が反論できるような手続を整備すべきであるし、ＡＩの「意思決定」過程も一定程度は透明化すべきである。[28] また、予測精度は落ちるとしても、ＡＩが「考慮すべきではない」データ（排除的データ）、あるいは「意思決定」過程においてウェイトを操作すべきデータなどを画定していくことも求められよう。

もうひとつは、憲法改正ないし「革命」を実行することである。日本国憲法は価値中立的な法文書ではなく、「個人の尊重」などの実体的価値を登載した法文書である。もし、効率性や経済合理性を重視し、国民をすべてセグメントに還元するような社会、すなわち、国民を個人として尊重しない社会を創造しようとするならば、日本国憲法の改正が必要である。そして、もし個人の尊重原理が憲法改正の限界に属する事項としてみなされるならば、おこなうべきは「革命」ということになろう。

ＡＩネットワーク化とは、本来、このような緊張感のなかで進められるべきものなのである。

〈注〉

1〉ＥＵの「一般データ保護規則（General Data Protection Regulation: ＧＤＰＲ）」は、プロファイリングを、「自然人に関する特定の個人的側面を評価するために、特に、当該自然人の職務遂行能力、経済状況、健康、個人的選好、関心、信用力、行動、位置もしくは動向を分析または予測するために、個人データを用いておこなうあらゆる形式の自動化された個人データ処理」と定義している（４条（４））。プロファイリングをめぐるＧＤＰＲの諸規定については、山本龍彦「ビッグデータ社会とプロファイリング」論究ジュリスト18号（２０１６年）34頁以下参照。

2〉芦部信喜（高橋和之補訂）『憲法〔第６版〕』（岩波書店・２０１５年）12頁。

3〉一般に、「セグメント」とは、共通の属性を持った集団として定義される。

4〉詳細は、山本龍彦「個人主義とセグメント主義の相剋（覚書）――「パーソナライズド」の意味」情報法制研究２号（２０１７年）」、同編『ＡＩと憲法』（日本経済新聞出版社・2018年）67～68頁。

5〉最高裁平成6年2月8日判決（民集48巻2号149頁：ノンフィクション『逆転』判決）。

6〉最高裁大法廷平成25年9月4日決定（民集67巻6号1320頁：婚外子法定相続分差別規定違憲決定）。この最高裁決定は、結論としても、嫡出でない子の相続分を、嫡出子の相続分の2分の1とする民法の規定を違憲と判断した。

7〉FTC Report, Big Data: A Tool for Inclusion or Exclusion? (January 2016).

8〉Executive Office of the President, Big Data: A Report on Algorithmic Systems, Opportunity, and Civil Rights 17 (May 2016).

9〉*Id.* at 5.

10〉FTC Report, *supra* note 7, at 27.

11〉*Id.*

12〉*Id.* at 28.

13〉*Id.*

14〉「公正かつ効果的な代表」という言葉は、議員定数不均衡訴訟に関する最高裁大法廷昭和51年4月14日判決（民集30巻3号223頁）から示唆を得た。

15〉Anupam Chander, *The Racist Algorithm?*, 115 Mich. L. Rev. 1023, 1039 (2017). チャンダーによれば、アルゴリズム的アファーマティブ・アクションのためには、人種やジェンダーをアルゴリズム上「見ない」のではなく、積極的に「見る」ことが重要であるとされる。*Id.* at 1041.

16〉EOP Report, *supra* note 8, at 5.

17〉Julia Angwin et al., *Machine Bias*, ProPublica (May 23, 2016 —— https://www.propublica.org/article/machine-bias-risk-assessments-in-criminal-).

18〉State v. Loomis, 881 N.W. 2d 749 (Wis. 2016).

19〉この文章は、人間の固有名には、確定記述（諸性質の記述）に還元できない「余剰」がある、というクリプキ（Saul A. Kripke）の反記述説をベースにしている。ソール・A．クリプキ（八木沢敬＝野家啓一訳）『名指しと必然性―様相の形而上学と心身問題』（産業図書・1985年）参照。この見解によれば、個人とは記述し尽くせない存在である。

20〉Danielle Citron, *Fairness of Risk Scores in Criminal Sentencing*, Forbes (Jul 13, 2016 —— https://www.forbes.com/sites/daniellecitron/2016/07/13/unfairness-of-risk-scores-in-criminal-sentencing/#30b2c6ad4ad 2).

21〉*Recent Cases*, 130 Harv. L. Rev. 1530, 1536-1537 (2017).

22〉Joshua A. Kroll et al., *Accountable Algorithms*, 165 U. Pa. L. Rev. 633 (2017).

23〉最高裁平成6年2月8日判決・前掲注（5）参照。

24〉最高裁大法廷平成25年9月4日決定・前掲注（6）。

25〉佐藤幸治『日本国憲法論』（成文堂・2011年）175頁。

26〉近年の重要な研究業績として、蟻川恒正『尊厳と身分』（岩波書店・2016年）、小泉良幸『個人としての尊重』（勁草書房・2016年）、玉蟲由樹『人間の尊厳保障の法理』（尚学社・2013年）などがある。

27〉以下の記述は、山本龍彦「個人化される環境―『超個人主義』の逆説？」松尾陽編『アーキテクチャと法』（弘文堂・2017年）77頁以下と重複するところが多い。

28〉これらに関するEUの取り組みなどについて、山本・前掲注（1）参照。

人格と責任——ヒトならざる人の問うもの

慶應義塾大学法学部教授
大屋雄裕

SCENARIO

レベル4の自動運転車[1]αが搭乗者A氏を乗せて走行していたところ、急に進路を変更して横断歩道にいた歩行者B氏に接触し、負傷させた。事故地点には別方向からやはり自動運転レベル4の大型トラックβが急速に接近しており、移動方向・車速に関する情報はα・βのAI間で共有されていたものと思われる。また、両車が接触したかαが急ブレーキにより事故を回避した場合には、A氏が重傷以上を負う可能性があった。αの同型車を生産した企業Xは、搭乗者のみならず周囲の歩行者等の生命を守り他車との接触を避けよといった一般的な指針をAIに与えるとともに、車両が認識できた情報から発生しうる事態を予測するためのプログラムを組み込んでいたが、指針間の優先順位などについてはＡＩの学習にゆだねる構造にしていた。またαをA氏の乗用に供したサービス会社Yは、これまで発生した交通事故のデータベースをαおよび同型車に学習させ、人命を最大限に尊重せよという指針を与えた。なお、X・Y両社とも、具体的な事故の局面でαがどのように動作するかは学習の結果に依存しており、事前に予測することはできなかったと主張している。

このような事実のもとで、B氏の負傷という事態に対して責任を負うべきものは誰（あるいは何）なのだろうか。そこにおける「責任」という言葉は、どのような意味を持っているのだろうか。[2]

I　近代の法システムと責任

1　人と物の世界

まず、現在の法制度において責任とそれを担う存在がどのように位置づけられているかを確認しよう。

世界に存在するものは大きく、人と物とに二分される。権利義務関係の主体となる資格を持ち（権利能力）、それを処分するための意思を持つ（意思能力）ことのできる存在がここで言う「人」

であり、それ以外のすべては「物」だということになる。自動車や冷蔵庫のような動産、家屋敷などの不動産だけでなく、野生動物から犬猫のようなペットに至るまで、命ある存在であってもそれが「人」でない限りは「物」だと分類されるのである。

「人」の典型は自然人すなわち我々人類の各個体であり、生まれながらにして権利能力を認められる（民法3条1項）。ただし自然人であっても、獲得した権利を本人の利益実現のために正しく行使する能力に問題があると考えられる場合には意思能力が制限され、他者の保護監督のもとに置かれることになる。その典型としては未成年者（同5条1項）や成年被後見人（同7条）すなわち「精神上の障害により事理を弁識する能力を欠く常況にある者」を挙げることができるだろう。

自然人以外に権利能力を持つことになるのが、「法人」すなわち法的に作り上げられた人格である。法人はあくまで「法律の規定によらなければ、成立しない」（同33条1項）ものであり、法令等の範囲内でのみ権利義務を負うことになっている（同34条）。法人が権利義務を処分するために持つ意思は、たとえば会社における取締役会決議のように、法令等によって定められた手続によって確認され観念されることになるだろう。

このようにして、自然人・法人が権利義務関係の主体であるのに対し、それ以外の「物」は客体だと整理することができる。非生物や自然、あるいは犬猫牛馬のような動物はこの枠組みにおける「意思」を持つものではなく、したがって自らの判断によって自らの運命を決めることができない。自己決定する資格を認められるのはあくまで理性ある人間（とその行為によって構成される法人）だけだというのが、近代の法システムの基本的な前提だと言うことができるだろう。

だが同時に、自己決定への自由が結果への責任をもたらすものでもある点には注意する必要がある。民法90条は「公の秩序又は善良の風俗に反する事項を目的とする法律行為は、無効とする」と定めているが、これは逆に言えば公序良俗に反しない限り意思能力ある人の判断に国家が介入することはないという趣旨でもある。民事法の大原則と言われる私的自治の原則・契約自由の原則はこのように、個々の「人」が自己にとっての利益が何であるかを知り、その実現のために適切な決定を自律的におこないうることを前提として、その判断から生じた事態の帰結を引き受けることを当事者に要求するものであった[3]。だからこそ、意思能力を持たないとされた個体は責任能力もまた否定され、自己責任の世界から放逐されることになるのである[4]。

2　責任の根拠

そして、このように〈意思─行為─責任〉という連関によって事態を把握する近代法の性格から、過失責任主義というもうひとつの大前提が導かれることになる。民事法上の不法行為責任の原則を定めた民法709条は「故意又は過失によって他人の権利又は法律上保護される利益を侵害した者は、これによって生じた損害を賠償する責任を負う」と定めている。これを逆に解釈すれば、ある主体の行動によって損害が生じたとしても、そこに行為者の故意も過失もない場合には責任が導かれないこと、「者」すなわち法律上の主体たる「人」でない存在の行動からは、やはり責任の問題が生じないことを読み取ることができるだろう。

刑事法においても、責任を負いうる年齢（14歳）に達しない者や心神喪失者の行為は処罰できないし（刑法41条・39条）、処罰の対象になるのは原則として故意による行為のみとされている（同38条1項）。過失犯を処罰できるのは特別の規定がある場合に限られ、過失すらない場合にはそもそも処罰の対象にならない。責任とは、心を持ち自己決定する存在に対してのみ定められ、意味を持つものだと想定されているのだ。

だがこのように我々を心あるものとして扱うことによって、内心に存在し見えないものと想定される故意や過失をどのように認定するかという問題が登場する。かつては主観的な心理状態としての不注意と理解された過失は、注意義務の存在・結果の予見可能性・回避できたのにしなかった（結果回避義務の過怠）などの客観的要素へと置き換えられていくことになり、それは同時に高度化・複雑化した社会において他者の行動への信頼を保護する機能を果たすようにもなった。誰かに背中を預けるにあたって重要なのはその誰かがきちんと注意しているという心理的な緊張状態が現実に存在するかではなく、そのように注意すべきであるという規範が存在すること、その失敗に対する賠償責任を担うことだと理解されるようになったのである。

このようにして、近代法は注意義務と損害の配分システムとしての姿を現わすだろう。たとえば運転者の過失責任を問うとは、彼が周囲の状況に注意しながら近未来の事態を予測する役割を担っており、それに失敗した場合には発生した損害を塡補する義務を負うという意味である。運転者が注意義務を負うとは、他の主体が第一義的な義務から解放されるということでもある。自然の災禍による損害がこのような過失責任のシステムから除外されている（したがって被害者自らが注意し損害を負担すべきものとされている）のは、それが心ある我々のあいだで成立した分担のシステムだからなのだ。

Ⅱ　ＡＩの問いかけるもの

1　責任を担うのは誰か

すると問題は、このように発展してきた近代法の世界に、我々とは違う構造を持つ他者が入り交じるようになった場合の処理だと言うことができるだろう。つまりこれが、典型的には自動運転車によって生じた事故の損害分担のように、自律的なＡＩが法制度へと投げかける問題なのである。

冒頭の事例を参照しよう。これまでの一般的な自動車であれば、周囲の状況を認識し・将来を予測し・事故発生を回避するように操作する可能性が運転者にあることを前提として、まず彼に注意義務違反（とそこから生じる責任）がないかを考えるのが常道だっただろう。だが完全な自律運転車αにおいて、その内部にいたA氏は単にその内部に存在したのみであり、αの動作に影響を与えるチャンスは存在しなかった。行為の可能性がなければ過失が存在することもなく、だとすればA氏に責任を負わせるのは不合理だということになるだろう。

製造者・サービス提供者であるX・Y両社は法人であり、「人」としてその行為や注意義務違反について検討することができる。だが両社とも、αに搭載したAIは自律的に学習するのでその結果を予測することはできなかったと主張しているのであった。学習の環境を整え、学ぶべきものを与えたというだけではその結果がどのようになるかを予測することはできず、まして知りながら受容したとも言えないだろうことは、それがたとえば子育てをした親の状況と等しいことを考えれば、理解することができるだろう。教育の世界でしばしば「教師は馬を水辺に連れて行くことはできるが、水を飲ませることはできない」と言われるように、同一の環境においても個々の主体がどのように振る舞うかはまさにその個体の自律と自己決定に依存するのであって、完全に予測したりコントロールしたりすることはできない。だとすれば、両社の責任を問うこともまた不条理だということになるだろう。

そしてほかのすべての「人」の責任が否定されるならば、発生した損害は償われることなく、結果として被害者たるB氏へと配分されることになるだろう。だがもちろん我々は、単に事故に巻き込まれただけで積極的な行為を一切おこなっていないB氏が泣き寝入りする羽目になることに対して、納得がいかないだろう。このようにして、自動運転車の責任問題は迷路へと入り込むことになってしまうわけだ。[5]

2　過失責任主義の修正

もちろんここには、まだ議論されていないいくつかの可能性が残されている。

第一に、過失責任主義を修正することは不可能でない。たとえば製造物責任法においては、現に損害が生じたこと、製造・加工された製品に欠陥があったこと、損害と欠陥のあいだに因果関係があることを原告側が証明できれば製造者の責任がまず肯定される（3条）。製造者がその責任を免れるためには過失が存在しなかったこと（製造当時の科学技術では欠陥を認識できなかったか、欠陥が製品全体の設計によるものでありかつ部品製造にあたって過失がなかったこと）を証明する必要がある（4条）。言い換えればここでは、過失の存在に関する証明責任が消費者から製造者へと転換されることによって、「過失なければ責任なし」という過失責任主義の建前は守りつつ、実質的には負担が修正されているということになる。その背景にあるのは製造者（一般的には法人）と消費者（同様に個人）のあいだにある力関係の格差と、商品製造の現場と関係情報を前者が一方的に握っているため、そこに故意・過失が存在していたとしても後者がそれを証明するのはきわめて困難だという事情である。

また、原子力損害賠償法は「原子炉の運転等により原子力損害を与えたときは、当該原子炉の運転等に係る原子力事業者がその損害を賠償する責めに任ずる」と定め、「その損害が異常に巨大な天災地変又は社会的動乱によつて生じたものであるときは、この限りでない」という留保付きではあるものの、無過失責任を認めることを明確にしている（3条1項）。この理由としても一般的に挙げられるのは発電事業者と原発事故によって被害を受ける可能性がある個々の国民のあいだにある、情報量・専門性・経済力等々の格差であろう。逆に言えば、自動運転車の例などにおいても同様の要素があると言うことができれば、証明責任の転換によって実質的に、あるいは無過失責任を設定することによって正面から、製造者・サービス提供者の責任を問うことが可能になるだろう。

このときの問題は、その状況で一定の製品製造・サービス提供に乗り出すことが引き合う商売だと事業者に理解されるかという点にある。当然ながら個々の事業者も法人として自己の利益を図るために自律的に判断するような主体として法システムの内部に存在しているのであり、ある事業が想定される利益に照らして過大な負担や想定できないリスクをもたらすことになると判断すれば、そのような事業からは自律的に撤退することになるだろう。特に無過失責任は当事者の予見しえなかった結果に対しても責任を負わせるための制度であることから、定義的にもそこから生じる責任の大きさを予測することができなくなる。たとえば自動運転車の製造者に無過失責任を負わせる法制度は、そのようなリスクを嫌う事業者が退出することによってイノベーションが大きく阻害されたり、不定形のリスクが価格へと転嫁されることによって製品をきわめて高価にしてしまう危険性があるだろう。このような危険の生じない範囲に実質的な損害賠償リスクを抑えることができるか、抑えられているという信頼を事業者が持つことができるかが課題だということになる。

3　ヒトならざる「人」

第二に、これまで考えてきた以外の「人」を登場させることも考えられるだろう。冒頭の事例では、自然人であるA・B両氏、法人であるX・Y両社に責任を課すための議論がいずれもうまく機能しないために償われることのない損害が発生したのであった。だがすでに指摘したとおり、法人については「法律の規定によらなければ、成立しない」（民法33条1項）が、逆に言えば法律の規定を作れば新たに生み出すことができる。法人にはその構成員たる「人」（通常の会社であればいわゆる株主）が必要だが、法人が他の法人の構成員になることはすでにできるのだから、たとえば個々の自動運転車を製造者・サービス提供者である法人X・Yの出資により設立された法人と構成し、その故意・過失を法律上も想定できるようにすれば、冒頭の事例もα・βのあいだで生じた責任分配の問題と考えることが可能になるだろう。

このときの問題は、我ら人類が協調行動や共同行為をとった際にも問題になる行為と責任の境界の問題が、AIが相互にネットワークする状況においてはより深刻になるだろうという点にある。人間同士が「一緒に考える」とは実のところ、相互のコミュニケーションを伴ってはいるかもしれないが同じ時間・場所で個別に考えているにすぎない。どちらがアイディアを出したのか、「決まりだ」と言ったのかは、証拠に照らして確定することもできるだろう。だがネットワーク化されたAIが一緒に考えるとき、それは文字どおり一体として・判断の基礎となる情報を(交換ではなく)共有しつつ決定しているのかもしれない。そのとき、結果に対する責任はどのAIにどの割合で分配するのが正しいのだろうか。

もちろんα・βのような「自動運転車法人」が自らの行為によって負った損害賠償責任に充てるための財産がどこから来るのか・それで十分なのか・十分でない場合の対応をどうするかといった問題も考えられ、おそらくは出資額を原資とする強制的な保険制度のようなものを構想することになるだろうとは思われる。だがこれらの問題は結局のところテクニカルなものであり、少なくとも責任主体の有無といった法システムのかなり基礎的な部分から生じるものに比べれば、問題のレベルを相当程度引き下げることができるだろう。あるいはこのようなアイディアを実現し、AIやロボットを法的に構成された人格として我々の社会へと迎え入れることによって、彼らの存在が生み出す責任問題に対する解決が模索されることになるのかもしれない。

Ⅲ　残された問題

1　罪と罰の領域

だがこれまでの議論で「責任」という語がある限定のもとに使われ、重要な領域を扱わずにきていることが、そろそろ注意されるべきかもしれない。それはたとえば冒頭の事例で言えば、何者かが誤った行為を選択したことから生じた損害に対する刑事的な責任、犯罪と刑罰という領域の問題である。

運転者という人間が存在する一般的な自動車のケースを再び想定すれば、彼は自己の行為によって生じた損害に対して（一定の条件が満たされる場合には）賠償するという民事上の責任を負うだけではなく、当該行為が道路交通法等の規制に違反した場合にはそれに対する刑事的な責任を負うことになるだろう。具体的には警察による捜査を経て、検察による起訴によって開始された刑事裁判により禁錮刑・罰金刑といった刑罰を科される可能性がある。[6] 民事法・刑事法は互いに独立したものとして、別々の制度として（たとえば民事的に十分な補償をおこなったことが行為の悪性をある程度緩和する要素として刑事法上も考慮されるなど一定の相互関係は持ちうるものの）機能しているのだ。

ここで注意された刑事的な責任（Schuld（独）・guilt（英））について、Ⅱで検討されたような対策は有効だろうか。たとえば無過失のものに責任を負担させる厳格責任（strict liability（英））の考え方は、それがそもそも英米法由来の概念として本来は損害賠償責任を意味する語を用いていることにも示されているように、民事上の責任（Haftung（独）・liability（英））についての考え方であり、刑事責任に安易に移入することはできない。刑事法の領域においては、あくまで故意による行為が既遂になった場合にのみ処罰の対象となるという考え方が原則であり（刑法38条1項・44条）、当該行為に着手する前におこなわれる準備行為への処罰（予備罪）は重要犯罪について例外的に認められているにすぎない。犯罪行為の計画それ自体を処罰対象にしようとするいわゆる共謀罪（conspiracy）の導入が大きな議論の対象となっていることは、周知のとおりである[7]。だが共謀罪にしても共謀行為すなわち犯罪の計画や準備については行為としてすでにおこなわれたことを前提にしており、人の行為が存在しない時点での処罰を肯定するものではない。このことからは、刑事法において純粋な結果責任・行為なき処罰という考え方がきわめて受け入れにくいものであることをうかがうことができるだろう[8]。

2　法人処罰の問題

ここにはもうひとつ、法人を刑事処罰の対象とすることが可能かという問題が含まれている。ドイツをはじめとする大陸法諸国ではこの問題に対し、刑罰はあくまで倫理的に行為しうる人格の存在を前提としてその遵守に失敗したことへの贖罪として科されるものであり、人格を持たない法人には犯罪能力も存在しない（Societas delinquere non Potest）という考え方が主流だとされてきた。イタリアでは憲法上も、「刑事責任は人的（Personale）である」（27条1項）と規定され、法人の刑事責任が否定されている[9]。我が国においても、刑法はその対象が自然人であることを暗黙に前提していたと考えられ[10]、法人の権利能力をその定款等に定められた目的の範囲内に限定する民法34条（ultra vires）がその根拠として挙げられることもあった。犯罪を目的とした法人が合法的に設立されることが想定できない以上、法人には犯罪の行為能力がそもそも存在しないというのである。

だがこれとは対照的に、英米法においては法人の可罰性が一般的に承認されてきたし、産業革命以降に法人の社会的な重要性が高まったこともあり、大陸法諸国においても特に租税・行政・経済法などの領域における明示的な例外として法人処罰が規定されるケースは増加してきた。我が国においても、法人による経済犯罪を中心としていわゆる両罰規定、経営者個人の処罰に加えて法人自体に罰金刑を科す制度が導入されるようになっている。

だが問題は、ここで法人に対して科しうるとこれまでも我々が考えてきた処罰をたとえば自動運転車に科すことが、罪責への適切な対応として認められるかという点にあるのではないだろうか。たとえば公立学校において教師の過失により生徒が死に至らしめられたような事例を想起しよう。国家賠償法は公務員の職務上の故意・過失によって生じた損害には国または地方公共団体が賠償責任を負うことを定め、故意・重過失による場合にのみ当事者への求償を認めることとしている（1条）。ここからは、生徒の死に対する責任追及は学校設置者たる地方公共団体に対してのみ可能だということになるだろう。

にもかかわらず、被害者遺族が当事者たる公務員の個人責任を追及した民事訴訟を提起する事例がしばしばみられることに注意すべきではないだろうか。前述のとおり国家賠償法によればこのような請求が認められる余地はなく、実際にも認められていない。だが被害者遺族が弁護士などから専門的助言を受けながらも、なお法的には無意味な責任追及を試みるのはなぜかという点に、我々が「責任」という言葉に担わせている意味がうかがえるのではないだろうか。

3　責任の意味と前提

あるいはそれを適切に表現する言葉のひとつが「血のバランスシート」であるかもしれない。それ自体は現代日本のヤクザ社会における紛争処理の原理——抗争の一方当事者に生じた犠牲と同じだけの生命が他方当事者からも失われねばならぬ——を表現したものだが、このようなある種の衡平（equity）への意識が、たとえば中世における紛争解決慣行としての解死人制度にも共通して見られることは、歴史学者・清水克行が指摘している[11]。加害者側の集団から贖罪のため被害者側に差し出された「解死人」が殺害される（あるいは贖罪の意が示されたこと自体で満足して解放される）ことによって均衡が回復され、報復の連鎖が断ち切られることになるというのである。

ここで重要な鍵となっているのが、制度全体を構成する我ら人間がすべて等しくかけがえのない生命を持っており、痛みや苦しみを感じうる主体であるという可傷性（vulnerability）への意識だと言うことは、おそらく許されるだろう。そこに存在するような痛み・苦しみを前提として、それが加害者（集団）にも等しく担われることが責任の実践なのだと考えるならば、そのような可傷性を持たず、また本質的に複製可能であってかけがえのなさを持たない（と我ら人類が想定する）ＡＩやロボットによって責任が果たされることはありえないということになるのかもしれない。我々がロボットやＡＩに対する刑事処罰という観念に納得し難い違和感を覚えるとすればそこにあるのは、そのようなかけがえのなさが我々とは共有されていない、均質性が存在していないという感覚なのだと思われる。

そしてこの問題もまた、ＡＩ同士がネットワークの一部として結合していくことにより、より深刻になるだろう。そもそもかけがえのなさとは、他の存在とは区別される個（individual）＝分割不能（in-dividual）な単位として代替不能だからこそ成立する性質だと考えることができる。だがそのように個別性・独自性を持つ存在としてではなく、たとえばすべての自動運転車が構成する全体ネットワークとして、近隣を走行する車両群としてといったようにさまざまな集合を有機的・弾力的に作り出し、その集合にとっての最適解を実現するための一部分として振る舞うことが可能になるからこそ、ＡＩネットワークは個々のＡＩの集団を超えた利便性を社会にもたらしうると予想されるのであった。このようにネットワーク化するＡＩの本質は、そもそもかけがえ＝互換可能性を全面的に実現しようとか、他者と自己を区別する境界を消し去ろうとする点にあるように思われる。だとすれば、それは、可傷性を背景にした我々の責任実践の一部とは概念的に相容れない性質を帯びているということになるのかもしれない。それは逆に言えば、AIネットワークのもたらす便益を享受するためには、我ら人類のみからなる社会において当然と考えられてきた実践を見直す必要があるということを意味しているのかもしれない。

　AIの責任として我々が問おうとしているのは損害の塡補可能性の問題なのか、謝罪や反省を認めるための実践なのか、行為や選択に関する理にかなった(reasonable)理由の説明なのか、あるいは痛みやかけがえのなさに関するバランスシートの回復なのか。法的責任について論じる場合のひとつの問題は、このように、我々が法制度を継受した国々においては個々の概念に応じて使い分けられていた言葉――たとえばドイツ語のSchuld・Hafung・Zurechnung・Last、英語のresponsibility・liability・guilt・accountabilityが、日本語においてはすべて「責任」にまとめられてしまった点に求められる。このため、責任という語で何に対する・どのような・何を扱っているのかを明確にしない限り、議論が簡単に拡散・混乱してしまう傾向にある点には注意しなければならない。[12]

　我々とは異質な存在と共存するために、どのような責任をどのように分担するための制度を構築していくのか。AIネットワークの時代を迎えるための準備として我々には、そのような問題について自覚的に議論していく必要があるだろう。[13]

〈注〉

1）日本政府やアメリカの国家道路交通安全局（ＮＨＴＳＡ《ニッツァ》）の分類によれば、レベル4は完全な自律運転であり、加速・操舵・制動のすべてについて搭乗者が関与しないものを意味する。

2）以下ではこのような事例につき、特別法の問題を無視し、民事法の責任制度の原則に基づいて議論する。

3）大屋雄裕『自由か、さもなくば幸福か？――二一世紀の〈あり得べき社会〉を問う（筑摩選書）』（筑摩書房・２０１４年）第1章。

4）未成年者につき民法７１２条、責任無能力者につき同７１３条。

5）現実には、誰かの過失が存在したとしてもその証明責任は賠償を求める側（被害者）にあるため、泣き寝入りに終わる可能性がある。このため我が国では特別法（自動車損害賠償保障法）により、自動車の運行によって生じた損害については、運行供用者（自動車の運行を支配し、利益を得ている者。典型的には所有者）の無過失責任が規定されることになった。そこから生じる負担については、いわゆる自賠責保険によりカバーされることが予定されている。

6）違法性の程度が低い場合には交通反則通告制度（いわゆる点数制度）による行政処分を受けることで刑事手続が中止されたり、検察の裁量により起訴が猶予される可能性もあるだろうが、それはここでの本質的な問題ではない。

7）我が国では、国際組織犯罪防止条約に対応するための法整備として２００４年・２００５年・２００９年に政府より導入法案が提案されたがいずれも廃案となり、２０１７年に提出された法案が成立した（校正時点）。

8）もちろんそのように伝統的な考え方自体が誤っているという立論はありうる。功利主義の観点から純粋に危険性を根拠とした処罰を検討するものとして、安藤馨「法と危険と責任と」安藤馨＝大屋雄裕『法哲学と法哲学の対話』（有斐閣・２０１７年）１４４～１６５頁。

9）このためイタリアでは、企業犯罪についてはその行政的不法行為責任を刑事手続で問うという制度が発展した。吉中信人「イタリア刑法における企業犯罪の法的規制」広島法学34巻3号（２０１１年）１７４～１９２頁。

10）刑法に法人処罰に関する特段の規定がない一方、死刑・懲役刑など性質上自然人にしか科しえない刑罰が規定されていることはそのひとつの根拠であろう。

11）清水克行『喧嘩両成敗の誕生（講談社選書メチエ）』（講談社・２００６年）。

12）「責任」という語のこのような多義性について指摘したものとして、瀧川裕英『責任の意味と制度――負担から応答へ』（勁草書房・２００３年）第2章。

13）なお、自動運転車が事故を引き起こした場合における民事責任のあり方については国土交通省「自動運転における損害賠償責任に関する研究会」において自動車損害賠償保障法との関係で検討が進められており、２０１８年３月に報告書が発表されている（http://www.mlit.go.jp/report/press/jidosha02_hh_000336.html）。

変わる雇用環境と労働法——2025年にタイムスリップしたら

神戸大学大学院法学研究科教授
大内伸哉

SCENARIO

2019年に開かれたラグビーのワールドカップ日本大会[1]。そこでの日本の大躍進が転機となった。

日本は、前回の2015年のイングランド大会で、南アフリカに勝つなど予選で3勝をあげる大健闘をしたが、決勝トーナメントには進出できなかった。開催国として、それ以上の結果を求められた日本は、予選免除による時間的余裕も得て、対戦予定国の情報を集め、さらに会場予定地の気象状況や競技場の芝の状況などのデータを徹底的に分析して戦術をたてて臨んだ結果、決勝では惜しくもニュージーランドに敗れたものの、準優勝し世界に衝撃を与えた[2]。そこで活用された人工知能（AI）を用いた分析手法は、翌年の東京オリンピックでも、ほぼすべての競技や種目において取り入れられた。その結果が、それまでの最多だった前回の東京オリンピックの16個から倍増の32個の金メダルだった。

この二つのイベントで注目されたのは、選手の身体能力や健康に関するデータを集めて、それを選手選考に活かしたことである。オリンピック選手に選ばれるためには、必要な身体データをすべて提供しなければならなかった。個々の選手の試合での動きは画像に取り込まれ、その特徴がAIにより分析された。球技など対戦相手がある競技では、想定される相手との相性が考慮され、特に団体競技ではメンバー間の相性も考慮され、陸上競技などでは、気象データと本人のバイオリズムの波も考慮されるなど、総合的な観点から活躍する蓋然性が最も高い選手が選ばれることとなった。その選考でもAIが活用された。こうした選考方法には、当初は批判もあったが、2018年におこなわれた多くの競技で世界選手権の結果が振るわなかったことから、政府は各競技団体に補助金の支給の条件として、AIを用いた科学的手法の導入を挙げた。これが見事に成功した。そして、国民のあいだには一大AIブームが巻き起こった。

いまでは国民の多くは、民間のヘルスケア会社と契約して、オンライン健康サービスの提供を受けている。このサービスでは、契約者がヘルスケア会社から付与されるチップ（身体に無害）を装着し（少し前まではウエアラブルコンピュータが利用されていた）、IoT

の技術で健康データが24時間、クラウド上で管理されている。データから身体の不調が少しでも見つかれば、すぐに当人に連絡がなされ、適切なアドバイスがなされる。データの分析にもアドバイスの内容にもＡＩが活用されている。[3] さらに契約者ごとに専属の医師がいて、必要な場合には、ウェブ受診もできる。医療ロボットを設置している家庭では、視診（必要に応じて、ＡＩによる画像分析に基づく精密検査もおこなわれる）だけでなく、聴診（ロボットの聴診器を通してデータが医師に届く）、触診（ロボットアームで感知したデータが医師に届く）まで可能となった。この健康管理サービスには公的医療保険が適用されたため、国民の多くに利用された。この結果、国民の健康状況は大幅に向上し、公的医療保険の財政は大きく改善した。当初は、国民の健康状態が次々とデータ化されていくことについて、情報漏洩のもつ危険性などが懸念されたが、健康に対する国民の関心は高く、情報セキュリティの強化によるプライバシー対策に政府が積極的に取り組んだこともあって、オンライン健康サービスは国民のあいだに広く浸透した。

I　職場のスマート化

1　機械と人間、どちらが主役？

チャップリン主演の映画「モダンタイムス」のなかに、工場で働く労働者（チャップリン演じる工員もそのひとり）を、経営者がテレビモニターで監視するシーンがある。20世紀初頭の映画だが、それと同じようなことが、21世紀の工場でも起きている。

2020年ころまでに、工場、倉庫、建設などの現場では、労働者がチップを装着し、IoTの技術を使って情報管理室にデータが集められ、AIが個人の動きに無駄がないかをチェックするようになっていた。そこで問題点が発覚すれば、ただちに管理者に通知され、労働者への作業効率の向上のための指示が出される。事業所のあちこちにウェブカメラが設置され、そこからも異常な動きはすぐにチェックすることができた。労働者はサボることができなくなった。

スポーツ選手のトレーニングなどで用いられたモーションキャプチャ（motion capture）を使って、労働者の動作解析をする会社も出てきた。これにより、労働者の動きを精密にチェックして、理想的な動きに合わせるよう指示することが可能となった。

こうした職場のスマート化は、労働者の職業訓練のあり方も大きく変えた。単純な作業や危険な作業はロボットが担当するので（これにより労働災害は激減した）、人間が担当するのはそれ以外の作業となったが、特段の技能がなくても、機械が指示するように動く能力さえあれば、誰でも高度な作業に従事して高い生産性を発揮することが可能となった。これを人間がうまく機械を使っているとみるならば、チャップリンの時代とは主従が逆転した感じだ。

しかし、実際のところは、人間が機械に使われているとみたほうがよかった。かつて最高裁は、職務専念義務について、「その勤務時間および職務上の注意力のすべてをその職務遂行のために用い職務にのみ従事しなければならない」義務だと述べ[4]、これは労働者に不可能なことを要請しているという批判があったが、技術の発達はこうした義務の履行を可能としてしまった。

企業の採用の仕方も変わった。労働市場に新規に参入する若者は年々減少していたが、労働市場はそれほど売り手市場にならなかった。省力化が進んだことがその一因だが、選考の厳格化が大きな要因だった。求人にも求職にもＡＩを活用することは、東京オリンピックの前にすでに一般化していたが、さらに企業からの求人では、ＡＩなどの新技術への適性がより強く求められるようになり、その適性審査自体もＡＩがおこなうようになっていたからである。ＡＩ審査の普及は、オリンピックの選手選考にＡＩを活用して成功したことも大きく影響していた。こうした動きに対しては、新技術に適性のない者を社会的に隔離し、新たな差別を生むという批判もあったが、半世紀以上前の最高裁判決で唱えられ[5]、なお頑健な法原理であった企業の採用の自由をくつがえす力はなかった。

2 「新テイラー主義」と労働者の健康

こうした新たな働き方は、一部から科学的管理法（テイラー主義）の再来とされ、賛否両論を引き起こした。否定論者は、機械をとおした「究極の指揮監督」は、労働者の心身への過剰な負担となり、四六時中監視されていることからくるストレスの危険性を指摘した。実際、この新種のストレス性精神疾患は、2020年に職業病のリスト（労働基準法施行規則別表1の2）に追加され、労働災害と認定されるケースも出てきた。また、厚生労働省は、2018年に「先端技術を用いた職場内監視のあり方に関する有識者会議」を立ち上げて、この問題の検討を始めた。

ただ、否定論者の声はそれほど高まりはしなかった。それには理由があった。「新テイラー主義」は、労働者の健康管理とセットになっていたからである。労働力人口が減少するなか、企業は、前述のように新技術への適性を見極めながらも、持続的に健康で働いてくれる人材の確保に懸命であった。企業は、労働安全衛生法の改正や労災認定基準の見直しが検討される前から、自主的に従業員の健康確保にできる限りの配慮をし、それを求職者にアピールしていた。就職活動をする学生が企業の選択において重視する事由の第1位に、「企業による健康配慮の取り組み」がなったのは2018年のことである。

こうして、多くの企業では、いまや1時間ごとに10分の休憩、昼食時の1時間半の休憩時間、1日の実働時間が6時間、完全週休3日が標準的な働き方となった。労働者は休息をたっぷりとりながら、高度に効率的に働く。これが現在の働き方の特徴である。一昔前のスローガンの「ワーク・ライフ・バランス」は、いつしか聞かれなくなった。これを強調する必要がなくなったからである。前記の有識者会議も、知らぬ間に解散されていた。

新技術を活用した働き方は、国民の多くを占める高齢者の就労可能年齢を引き上げることにも貢献した。70歳を過ぎて、体力に多少の不安があっても、健康に問題がなく、新技術に適応できれば、ロボットなどの先端技術を活用することにより、働き続けることが可能となった。年金の支給開始年齢の70歳への引き上げは、2020年にあっさり国会を通過し、現在は75歳までの引き上げが検討中である。公的年金の財政はかつて破綻寸前まで行ったが、現在では大幅に改善している。それに高齢者は賃金と金融所得で、年金にそれほど頼らなくてもよくなっていた。もちろん資産運用にも、AIが活用されている。

一方、少子化も改善し、今年は合計特殊出生率は2・0にまで回復した。医療技術の向上で高齢出産が可能となり、また長時間労働から解放されたカップルが、家庭で一緒にいる時間が増えたことが原因とされた。より決定的であったのは、健康データのAIによる分析により、そのカップルに適した生殖行動に的確な指針を与えることができるようになったことだった。

Ⅱ　高度化するICT

1　どこで働くかは自分で選ぶ

２０１７年ころから、政府の積極的なテレワーク推進政策もあって、在宅勤務は急速に広がっていった。東京オリンピックまでに、ＩＣＴ（情報通信技術）の整備は飛躍的に進んだ。都市部では無料 Wi-Fi が当たり前となり、移動通信システムも５Ｇとなるなか、モバイルワークの環境は劇的に改善された。転勤、通勤といった、労働者が移動して働くことの非効率性に対する批判が広がったのも、このころからである。出勤という言葉は死語となり、事業所がリアル社会に存在しない企業も増えた。労働者は、企業とネットでつながりながら、自分の好きな場所で働くというスタイルが普通になった。

若者が就職のために都会に出ていくということもほとんどなくなった。むしろかつて過疎に苦しんでいた地方に、若者が戻ってきた。本社が都会にあっても、必要な情報はクラウド上にあるし、社内会議や商談はＶＲの技術を使うので、遠隔地にいても支障はなかった。

農業、漁業、林業、畜産業などの第一次産業も、ＡＩを駆使して効率化が進められ、新たなビジネスモデルが次々と誕生した。たとえば、ＡＩによる気象予想の精度が高まったり[6]、ＡＩによる家畜や植物のＤＮＡ分析により病気予防の技術が高まったりしたことが[7]、第一次産業の経営の効率性を高めた。個人の勘に頼りがちであった手作業もデータ化されて技術の承継が容易となった。国民は、地方で生産される食料品を、ネットをとおして直接購入することが当たり前となった。

このようななか、地方でこそクオリティの高い生活とビジネスの両立が可能であると考える若者が増えた。日本のあちこちで、若者の柔軟な発想が原動力となって、独自の個性を持つ地方自治体が増えた。一方、かつて大都市圏と呼ばれて人口が集中していた地域では、急速に人が減っていった。

中央官庁も、こうした動きの例外ではなかった。政府は、すでに試験的に始めていた中央官庁の地方移転を、2017年ころから渋る役人を説得して本格的に進めていった[8]。AIを活用した地震予測は精度を上げるなか[9]、東海から南関東にかけての巨大地震の発生確率が具体的に示されたことが、説得の決め手となった。皇居も250年ぶりに京都に戻った。政府主導のBCP（事業継続計画）は、民間企業にも波及し、事業所は地方に分散し、さらにバーチャルな世界に移っていった（前述）。

2　ドグマから科学へ

労働者が場所的な拘束を受けずに働くようになるなか、法的な問題として浮上したのが、労働時間の算定方法である。なかでもＩｏＴを使ったリモートコントロールを、「指揮命令下にある」

時間（労働時間）と評価できるかが論点となった[10]。厚生労働省は、自宅など事業場外での就労については、既存の「事業場外労働のみなし制」（労働基準法38条の2）や「裁量労働制」（同38条の3および38条の4）を拡大的に解釈して、実労働時間の管理をしないですむ運用を認めたが[11]、事業場そのものがバーチャル化していくなか、事業場を単位とした労働時間規制そのものに根本的な見直しが求められるようになった。

労働時間規制は、2018年に大きな改革があったが[12]、当時はまだ、AIネットワーク社会を想定した規制のあり方にまでは手がまわっていなかった。厚生労働省が検討会を立ち上げたのは、2020年だった。そこでは、労働者の健康確保について、長時間労働の規制によるのではなく、より直接的な対応策が検討されるようになっていた。自宅も含めて、どこで働いていても機械により監視されていることが常態化するなか、これまでとは違うタイプの心身の疲労をどう捉えるべきかが、科学的に議論されるようになった。厚生労働省の政策課題は、労働基準法関係のものが激減し、労働安全衛生法関係のものが中心となった。これに伴い、労働政策審議会や有識者会議のメンバーの主体は、法律家から、健康な働き方のあり方について科学的に研究している専門家へと変わっていった。

学界においても、かつての従属労働論のようなドグマティッシュな議論はみられなくなった。2022年に日本労働法学会は分裂して、日本労働法政策学会が新たに立ち上げられ、そこでは科学的なエビデンスに基づく政策論が戦わされた。日本労働法政策学会には、理系の研究者も多く加わり、論文の主流は、医学、工学、情報学、心理学、経営学、経済学といった他の分野の知見を取り入れたものに変わった。

3 変わる焦点

2018年の労働基準法改正は、労働時間の上限規制の強化や勤務間インターバルを導入するものだったが、ICTを活用した働き方、特に知的創造的な労働に従事する者の働き方に必要とされた規制見直し（ホワイトカラー・エグゼンプションの導入）[13]は、世論の強い反対のもとで実現されずに終わった。もっとも、ホワイトカラー・エグゼンプション導入反対の論拠とされた長時間労働の誘発の懸念については、日本全体で労働時間の短縮が大幅に進むなか、もはや説得力を持たなくなっていた。また、知的創造的な働き方をする人は、雇われない働き方を選択するようになり、労働法の適用範囲外になっていった。問題の焦点は変わっていたのである。

III デジタライゼーションのインパクト

1 消えゆく正社員

2015年ころ、海外の研究者や日本のシンクタンクが、人間の仕事の多くが機械に代替されるという研究結果を発表したことは、日本国民にも少なからずショックを与えた。[14]もっとも、当時は、ＡＩなどの新技術は新たな仕事を次々と生み出すだろうし、労働力人口が減少するなか、むしろ人手不足となるので、仕事が代替されることの影響はそれほど深刻には受けとめられなかった。

とりわけ日本の企業は、従業員がこれまで従事していた職務を機械が代替するようになっても、配置転換などによって雇用を維持しようとするので、失業には直結しないだろうという甘い予想をする人たちが多かった。確かに、これまでの日本の企業なら、正社員と呼ばれる長期雇用が約束されていた労働者に対しては、たとえ技術革新によって、その労働者が従事していた仕事が不要となっても、解雇することはなく、むしろ別の仕事や新たな仕事に必要な技能を身につけるための教育訓練をし、配置転換をおこなうことによって、雇用を維持してきた。法的にも、そのような解雇回避努力を十分に尽くさなければ、解雇することはできないという法理（解雇権濫用法理[15]、労働契約法16条）が構築されていた。これが日本型雇用システムであり、その余韻は当時はまだ残っていたのである。

しかし、その余韻が消えるのは速かった。２０２０年ころから、企業の行動パターンは大きく変わったからである。企業は、ＡＩや最新ロボットなどを積極的に取り入れていくなか、工場などのブルーカラーの業務で省力化が進み、またホワイトカラーの業務も機械で代替されるようになり、それまで雇用社会のエリートとされていた正社員が「お荷物」になってきたのである。

政府も、IoT、ビッグデータ、AI、ロボットを原動力とする第四次産業革命と呼ばれる産業構造の変化に対応し、新しい産業への労働者の移動を促進するため、これまでの雇用維持型の政策を180度転換した。具体的には、従来の政策の中心にあった雇用調整助成金（雇用保険法62条1項1号を参照）を廃止し、解雇規制についても不当な解雇を無効とするルール（労働契約法16条）を改め、一定の差別的な解雇などを除き、基本的には解雇の際には、勤続年数に比例した金銭補償をするという金銭解決ルールを導入した[16]。

労働者が一つの企業で長期的に働くことはまれとなり、積極的に何度も転職をすることがあたりまえになった。平均勤続年数は2022年には10年を下回った。企業のほうでも、かつての正社員のような長期的に抱え込んで育成していくというタイプの労働者を求めなくなった。「わが社」といった言葉も、いつしか死語になっていた。

2　雇用の新陳代謝

2017年ころはまだ、AIやロボットの発達は、人間の雇用を奪い社会に有害であるとして、これを批判する見解もあった。AI・ロボット税を課して、それを雇用保険の財源に追加し、失業した労働者の生活保障を充実させるべきだとする意見もあった。論者は、この課税により、企業によるAIやロボットの導入が過度に進まないように抑制する効果もねらっていた。

しかし政府は、そうした議論を押さえ込み（もちろん軍事利用などの倫理面での対策は強調しながらではあるが）、むしろ新しい技術の発達を積極的に助成する政策を進めた。そのきっかけは、途上国を含め世界中で技術革新の波が高まり、経済界が危機感を持ったことにある。国民への最も強い説得材料となったのが、東京オリンピック前の自動運転車の急速な普及だった。多数の外国人が日本に来て、交通渋滞などの大混乱が発生する危険が予想されたなか、政府は日本らしい世界最先端の技術によりこれを乗り切ろうと呼びかけ、その筆頭に自動運転技術の向上を挙げたのである。これが功を奏して、選手や客の移動は、ＡＩによって制御された自動運転のバスや車により、きわめてスムーズにおこなわれた。この様子は海外からの旅行者のＳＮＳなどを通じて世界中に発信された。日本はＡＩ技術大国として大きな賞賛と尊敬を受け、日本人は経済面での誇りを再び取り戻した。国内でも、自動運転技術は、すでに過疎地域などで実験的に使われていたが、東京オリンピック後は全国に広がり、交通事故は激減した。日本人はＡＩやロボットに世界で最も好意的な国民という調査結果が出たのも、このころである。ＡＩ・ロボット税の議論は、徐々にしぼんでいった。

自動運転は、物流の自動化も促進した。２０１７年に大量の通信販売を支える運送業界で深刻な人手不足が生じ、いわゆる宅配クライシスが起きた。これをきっかけに、自動運転技術の活用などによる物流システムの自動化が急速に進んだのである。今日では当たり前になったドローンを使った配達も、このころから本格的に導入が検討され始めた。それに備えた電柱の地下化も一挙に進められ、町の風景は一変した。ちなみに、スマート都市開発のコンペで、ＡＩが優勝したことも、人々に大きな衝撃を与えた。当時は作曲、本の執筆などの創作的活動では、人間はまだ優位であると考えられていたからである。著作権法が改正され、ＡＩの創作物に著作権が認められたのも、このころである。[17]

自動運転の発達により、ドライバーは、車の運転をする必要はなくなった。車を持つ人は減り、自動運転車をシェアすることが普通となった。タクシー業界の多くは、自動運転車の配車ビジネスに転換した。そのなかで新たな部門として急成長したのが、車内のエンターテインメント部門だった。自動運転により車内での自由時間が長くなり、各社は、車内での顧客満足を高めるサービスの向上を競いあった。これもまた東京オリンピックの副産物だった。車内の外国人客からの質問に答えるために置かれていた着物姿の対話型ガイドロボット「ゲイシャ」が好評だったからである（機械翻訳技術の精度が上がったのもこのころである）。タクシードライバーの一部は、こうした新たな接客サービス業に転身することができた。

政府も、こうした成功例をモデルに、企業が次々とビジネスモデルをチェンジしていくなかで、労働者の職業転換を助成する政策を、雇用維持型政策に代わる新たな雇用流動型政策の中核に据えた。

3　エリートの転落

東京オリンピックが終わり、その熱気がおさまった２０２１年ころ、マスコミは「エリートの転落」を、盛んに報じるようになった。

　これはすでに言われていた「仕事の消滅」が、これまでの雇用社会のエリートとされていた層にまで及んできたことを意味していた。前述のように、ロボットの発達はブルーカラーの肉体労働を減少させていき、ＡＩの発達はホワイトカラーの知的労働の省力化を進めていった。そのようななか、知的労働とされていても定型的な内容のものは、次々とＡＩによって代替されていった。２０１７年ころから、金融機関の融資判断、投資のアドバイス、中古マンションの査定、弁護士事務所での法律相談といった仕事は、ＡＩが主役になっていた。いわゆる士業と呼ばれる業務の多くは、行政手続のオンライン化により、仕事の内容が激変し、そして激減した。ホワイトカラーに対して、非定型的な仕事、知的創造的な仕事に活路を見いださなければならないという警鐘が鳴らされるようになったのも、このころである。

　それでも当初はまだ多くの人が、専門的な技能は会社に入ってから教えてもらうという従来の発想から抜け出すことができていなかった。企業のほうも上層部は将来における大きなビジネスモデルのチェンジに明確な展望を持っていなかったので、漫然とこれまでの人事システムを踏襲していた。ところが変化は急に訪れた。とりわけ30代以上の中堅層は、大卒でそこそこ名の通った企業に入社しておきながら、自分が余剰人員となったことを知って、激しく動揺した。政府は、前述のように雇用流動型政策に舵を切っていたが、それにうまく乗ることができない人が少なくなかった。たとえば成長産業の代表であった介護産業への転職は、スムーズにはいかなかった。エリート意識が邪魔をして、介護現場での就労にうまくアジャストできないというのが典型的な失敗のパターンだった。こうした「エリートの転落」を目にした次の世代の若者は、もはや会社で雇われて働くことを目指さなくなっていた。

Ⅳ　雇われない働き方

1　インディペンデント・コントラクターの時代

雇われる働き方は、かつてのような過労からは解放されたものの、AI・IoTによる監視という新たな拘束がつきまとった。雇われる働き方を自ら選択する人は、自分で考えるのが面倒で、コントロールされて働くほうが楽と考える人たちくらいだった。2012年ころから有期労働契約への規制が強まった結果（たとえば有期労働契約から無期労働契約への転換（労働契約法18条）、正社員と非正社員のあいだの労働条件格差の是正（同20条）など）、こうした人のほとんどは無期労働契約で働くようになっていたが、その仕事は、機械の補助的な単純労働であったため、賃金は低かった。最低賃金は、2020年に初の引き下げとなり、現在では廃止論も唱えられている。

かつては就労人口の1割程度にすぎなかった自営業者[18]が、年々急増し、現在では10代の若者に限定すれば働いている人のほとんどが、インディペンデント・コントラクターと呼ばれる個人自営業者である。その多くは自分の専門領域を持ち、ひとりでやるか、仲間と事業パートナー契約を結んで働くというスタイルをとった。特定の事業プロジェクトの企画・立案の担当、財務担当（資金調達など）、作業のマネージメント（機械と人間を組み合わせた作業編成の構築など）の担当、AIなどの技術担当、法務担当（知的財産の取扱いなど）が集まるというのが、事業パートナーの典型的なパターンだった。こうした人たちは対等な立場で、自分の専門技能を相互に提供して、互いを補完し合っていた。雇われて働く人もいないわけではないが、与えられた仕事は単純なルーティンワークであり、その企業内における地位は低かった。

雇用労働の地位の低下は、自営業者として経済的に自立するのに必要な能力への関心を高めるようになった。親は、自分の子にどのような才能があるかを見いだすことに力を入れるようになった。かつての塾などの教育産業は、子の進路に関するコンサルティングビジネスに変わっていき、そこではAIによる潜在能力分析がふんだんに活用された。

公教育でも、多くの国民が起業したり、個人でフリーで働くようになったことに対応して、中学のカリキュラムは、職業的自立に関係するものが中心となった。かつては重視されていた英語も、機械翻訳の普及により、そのニーズは減り必修科目から除外された（外国語については、機械が聞き取りやすいよう発声することが大事とされ、それを教えるビジネスも登場した）。むしろ歴史、思想・哲学、数学、生物学、医学、物理学といった知的創造性に役立つ科目、さらにAIネットワーク社会において必要な情報教育科目などが必修科目となった。学習方法は、2010年ころから広がっていたＭＯＯＫ（大規模公開オンライン講座）が一般化すると同時に、ネットでの個別の指導（アダプティブラーニング）も発達し、かつてのように教室に集まって学ぶというスタイルは姿を消した。２０２３年に高校は廃止されて中高は統合され、一方、大学は研究機関の性格を強め（淘汰が進み、数はほぼ半減した）、研究志望の者のみが大学に進学するようになった（社会科学系の学部は廃止され、ロースクールやＭＢＡのような実務教育をおこなう大学院に統合された）。能力のある若者は次々と10代半ばで起業し、仕事に必要な専門的な技能は、ここでもネットによる動画配信を通して自ら学習して習得するようになった。

2　労働法のニューフロンティア

政策の面でも、自営的就労に着目したものが検討されてきた。以前は、働く人は従属労働に従事する雇用労働者のみが、法的な保護の対象となっていた。労働法というのは、まさに従属労働者の保護のためのものだった。クラウドワークと呼ばれるような、ネットを介して委託業務に従事する労働者が大量に出てきたころは、こうした労働者は雇用労働者とは異なるものの、経済的な意味での従属性はあるとして、何らかの保護をすべきとされた。これはまだ従来の労働法の延長線上にある対策だった。

一方、インディペンデント・コントラクターのように、他人に指揮命令されて働いてはいない人は、従属労働者とは言えないので、従来の労働法の延長線上で法的保護の対象とすることは難しかった。しかし、インディペンデント・コントラクターのなかには本人の能力不足や取引スキルの未熟さなどにより経済的自立が困難な者も多数いたことから、こうした働き方をする人のための法的ルールがないことは適切でないという見解が徐々に強まっていった。

こうして現在では、労働法は、従属労働者の保護という旗印を捨て、従属的であるかどうかに関係なく、働く人すべてを対象とするものとなった。現在の労働法の中心的な内容は、役務提供契約の市場での需給のマッチングの規制と就労者のための多様なセーフティネットの構築にあり（役務提供契約の私法的規律は、消費者契約法や競争法の一分野と位置づけられた）、従属労働者のための保護は、そのなかの特別な規制分野という位置づけになった。

多様なセーフティネットの構築には、予防的な観点からの職業教育と事後的な所得保障という、二つの軸があった。後者は社会保障法の分野であったため、労働法が扱うのは前者となった。職業教育の究極の目的は、国民が経済的自立を実現するということにあったが、そのための具体的な教育プログラムは、ＡＩにより作成された。その内容の中心は、ＡＩと共生できることを目的としたものだった。まさにＡＩによる、ＡＩのための教育プログラムだったのである。

Ⅴ　その先にあるもの

雇用労働を中心とする働き方は、第一次産業革命後に誕生し、一般化したものである。その働き方は、それに特有の従属性（人的（使用）従属性や経済的従属性）ゆえに、特別な保護の必要があるとされ、そこから労働法が誕生した。しかし、2020年前後に一挙に進んだ第四次産業革命により、人々はより自律的に働くことができるようになり、雇用労働は徐々に質・量ともにマージナルなものになっていった。

もっとも、この自律性は、新しい技術（ICTやAIなど）を活用することによって実現できるものにすぎず、これが人間にとっての真の自律を意味するものとは言い難かった。むしろ、新たな「支配者」による従属問題が発生したと言えなくもない。ただ、この新たな従属問題は、もはや労働法により対処できるものではなかった。

一方、すべての人が自律性を獲得できるわけでもないことから、新たな格差や社会的排除の問題が出てきた。特に「エリートの転落」のような勝ち組と負け組との急速な入れ替わりは、社会に大きな不安定要素をもたらすことになった。この現象に対処するための教育改革の重要性はつとに指摘されていた。それは従属問題が生じてからの事後的な対処という伝統的な労働法の手法では手遅れであり、早期の教育により、新たな「支配者」による従属を未然に防止することこそが、国民の幸福につながるという認識があったからである（ただ、労働法学者のなかで、この認識を共有していた者は少なかった）。

もっとも現在は、さらに先のことをみなければならない。省力化がいっそう進み、人間が働かなくてよい時代が確実に到来しようとしている。労働の対価である報酬や賃金を国民の主たる収入源とすることは難しくなってきている。かつてＡＩ・ロボット税は、技術の発展を抑制するとして採用されなかった。しかし現在では、再びＡＩ・ロボット税構想が新たな形で政策課題に上がり始めている。機械が生み出した富をどのように分配すべきかという観点から、公平な社会の実現が問われているのである。各国で失敗例が続出しているベイシックインカムも、機械が生み出した富が世界トップクラスの日本でなら、十分に検討に値するものだろう。[19]

〈注〉

1〉以下、本シナリオはもちろん、本文の内容もすべて、２０２５年時点で執筆したという設定のフィクションである。なお、本注を含む注については、すべて現在時点（２０１７年７月現在）のものである。

2〉http://www.nikkei.com/article/DGXMZO13993360T10C17A3000000/を参照。

3〉http://www.nikkei.com/article/DGXLASGG24H02_U5A920C1MM0000/を参照。

4〉最高裁昭和52年12月13日第一小法廷判決（民集31巻７号９７４頁：電電公社目黒電報電話局事件）。

5〉最高裁昭和48年12月12日大法廷判決（民集27巻11号１５３６頁：三菱樹脂事件）。

6〉https://www.ibm.com/think/jp-ja/watson/weather-company-japan-launch/を参照。

7〉http://www.nikkei.com/article/DGXLASGG17H3N_S7A420C1MM0000/を参照。

8〉http://www.kantei.go.jp/jp/singi/sousei/about/chihouiten/を参照。

9〉http://economic.jp/?p=72449も参照。

10〉最高裁平成12年３月９日第一小法廷判決（民集54巻３号８０１頁：三菱重工長崎造船所事件）。

11〉平成16年３月５日付基発第０３０５００３号「情報通信機器を活用した在宅勤務の適切な導入及び実施のためのガイドラインの策定について」も参照。

12〉http://www.mhlw.go.jp/topics/bukyoku/soumu/houritu/dl/189-41.pdfおよび労働政策審議会の「時間外労働の上限規制等について（建議）」（労審発９２１号、平成29年６月５日）を参照。

13〉ホワイトカラー・エグゼンプションについては、大内伸哉『労働時間制度改革―ホワイトカラー・エグゼンプションはなぜ必要か』（中央経済社・２０１５年）も参照。

14〉国内における代表的なものが、２０１５年12月２日に野村総合研究所の発表した「日本の労働人口の49％が人工知能やロボット等で代替可能に～６０１種の職業ごとに、コンピューター技術による代替確率を試算～」（https://www.

nri.com/jp/news/2015/151202_1.aspx)。

15）最高裁昭和50年4月25日第二小法廷判決（民集29巻4号４５６頁：日本食塩製造事件）。

16）解雇の金銭解決についてはさしあたり、大内伸哉『解雇改革——日本型雇用の未来を考える』（中央経済社・２０１３年）１８６頁以下を参照。

17）http://www.kantei.go.jp/jp/singi/titeki2/tyousakAI/kensho_hyoka_kikaku/2016/jisedAI_tizAI/dAI4/siryou2.pdf を参照。

18）総務省の労働力調査によると、２０１６年平均で、就業者が６４３１万人で、そのうち自営業主は５２７万人、雇用者は５７２０人（役員を除くと５３７２万人）であった。

19）本稿の内容については、大内伸哉『ＡＩ時代の働き方と法——２０３５年の労働法を考える』（弘文堂・２０１７年）も参照されたい。

【な行】

【は行】

【ま行】

【や行】

【さ行】

【た行】

事項索引

編者・執筆者・座談会登壇者一覧（執筆順）

◎**福田雅樹**（ふくだ・まさき）▼１９７０年生まれ。東京大学大学院学際情報学府博士後期課程修了。博士（学際情報学）。総務省情報通信政策研究所調査研究部長等を経て、現在、大阪大学大学院法学研究科教授、同研究科附属法政実務連携センター長、理化学研究所ＡＩＰセンター客員主管研究員。専門領域：情報通信法

◎**板倉陽一郎**（いたくら・よういちろう）▼１９７８年生まれ。弁護士（ひかり総合法律事務所）、理化学研究所ＡＩＰセンター客員主管研究員。慶應義塾大学大学院法務研究科専門職学位課程修了。専門領域：サイバー法、データ保護法

◎**江間有沙**（えま・ありさ）▼１９８４年生まれ。東京大学大学院総合文化研究科博士課程修了。博士（学術）。現在、東京大学未来ビジョン研究センター特任講師、理化学研究所ＡＩＰセンター客員研究員。専門領域：科学技術社会論

◎**クロサカタツヤ**（くろさか・たつや）▼１９７５年生まれ。慶應義塾大学大学院政策・メディア研究科修士課程修了。現在、株式会社企（くわだて）代表取締役、慶應義塾大学大学院政策・メディア研究科特任准教授。専門領域：情報通信政策など

◎**中西崇文**（なかにし・たかふみ）▼１９７８年生まれ。筑波大学大学院システム情報工学研究科博士課程修了。博士（工学）。現在、国際大学グローバル・コミュニケーション・センター主任研究員／准教授。専門領域：データマイニングなど

◎**成原　慧**（なりはら・さとし）▼１９８２年生まれ。東京大学大学院学際情報学府博士課程満期退学。現在、九州大学法学研究院准教授、理化学研究所ＡＩＰセンター客員研究員。専門領域：情報法

◎**河島茂生**（かわしま・しげお）▼東京大学大学院学際情報学府博士後期課程修了。博士（学際情報学）。現在、青山学院女子短期大学現代教養学科准教授、理化学研究所ＡＩＰセンター客員研究員。専門領域：デジタル社会論、情報倫理

◎**久木田水生**（くきた・みなお）▼１９７３年生まれ。京都大学大学院文学研究科博士後期課程修了。博士（文学）。現在、名古屋大学大学院情報学研究科准教授。専門領域：哲学

◎**新保史生**（しんぽ・ふみお）▼１９７０年生まれ。駒澤大学大学院法学研究科博士後期課程修了。博士（法学）。現在、慶應義塾大学総合政策学部教授。専門領域：憲法、情報法

◎**高橋恒一**（たかはし・こういち）▼１９７４年生まれ。慶應義塾大学大学院政策・メディア研究科修了。博士（学術）。現在、理化学研究所チームリーダー／慶應義塾大学特任准教授。専門領域：計算生物学、脳型人工知能

◎**平野　晋**（ひらの・すすむ）▼１９６１年生まれ。中央大学法学部卒業、コーネル大学ロースクール修士課程修了。博士（総合政策・中央大学）。現在、中央大学国際情報学部教授・ニューヨーク州弁護士。専門領域：製造物責任法、不法行為法

◎**林　秀弥**（はやし・しゅうや）▼１９７５年生まれ。京都大学大学院法学研究科博士課程単位取得認定退学。博士（法学）。現在、名古屋大学大学院法学研究科教授、電波監理審議会委員、日本学術会議連携会員。専門領域：経済法、情報法

◎**福井健策**（ふくい・けんさく）▼１９６５年生まれ。弁護士（骨董通り法律事務所）・ニューヨーク州弁護士。コロンビア大学法学修士課程修了。日本大学芸術学部客員教授、神戸大学大学院客員教授。専門領域：著作権法

◎**石井夏生利**（いしい・かおり）▼１９７４年生まれ。中央大学大学院法学研究科国際企業関係法専攻博士課程修了。博士（法学）。現在、中央大学国際情報学部教授。専門領域：情報法

◎**深町晋也**（ふかまち・しんや）▼１９７４年生まれ。東京大学大学院法学政治学研究科修士課程修了。岡山大学助手等を経て、現在、立教大学大学院法務研究科教授。専門領域：刑法

◎**湯淺墾道**（ゆあさ・はるみち）▼１９７０年生まれ。慶應義塾大学大学院法学研究科政治学専攻博士課程退学。現在、情報セキュリティ大学院大学学長補佐・情報セキュリティ研究科教授。専門領域：情報法、選挙・政治制度論、法情報学

◎**山本龍彦**（やまもと・たつひこ）▼１９７６年生まれ。慶應義塾大学大学院法学研究科博士課程単位取得退学。博士（法学）。現在、慶應義塾大学大学院法務研究科教授。専門領域：憲法、情報法

◎**大屋雄裕**（おおや・たけひろ）▼１９７４年生まれ。東京大学法学部卒業。同大学院法学政治学研究科助手等を経て、現在、慶應義塾大学法学部教授。専門領域：法哲学

◎**大内伸哉**（おおうち・しんや）▼１９６３年生まれ。東京大学大学院法学政治学研究科博士課程修了。博士（法学）。現在、神戸大学大学院法学研究科教授。専門領域：労働法

【編　者】
福田雅樹　大阪大学大学院法学研究科教授、同研究科附属法政実務連携センター長、理化学研究所 AIP センター客員主管研究員
林　秀弥　名古屋大学大学院法学研究科教授、電波監理審議会委員
成原　慧　九州大学法学研究院准教授、理化学研究所 AIP センター客員研究員

AIがつなげる社会――AIネットワーク時代の法・政策

2017（平成29）年11月15日　初版1刷発行
2019（平成31）年4月15日　同　3刷発行

編　者　福田雅樹・林秀弥・成原慧
発行者　鯉渕友南
発行所　株式会社 弘文堂　101-0062 東京都千代田区神田駿河台1の7
TEL03(3294)4801　振替00120-6-53909
http://www.koubundou.co.jp

装　幀　宇佐美純子
印　刷　大盛印刷
製　本　井上製本所

ISBN978-4-335-35712-1